भारत के महान ऋषि वैज्ञानिक

डॉ. राकेश कुमार आर्य

डायमंड बुक्स

www.diamondbook.in

प्रकाशक : डायमंड पॉकेट बुक्स (प्रा.) लि.
X-30 ओखला इंडस्ट्रियल एरिया, फेस -II
नई दिल्ली- 110020
फोन : 011-40712200
ई-मेल : sales@dpb.in
वेबसाइट : www.diamondbook.in
संस्करण : 2023
मुद्रक : रेप्रो (इंडिया)

Bharat ke Mahan Rishi Vegyanik
by: *Rakesh Kumar Arya*

लेखकीय निवेदन

लेखक और उनकी धर्मपत्नी श्रीमती ऋचा आर्या

भारत की सभ्यता विश्व की प्राचीनतम सभ्यता है। इसी सभ्यता को यदि 'विश्व सभ्यता' कहा जाए तो भी अतिशयोक्ति नहीं होगी। भारत विश्वगुरु इसीलिए था कि भारत की सभ्यता और संस्कृति ने विश्व के लोगों का प्रत्येक क्षेत्र में नेतृत्व और मार्गदर्शन किया। भारत को समझने का अर्थ है- हड़प्पा और मोहनजोदड़ो का सच अपने आप समझ में आ जाना। **'तमसो मा ज्योतिर्गमय'** अर्थात हमें अंधकार से प्रकाश की ओर ले चलो- का संदेश वैसे तो बहुत छोटा-सा लगता है पर जब इसे व्यवहार में उतारा जाता है तो पता चलता है कि इसकी साधना में पूरा जीवन खप जाता है। जब से संसार ने अंधकार से प्रकाश की ओर चलने की इस भारतीय संस्कृति की इस पवित्र साधना का परित्याग किया है, तब से संसार की सारी गति उल्टी हो गई है। जिन संप्रदायों या पंथों ने भारत की इस जीवन निर्माण परंपरा का हास-परिहास-उपहास किया है वे स्वयं तो डूबे ही हैं, साथ ही समस्त मानवता को लेकर डूबने का भी काम कर रहे हैं। उनके इस प्रकार के अधोगामी कृत्यों की दिशा को बदलने के लिए यह आवश्यक है कि भारत अपने आप को पहचाने। 'भारत को समझो' अभियान चलाने का हमारा यही उद्देश्य है। भारत को समझने के लिए वैदिक वांग्मय को समझना और वैदिक वांग्मय के रचयिता ऋषि महात्माओं के पुण्य योगदान को स्मरण करना, उनके विभिन्न आविष्कारों, समाज सुधार आंदोलन और वैदिक संस्कृति की रक्षार्थ किए गए पुरुषार्थ को समझना अति आवश्यक है। अपनी देव भाषा संस्कृत और देव संस्कृति वैदिक संस्कृति को समझना आवश्यक है। जिन ऋषि महात्माओं ने भारत की वैदिक संस्कृति के प्रचार-प्रसार के लिए जीवन होम किए, उनके उस त्यागी और बलिदानी पुरुषार्थ को हमें अपनी जीवन निर्माण योजना के रूप में देखना चाहिए। उनका एक-एक कार्य हमारे लिए अनुकरणीय होना चाहिए।

उनकी लेखनी से निकला एक-एक शब्द हमारे लिए मोती होना चाहिए और उनकी दिव्य वाणी हमारे लिए अमृतोपम होनी चाहिए। हमें ध्यान रखना चाहिए कि जीवन साधना से बनता है और साधना भंग होने पर जीवन की कांति भंग हो जाती है। कांति शांति का सूत्रपात करती है और शांति जीवन को क्रांतिकारी बना देती है। कांति ब्रह्मचर्य की शक्ति का नाम है। इसी से ध्यान और एकाग्रता की शक्ति बढ़ती है, उसी को शांति कहा जाता है। जब यह कांति शांति में परिवर्तित हो जाती है तो अनेक प्रकार के आविष्कार कराकर मनुष्य जीवन को क्रांतिकारी बना देती है। मनुष्य का इस प्रकार क्रांतिकारी हो उठना ही उसके जीवन की उन्नति का ठोस प्रमाण है। हमें इस बात पर गर्व है कि हमारे ऋषियों ने कांति, शांति और क्रांति के इसी मार्ग का अनुकरण किया। जब-जब इस मार्ग में कहीं किसी भी प्रकार का व्यवधान या बाधा आई तो उन्होंने समाज सुधारक के रूप में उस बाधा या गतिरोध को दूर करने के लिए अपना जीवन समर्पित कर दिया। इसी समर्पण का नाम भारतीय संस्कृति है। यह समर्पण सर्वस्व का समर्पण है और सर्वस्व की प्राप्ति के लिए अर्थात पूर्णत्व की प्राप्ति के लिए किया गया समर्पण है। बात सही है कि:- मैं नदिया फिर भी मैं प्यासी, राज ये गहरा बात जरा सी। यदि इस राज को जानना चाहते हो तो वैदिक संस्कृति रूपी नदिया में स्नान करना सीखो। उसका अभ्यास डालो। संध्या हवन से नाता जोड़ो और धीरे-धीरे अपने आपको ऋषियों का अनुगामी बनाकर परमपिता परमेश्वर के प्रति समर्पित करते चलो। कल्याण होगा। यह कल्याण पश्चिमी जगत की अंधी नकल करने से नहीं होगा। कल्याण सदा मूल को खोजने में होता है। इसी उद्देश्य से प्रेरित होकर मैंने इस पुस्तक को लिखने का प्रयास किया है। इसमें इतिहास भी है, इसमें अध्यात्म साधना की ऊंचाई भी है, समाज सुधारक की पीड़ा भी है और आविष्कारों की एक गौरवशाली परंपरा भी है। मैं अक्सर एक बात सोचा करता हूं कि यदि हम समय रहते अपने आपको संभाल नहीं पाए तो फिर हम इतिहास के कूड़ेदान की वस्तु बन जाएंगे। याद रहे कि इतिहास कूड़ेदान में पड़ी वस्तुओं पर थूकता है, उन्हें सजाता संवारता नहीं है। इतिहास उन्हीं चीजों को संवारता है जिनका नाम लेने वाले संसार में जीवित रहते हैं। अपने इतिहास की रक्षा अपने आपको जीवित बनाए रखने में है और हम जीवित तभी रहेंगे जब इतिहास को मिटने नहीं देंगे। कितना रोचक तथ्य है कि इतिहास हमारी रक्षा करता है और हम इतिहास की रक्षा करते हैं। जो देश या जातियां अपने इतिहास को मर जाने देती हैं वे एक दिन स्वयं ही मर जाती हैं। संसार में जीवित वही देश और जातियां रहती हैं जो अपने इतिहास को मरने नहीं देती हैं। पाकिस्तान में हिंदू मिट गया? पता है ऐसा क्यों हुआ? इसका कारण केवल एक था कि जब पाकिस्तान ने अपना इतिहास लिखना आरंभ किया तो उसने गजनी और गौरी को अपना पूर्वज घोषित किया और श्री राम, श्रीकृष्ण, राजा दाहिर सेन, सम्राट मिहिर भोज या पृथ्वीराज चौहान, राजा जयपाल या राजा आनंदपाल जैसे इतिहास पुरुषों को 'काफिर' कहकर संबोधित किया। वहां के हिंदुओं ने इस बात का विरोध नहीं किया और यह

भी नहीं कहा कि पृथ्वीराज चौहान, राजा जयपाल और आनंदपाल इस देश के इतिहास की एक अमिट पहचान हैं। उन्होंने अपना इतिहास मरने दिया तो 75 वर्ष में वे स्वयं भी मिट गए। जबकि इधर भारत में रहने वाले मुसलमानों ने 75 वर्ष में इतिहास में वह सब कुछ प्राप्त कर लिया जो उन्हें प्राप्त हो जाना चाहिए था। यहां के मुट्ठी भर मुसलमान आक्रामक होकर अपनी हकपरस्ती के आधार पर अपने अस्तित्व को बचाकर कई गुणा विस्तार देने में सफल हो गए और पाकिस्तान के हिंदू सुरक्षात्मक दृष्टिकोण अपनाकर सब कुछ दूसरों के लिए छोड़ कर अपना सर्वस्व मिटाकर रह गए। आक्रामक होकर रहने और सुरक्षात्मक होकर रहने में यही अंतर है। पाकिस्तान के इतिहास लेखकों ने लिखा कि गजनी और गौरी ने इस्लाम की तलवार के बल पर इस्लाम का प्रचार प्रसार किया। उससे पहले यहां काफिर लोग रहते थे जो चरवाहे लोग थे और किन्ही वेद, उपनिषद आदि की मूर्खतापूर्ण बातों को गाते रहते थे। उनकी परंपराएं बेहूदा थीं। उनके पर्व नितांत जहालत पर आधारित थे। उनकी जीवनशैली पूरी तरह बेहूदा थी। पाकिस्तान के लगभग तीन करोड़ हिंदुओं ने पाकिस्तान के इतिहासकारों की इस प्रकार की बातों का विरोध नहीं किया। वह आत्मरक्षा की मुद्रा में आते गए और परिणाम यह हुआ कि वे अपने अस्तित्व को खो बैठे। वे इतिहास की रक्षा नहीं कर पाए तो इतिहास ने भी उन्हें 'इतिहास' बना दिया अर्थात कूड़ेदान में फेंक दिया। अब अपनी बात करो। यदि हमें भी देर सवेर यही लिखवाना है कि इस देश में कभी काफिर लोग रहते थे, जो बड़े जाहिल थे, जिनके धार्मिक ग्रंथ पूर्णतया जहालत से भरे हुए थे, जिनके पर्व जहालत को दिखाते थे, जिनकी मान्यताएं और सिद्धांत पूर्णतया मूर्खता पर आधारित थे, जिनके पूर्वज जहालत भरी बातें करते थे तो समझ लीजिए कि हम अस्ताचल की ओर जाते हुए सूर्य हैं। इसके विपरीत यदि हम अपने आपको जीवंत राष्ट्र और उत्प्रेरक संस्कृति के संवाहक के रूप में स्थापित किए रखना चाहते हैं तो हमें अपने आपको जीवित रखने के लिए संघर्ष करना पड़ेगा। उस संघर्ष की प्रेरणा और जीवन शक्ति का अनंत स्रोत हमें अपने महान पूर्वजों की साधनापूर्ण जीवन शैली से प्राप्त होगा। इस पुस्तक को लिखने का मेरा दूसरा उद्देश्य यही रहा है कि हम अपने अनंत ऊर्जावान पूर्वजों की जीवन शक्ति से प्रेरणा प्राप्त करें और भारत को विश्व गुरु बनाने के प्रति समर्पित हो जाएं। 'भारत को समझो' अभियान तभी सार्थक होगा जब हम अपने अतीत को जानकर उसे वर्तमान के साथ जीवंत करने में सफल हो जाएंगे। इस पुस्तक में एक समाज सुधारक और राष्ट्रोद्धारक स्वामी दयानंद जी महाराज का भी उल्लेख किया गया है। देश आज उनकी 200 वीं जयंती के कार्यक्रमों को मना रहा है। देश के यशस्वी प्रधानमंत्री माननीय नरेंद्र मोदी जी ने 12 फरवरी, 2023 को उनकी 200 वीं जयंती के कार्यक्रमों का शुभारंभ दिल्ली में आयोजित किए गए एक भव्य कार्यक्रम के माध्यम से किया। जिसमें 'उगता भारत' समाचार पत्र की टीम ने भी भाग लिया। उस टीम में मेरे श्रद्धेय भ्राता श्री और पत्र के चेयरमैन श्री देवेंद्र सिंह आर्य जी, मैं स्वयं, मेरी धर्मपत्नी श्रीमती ऋचा आर्या, पुत्र अमन

आर्य, बेटी श्रेया आर्या, पत्र के सह संपादक श्री लखन लाल आर्य, श्रीनिवास आर्य, भारत को समझो अभियान समिति के राष्ट्रीय संरक्षक श्री प्रेम सचदेवा जी, श्री आर्य पुरुषोत्तम मुनि जी, राष्ट्रीय महामंत्री डॉ. व्यास नंदन शास्त्री, कोषाध्यक्ष श्री अनिल नरूला, कार्यालय मंत्री श्री रविंद्र कुमार आर्य, महिला प्रकोष्ठ की अध्यक्षा श्रीमती सुमन लता आर्या और अजय कुमार आर्य सम्मिलित थे। मैंने उस कार्यक्रम में ही यह निर्णय लिया था कि अपनी इस पुस्तक को स्वामी दयानंद जी महाराज को ही समर्पित करूंगा। अतः अपने इस प्रयास को श्रद्धा के एक पुष्प के रूप में प्रेरणा के अनंत स्रोत महर्षि दयानंद जी महाराज के श्री चरणों में समर्पित करते हुए मुझे अपार प्रसन्नता का अनुभव हो रहा है। पुस्तक प्रकाशन के लिए डायमंड पॉकेट बुक्स के चेयरमैन श्री नरेंद्र कुमार वर्मा जी का सहयोग भी अत्यंत श्रद्धा का पात्र है जिन्होंने अति शीघ्र इस पुस्तक को पाठकों के हाथों में प्रस्तुत करने में अपना अप्रतिम सहयोग प्रदान किया। इसके अतिरिक्त श्रद्धेय गिरीश मुनि जी और श्री राकेश कुमार शर्मा जी का आर्थिक सहयोग भी सराहनीय है, जिन्होंने स्वेच्छा से आर्ष साहित्य की श्री-वृद्धि के लिए अपनी पवित्र कमाई में से सहयोग राशि प्रदान कर मेरा प्रोत्साहन किया। अंत में परमपिता परमेश्वर की असीम अनुकंपा और पूज्य माता-पिता के शुभ आशीर्वाद को नमन करते हुए अपने सभी पाठकों के प्रति हृदय से आभार व्यक्त करते हुए आशा करता हूं कि उन्हें मेरा यह प्रयास भी रुचिकर लगेगा।

दिनांक : 17 जून, 2023 भवदीय

डॉ. राकेश कुमार आर्य

दयानंद स्ट्रीट, सत्यराज भवन, (महर्षि दयानंद वाटिका के पास)
निवास : सी. ई. 121, अंसल गोल्फ
लिंक-2, तिलपता चौक, ग्रेटर नोएडा, जनपद गौतमबुद्ध नगर, उत्तर प्रदेश,
पिन-201309 चलभाष-9911169917

पुस्तक के विषय में....

भारत प्राचीन काल से ही विश्व का नेतृत्व करता आया है। वैदिक धर्म वेद की उन मानवीय शिक्षाओं पर आधारित है जो प्राणीमात्र का हित चिंतन करती हैं। हमारे ऋषि महात्माओं और महान पूर्वजों के चिंतन में मानव मात्र का ही नहीं, प्राणीमात्र का कल्याण भाव निवास करता था। इसके लिए उन्होंने संसार को शांति का मार्ग बताया। खून खराबा, अत्याचार और दूसरे के अधिकारों का शोषण करने का भाव उनके विचारों में दूर-दूर तक भी नहीं था। अपनी इसी मानवीय सोच के कारण हमारे ऋषि महात्माओं ने संसार में केवल रचनात्मकता को प्रोत्साहन दिया।

हमारे ऋषि महात्माओं के वैज्ञानिक शोध या वैज्ञानिक आविष्कार भी लोक कल्याण के लिए हुए। यहां तक कि उन्होंने हथियारों का निर्माण भी संसार की अत्याचारी विध्वंसात्मक शक्तियों के विनाश के लिए किया। उन्होंने अपने हथियारों को उन पात्र व्यक्तियों को ही दिया जिनसे उन्हें यह उम्मीद होती थी कि उनके हाथों में यह हथियार सुरक्षित रहेंगे अर्थात यह किसी निरपराध को न सताकर अपराधी का ही विनाश करेंगे।

बात चाहे विज्ञान के क्षेत्र की हो, चाहे गणित के क्षेत्र की हो, चाहे खगोल विज्ञान की हो और चाहे भौतिक विज्ञान या आध्यात्मिक विज्ञान की हो सभी में हमारे ऋषि महात्माओं और महान पूर्वजों का ज्ञान बेमिसाल था।

प्रस्तुत पुस्तक में डॉ. आर्य द्वारा विभिन्न क्षेत्रों में हमारे महान ऋषि पूर्वजों द्वारा मानवता के कल्याण हेतु उनके किए गए योगदान को सरल और विद्वत्तापूर्ण शैली में तथ्यात्मक आधार पर प्रस्तुत किया गया है। डॉ. आर्य भारतीय सांस्कृतिक विरासत को सहेजने और उसे लोगों के समक्ष यथावत स्वरूप में प्रस्तुत करने का सराहनीय कार्य कर रहे हैं। इस दिशा में यह पुस्तक भी युवा पीढ़ी का निश्चय ही मार्गदर्शन करने में सक्षम होगी, ऐसा मेरा विश्वास है। पुस्तक के विद्वान लेखक डॉ. आर्य की यह 70 वीं पुस्तक है। डॉक्टर आर्य के 57 वें जन्म दिवस 17 जुलाई, 2023 के अवसर पर आने वाली इस पुस्तक के लिए शुभकामनाओं के साथ-साथ मैं उनके अच्छे स्वास्थ्य और दीर्घायु की कामना करता हूं।

दिनांक : 5 जुलाई, 2023

भवदीय

विनोद कुमार बंसल

राष्ट्रीय प्रवक्ता : विश्व हिंदू परिषद

समग्र क्रांति के अग्रदूत स्वामी दयानंद जी महाराज की 200 वीं जयंती के अवसर पर समर्पित श्रद्धा का एक पुष्प।

-डॉ. राकेश कुमार आर्य

विषय सूची

अध्याय 1

महर्षि कणाद

भारत ऋषि और कृषि का देश है। इसकी ऋषि परंपरा ने ऐसे अनेक महान वैज्ञानिक, अनुसंधानकर्ता, बुद्धि की उत्कृष्टता में ढले हुए महापुरुष संसार को दिए हैं, जिनकी दिव्यकीर्ति से संसार आज तक आलोकित है। महर्षि कणाद भारत की ऋषि परंपरा की एक ऐसी ही दिव्य और भव्य महान विभूति हैं। जिनका जन्म गुजरात के प्रभास (द्वारिका) क्षेत्र में हुआ था। कुछ विद्वानों की मान्यता है कि उनका जन्म ईसा से 600 वर्ष पूर्व हुआ था। वैशेषिक दर्शन के आदि प्रवर्तक ऋषि कणाद को 'कणभुक्', 'कणभक्ष' इत्यादि नामों से भी जाना जाता है। त्रिकाण्डशेष कोष में इनका नाम 'काश्यप' भी कहा है। कणाद कश्यप के पुत्र थे ऐसा किरणावली में लिखा है, इसी से उनका नाम काश्यप भी बोला जाता है।

इनका एक नाम 'औलूक्य' भी है। उलूक ऋषि का पुत्र हो"ने से उनका यह नाम लिया जाता है। कहा नहीं जा सकता कि कश्यप और उलूक एक ही ऋषि के नाम हैं या अलग अलग हैं? उलूक मुनि विश्वामित्र के पुत्र थे जिन के विषय में महाभारत अनुशासन पर्व अध्याय 4 में लिखा है। प्रामाणिक आधार पर बात करें तो वायु पुराण, पूर्वखण्ड, 23 अध्याय में कणाद के प्रसङ्ग में लिखा है कि वे सत्ताइसवीं चतुर्युगी में प्रभास क्षेत्र में शिव जी के अवतार सोमशर्मा नाम ब्राह्मण के शिष्य थे।

जब संपूर्ण भूमंडल पर आर्यों का साम्राज्य था तो उस समय भारत के महान ऋषियों के द्वारा प्रतिपादित सिद्धांत संपूर्ण भूमंडल का मार्गदर्शन किया करते थे। समस्त संसार के ज्ञान पिपासु लोग भारत की ओर बढ़े चले आते थे। उनकी भारत की ओर बढ़े चले आने की इच्छा का एकमात्र कारण अपनी ज्ञान पिपासा को शांत करना होता था। महर्षि कणाद उन्हीं ऋषियों में से एक थे, जिन्होंने संसार का उपकार करते हुए अनेक वैज्ञानिक सिद्धांत प्रतिपादित किए और समस्त संसार का अपने बौद्धिक बल से मार्गदर्शन किया। यह पहले ऋषि थे जिन्होंने परमाणु के संबंध में हमें विस्तार से बताया। संसार के लोगों को महर्षि कणाद ने बताया कि भौतिक जगत

की उत्पत्ति सूक्ष्मातिसूक्ष्म कण अर्थात परमाणुओं के संघनन से होती है। हमारे ज्ञान विज्ञान की चोरी करने में पारंगत रहे पश्चिमी जगत के लोगों ने बाद में हमारे इस महान ऋषि का परमाणु संबंधी यह ज्ञान विज्ञान जॉन डाल्टन (6 सितंबर, 1766 से 27 जुलाई, 1844) के खाते में दर्ज कर दिया।

महर्षि कणाद ने ही गति के नियम भी स्थापित किए। उन्होंने अपने वैशेषिक दर्शन में स्पष्ट लिखा है कि :-

वेग: निमित्तविशेषात कर्मणो जायते।
वेग: निमित्तापेक्षात कर्मणो जायते नियतदिक क्रियाप्रबन्धहेतु।
वेग: संयोगविशेषविरोधी।।

अर्थात् : 'गति पांच द्रव्यों पर निमित्त व विशेष कर्म के कारण उत्पन्न होता है तथा नियमित दिशा में क्रिया होने के कारण संयोग विशेष से नष्ट होता है या उत्पन्न होता है।'

बाद में सन 1687 की जुलाई में सर आइज़क न्यूटन ने गति के इन नियमों को अपने नाम से प्रकाशित कर दिया। अपने नाम भारत के ज्ञान विज्ञान को कर लेने की मुहिम में लगे पश्चिमी जगत के लोगों ने शोर मचा कर झूठ को भी सच कर दिया और न केवल पश्चिम के देशों में बल्कि संसार के अन्य देशों में भी फिर यही पढ़ाया जाने लगा कि गति के नियमों को स्थापित करने वाला सर आइज़क न्यूटन था। इस प्रकार महर्षि कणाद का परिश्रम और पुरुषार्थ कूड़ेदान में फेंक दिया गया या भुला दिया गया। शक्ति और गति के बीच संबंध का वर्णन करने संबंधी सूत्र महर्षि कणाद ने वैशेषिक सूत्र में लिखा था।

विद्वत्ता और वैज्ञानिक चिंतन के धनी महर्षि कणाद ही संसार के ऐसे पहले वैज्ञानिक ऋषि थे जिन्होंने गुरुत्वाकर्षण के सिद्धांत को भी प्रतिपादित किया। यद्यपि उनके जन्म से पूर्व भी भारत के लोग अर्थात हमारे महान पूर्वज गुरुत्वाकर्षण सिद्धांत से परिचित थे, परंतु उसे विधिवत प्रतिपादित कर एक नाम देने का काम इसी महान ऋषि के द्वारा किया गया था। इसके संबंध में भारत के महान वैज्ञानिक भास्कराचार्य ने भी विस्तार से हमें बताया है। वर्तमान विश्व न्यूटन को गति के सिद्धांत का जन्मदाता मानता है। वर्तमान विश्व की ऐसी मान्यता पूर्णतया निराधार है।

आधुनिक संसार परमाणु बम के जनक के रूप में भी भारत की ओर न देखकर इस बम के तथाकथित आविष्कारक जे. रॉबर्ट ओपेनहाईवर की ओर देखता है। माना जाता है कि इसी वैज्ञानिक के नेतृत्व में 16 जुलाई, 1945 को परमाणु बम का पहला सफल परीक्षण संभव हो पाया था। हम यह भूल जाते हैं कि जैसे ही परमाणु बम मानव के हाथों में आया तुरंत वह दानव बन बैठा। 6 और 8 अगस्त, 1945 को उसने अपना दानवतावादी स्वरूप दिखाकर दुनिया को दहला दिया, जब जापान के हिरोशिमा और नागासाकी पर परमाणु बम वर्षा करके बड़ी

संख्या में लोगों को मार दिया था। जबकि इससे पहले जब परमाणु शक्ति का ज्ञान हमारे ऋषियों को था तो उन्होंने इस प्रकार से निरपराध लोगों का संहार करने के लिए कभी हथियारों का दुरुपयोग नहीं किया और ना ही राजशक्ति के माध्यम से होने दिया। उस समय घातक हथियारों पर नियंत्रण बौद्धिक और विवेक शक्ति संपन्न ऋषियों का हुआ करता था, आजकल की भांति आतंकवादियों का नहीं। हमारे ऋषियों का चिंतन पूर्णतया सात्विक था, जबकि 1945 की जुलाई में परमाणु बम बनाने वाले लोगों का चिंतन पूर्णतया तामसिक था। विख्यात इतिहासज्ञ टीएन कोलेबुरक ने अणुशास्त्र में आचार्य कणाद को परमाणुशास्त्र का जनक माना है।

महर्षि कणाद परमाणु वाद के इतने दीवाने हो गए थे कि अपने अंतिम समय में भी उन्होंने पीलव:, पीलव:, पीलव: अर्थात परमाणु, परमाणु, परमाणु शब्द ही उच्चरित किए थे। इन शब्दों के उच्चारण का अभिप्राय यह नहीं कि वह नास्तिक थे या परमपिता परमेश्वर की सत्ता को या उसके नाम को कहीं कम करके आंक रहे थे अपितु इसका अभिप्राय केवल एक ही था कि वह परमाणु में भी उस परमपिता परमेश्वर को सत्ता को समाहित देख रहे थे जिसके कारण यह सारा जगत और ब्रह्मांड की सभी शक्तियां गतिमान हैं। आज का विज्ञान और वैज्ञानिक परमाणु वाद का इस अर्थ और संदर्भ में दीवाना नहीं है। संभवत: यही आज के विज्ञान और वैज्ञानिक की सबसे बड़ी दुर्बलता है।

आज का वैज्ञानिक वैशेषिक दर्शन के अनुसार 'विशेष' को नहीं समझ पाया है। जी हां, वही 'विशेष' जो इस समस्त चराचर जगत का आधार है।

❒

अध्याय 2

भास्कराचार्य : प्राचीन भारतीय गणितज्ञ

हमारे देश में ऐसे कई प्राचीन नगर रहे हैं जो अपनी वैज्ञानिक उपलब्धियों के लिए समकालीन विश्व में विख्यात थे। उनमें उज्जैन का नाम सर्वोपरि है। इसी उज्जैन की वेधशाला के प्रधान के रूप में काम करने वाले भास्कराचार्य भारत की महान धरोहर हैं। भास्कराचार्य का जन्म विद्वानों ने 1114 ई. में माना है जबकि उनका निधन 1185 ई. में माना जाता है। अद्भुत प्रतिभा के धनी और दिव्य बौद्धिक संपदा संपन्न भास्कराचार्य जी प्राचीन भारत के एक महान गणितज्ञ और ज्योतिषी के रूप में इतिहास में सम्मान पूर्ण स्थान रखते हैं।

उनकी महान बौद्धिक संपदा पर भारत को गर्व है। क्योंकि उन्होंने अपनी दिव्य और उत्कृष्ट साधना शक्ति के बल पर भारत को प्राचीन काल में अत्यंत महत्वपूर्ण और सम्मान पूर्ण स्थान दिलवाया। इनका मुख्य ग्रन्थ 'सिद्धान्त शिरोमणि' है। जिसमें लीलावती, बीजगणित, ग्रह-गणित तथा गोलाध्याय नामक चार भाग हैं। बीजगणित,गणना,अंकगणित,त्रिकोणमिति में इनकी विशेष रूचि थी।

भास्कराचार्य का जन्म सहयाद्रि की पहाड़ियों में स्थित विज्जडविड नामक गाँव में हुआ था। यद्यपि अभी तक इस गांव की भौगोलिक स्थिति का ज्ञान नहीं हो पाया है। उनके पिता का नाम महेश्वर भट्ट था। भास्कराचार्य जी को गणित, ज्योतिष, वेद, काव्य, व्याकरण आदि की शिक्षा अपने पिता से ही प्राप्त हुई थी।

गोलाध्याय के प्रश्नाध्याय, श्लोक 58 में भास्कराचार्य जी अपने जन्म के संबंध में लिखते हैं कि शक संवत 1036 में मेरा जन्म हुआ और जब मेरी अवस्था 36 वर्ष की हुई तो मैंने अपने सुप्रसिद्ध ग्रंथ 'सिद्धान्तशिरोमणि' की रचना की।

अपनी अद्भुत महान बौद्धिक संपदा को उन्होंने अपने ग्रंथों के माध्यम से हमारे लिए चिरकाल तक सुरक्षित रखने का प्रबंध किया। उनके द्वारा रचित ग्रंथों से गणित और विज्ञान के सूक्ष्म तत्वों की उनकी बौद्धिक तत्वदर्शी शक्ति का बोध होता है।

भास्कराचार्य जी का देहांत 1185 ई. हुआ माना जाता है।

भारत में उस समय राजनीतिक क्षेत्र में कई प्रकार की चुनौतियां काम कर रही थीं। उस समय विदेशी आक्रमणकारी मोहम्मद गौरी के आक्रमण होने आरंभ हो गए थे। इतिहास उस समय चौराहे पर खड़ा था। दिल्ली पर उस समय पृथ्वीराज चौहान का शासन था।

आचार्य भास्कर एक गणितज्ञ के साथ-साथ उच्च कोटि के कवि भी थे। गणित और खगोल शास्त्र के संबंध में उन्होंने जितना भर भी काम किया है वह विश्व इतिहास की अमूल्य धरोहर है। उनके वैज्ञानिक निष्कर्षों और आविष्कारों ने भारत में ज्ञान ज्योति की शाम नहीं होने दी। उनकी सतत साधना के चलते भारत की ज्ञान परंपरा अक्षुण्ण बनी रही। देश की राजनीतिक सत्ता शक्ति चाहे उस समय किसी भी प्रकार के दुर्भाग्य का शिकार बनी हुई थी, पर भारत का बौद्धिक बल अपनी सही दिशा में कार्य कर रहा था। हमारे लिए यह स्थिति निश्चय ही गौरव, संतोष और सम्मान की स्थिति कही जा सकती है। इसका नेतृत्व भास्कराचार्य जैसे दिव्य पुरुषों के हाथ में था। उन्हीं के नाम पर 7 जून, 1979 को छोड़े गए उपग्रह का नाम भास्कर प्रथम और नवंबर 1981 को छोड़े गए द्वितीय उपग्रह का नाम भास्कर-2 रखा गया।

भास्कराचार्य जी ने "सिद्धांत शिरोमणि" के अतिरिक्त करणकुतूहल और वासनाभाष्य (सिद्धान्तशिरोमणि का भाष्य) तथा भास्कर व्यवहार और भास्कर विवाह पटल नामक दो छोटे ज्योतिष ग्रंथ भी लिखे हैं। उन्होंने कहा था कि कोई संख्या जब शून्य से विभाजित की जाती है तो वह अनंत हो जाती है और इस प्रकार किसी संख्या और अनंत का जोड़ भी अनंत ही होता है। खगोल के क्षेत्र में उनके द्वारा किए गए गति संबंधी कार्य से वैज्ञानिकों को ग्रहों की गति का सही-सही पता निकालने में अच्छी सहायता मिली है।

उनके कार्यों का यूरोपियन गणितज्ञों जैसे गेलोयस, यूलर और लगराज ने भी कालांतर में लाभ उठाया। उन्होंने भास्कराचार्य के सिद्धांत की फिर से खोज की और 'इनवर्स साइक्लिक' उसे नाम दिया।

भास्कर को गणित के क्षेत्र में किए गए उनके कार्यों के कारण अधिक जाना जाता है। उन्होंने गणित के क्षेत्र में अपने सिद्धांतों की अवधारणा आइज़ैक न्यूटन और गोटफ्राइड लैब्नीज से बहुत समय पहले कर दी थी। जिन क्षेत्रों में आइजक न्यूटन और गोटफ्राइड लेबनीज को जाना जाता है, वास्तव में उस क्षेत्र में किए गए अनुसंधान आदि के कार्य का श्रेय सर्वप्रथम भास्कराचार्य जी को दिया जाना चाहिए। आचार्य जी ने न्यूटन के जन्म से सैकड़ों वर्ष पूर्व गुरुत्वाकर्षण के नियमों की विवेचना की थी।

भास्कर आचार्य जी पहले ऐसे वैज्ञानिक हैं जिन्होंने सूर्य की परिक्रमा करने में लगने वाले समय को बहुत पहले स्पष्ट कर दिया था। उन्होंने लगभग 365.2588 दिन बताए जो इस परिक्रमा काल में खर्च होते हैं। यह काल लगभग उतना ही है जितना आज का विज्ञान मानता है। भास्कर आचार्य जी का यह कार्य तब और भी अधिक महत्वपूर्ण हो जाता है जब हम यह देखते हैं कि उनके काल में खगोलीय घटनाओं के बारे में या आविष्कारों के बारे में उतने संसाधन उपलब्ध नहीं थे, जितने आज के समय में हैं। इसके उपरांत भी उन्होंने इतना सटीक वर्णन किया है कि उनके कार्यों और निष्कर्ष को देखकर आज के वैज्ञानिक भी दांतों तले उंगली दबाने के लिए विवश हो जाते हैं। पृथ्वी की गुरुत्वाकर्षण शक्ति की कल्पना में (भुवनकोश, श्लोक 6) वे अपने समय से आगे थे।

विद्वानों के अनुसार "ग्रहों का पीछे जाना, सूर्योदय एवं सूर्यास्त के स्थानानुसार बदलने वाले समय, सम्पात बिन्दुओं का सरकना, चन्द्रमा पर से पृथ्वी के रूप की कल्पना एवं ग्रहणों का वैज्ञानिक विश्लेषण इन सभी बातों से भास्कराचार्य द्वारा प्राप्त खगोल विज्ञान की परिपक्वता का हम अनुमान कर सकते हैं।

अमरगति (perpetual motion) का सबसे पहला उल्लेख भास्कराचार्य ने ही किया है। उन्होने एक चक्र का वर्णन किया है और दावा किया है कि वह सदा घूमता रहेगा। भास्कर द्वितीय यस्तियंत्र नामक एक मापन यंत्र का उपयोग करते थे। इसकी सहायता से कोण का मापन करते थे।"

गुरुत्वाकर्षण के नियम के संबंध में उन्होंने लिखा है, 'पृथ्वी अपने आकाश का पदार्थ स्वशक्ति से अपनी ओर खींच लेती है। इस कारण आकाश का पदार्थ पृथ्वी पर गिरता है।' शेष संसार के लोगों को इस छोटी सी बात की जानकारी बहुत बाद में जाकर हुई।

भास्कराचार्य द्वारा लिखित ग्रंथ 'लीलावती' में गणित और खगोल विज्ञान संबंधी विषयों पर गहराई से प्रकाश डाला गया है। सन् 1163 ई. में उन्होंने 'करण कुतूहल' नामक ग्रंथ की रचना की। इस ग्रंथ में 'सूर्यग्रहण' और 'चंद्रग्रहण' के बारे में विस्तृत जानकारी दी गई है। बताया गया है कि जब चन्द्रमा सूर्य को ढंक लेता है तो सूर्यग्रहण तथा जब पृथ्वी की छाया चन्द्रमा को ढंक लेती है तो चन्द्रग्रहण होता है। इससे स्पष्ट हो जाता है कि हमारे ऋषि वैज्ञानिकों को गुरुत्वाकर्षण, चन्द्रग्रहण और सूर्यग्रहण की बहुत ही प्रमाणिक जानकारी थी।

❐

अध्याय 3

विमान शास्त्र के रचयिता महर्षि भारद्वाज

चिंतन जिसका उच्च है, होता वही महान।
आदर्श बने संसार का, भासता उसमें ज्ञान।।

वैज्ञानिक चिंतन और वैज्ञानिक सोच के आधार पर सर्वोच्च स्थान को प्राप्त करने वाले भारत के महान ऋषियों में ऋषि भारद्वाज का नाम आज अग्रगण्य है। उन्होंने अपनी गहरी साधना और अध्यात्म विद्या के बल पर प्राचीन काल में भारत के ऋषि मंडल में अपना सम्मानपूर्ण स्थान प्राप्त किया। इसके साथ-साथ तत्कालीन क्षत्रिय समाज में भी उनके प्रति बड़े-बड़े राजा महाराजाओं की श्रद्धा भक्ति देखते ही बनती थी। कई लोगों को यह भ्रांति होती है कि ऐसी श्रद्धा भक्ति केवल एक अंधविश्वास मात्र है, जबकि भारत के ऋषियों के संदर्भ में सच यह है कि उनकी उत्कृष्टतम साधना के कारण निर्मित होने वाले उनके आभामंडल के समक्ष चक्रवर्ती सम्राट नतमस्तक होते थे। हमें यह ध्यान रखना चाहिए कि पूजा सर्वत्र ज्ञान की होती है। ज्ञानहीन व्यक्ति को तो हमारे शास्त्रों में पशु के समान माना गया है। हमें श्रद्धा के विषय में यह ध्यान रखना चाहिए कि संकल्प विकल्प में से, तर्क की उलझन में से, निकल कर सत्य की खोज के लिए डट जाने का नाम श्रद्धा है।

यदि इस चतुर्युगी के त्रेता काल में रामचंद्र जी का जन्म हुआ था तो रामायण काल को बीते हुए लाखों वर्ष हो चुके हैं। यह हम भारतीयों के लिए बहुत ही गर्व और गौरव का विषय है कि उस समय भी हमारे यहां पर विमान हुआ करते थे। 'पुष्पक विमान' इसका उदाहरण है। उस समय ऋषि भारद्वाज जैसे वैज्ञानिक ऋषि विद्यमान थे। जिन्होंने 'वृहदविमान-भाष्य' की रचना कर उसमें विमान बनाने की सारी तकनीकी का उल्लेख किया है। ऋषि भारद्वाज जी के इसी ग्रंथ को पढ़कर मुंबई के रहने वाले बापूजी तलपदे ने आधुनिक विश्व में सबसे पहले विमान जैसी चीज

का आविष्कार कर जब उसका प्रदर्शन अंग्रेजों के सामने किया तो अंग्रेजों ने उनसे इस तकनीक को छीनकर राइट ब्रदर्स को दे दिया। इतना ही में बापूजी तलपदे के हाथ भी कटवा दिये, जिससे कि वह आगे कभी इस प्रकार की चेष्टा ना कर सके।

उसके बाद अंग्रेज नाम के उन चोरों ने हमारी विद्या की चोरी कर सारे संसार में यह ढिंढोरा पीट दिया कि राइट ब्रदर्स ने संसार का सबसे बड़ा चमत्कार करके दिखा दिया है। जिसके द्वारा मानव अब हवा में उड़ सकेगा। अब हमको इस बात पर ध्यान देना चाहिए कि हम राइट ब्रदर्स को विमान बनाने का श्रेय न देकर अपने ऋषि भारद्वाज को इसका श्रेय प्रदान करें।

ऋषि भारद्वाज के विमान की विशेषता यह थी कि वह एक ही साथ जल, थल और नभ तीनों में उड़ान भर सकता था। यदि किसी कारण से जल में चलते हुए उसके पलटने या खराब होने या अन्य किसी प्रकार की कोई आपदा आ जाती थी तो वह ऐसी आपदा के आते ही कंप्यूटर जैसी तकनीक के माध्यम से स्वयं उड़ान भरने की स्थिति में आ जाता था और नभ मार्ग से उल्टा धरती पर आ जाता था। ऋषि भारद्वाज के वैज्ञानिक चिंतन की ऊंचाई तक वर्तमान भौतिक विज्ञान नहीं पहुंच सका है। ऋषि भारद्वाज के इस विमान शास्त्र में यात्री विमानों के साथ-साथ लड़ाकू विमान और स्पेस शटल यान का भी उल्लेख मिलता है। वर्तमान विश्व के वैज्ञानिक अभी जिन चीजों की कल्पना ही कर रहे हैं उन्हें ऋषि भारद्वाज ने अब से लाखों वर्ष पूर्व पूर्ण करके दिखाया था। उदाहरण के रूप में आज का वैज्ञानिक सोच रहा है कि एक ग्रह से दूसरे ग्रह पर उड़ान भरने की स्थिति पैदा की जाए, जिससे अनेक ग्रह सीधे पृथ्वी के साथ जुड़ सकें और उनकी खबर पृथ्वीवासियों को मिलती रहे। इस व्यवस्था को हमारे ऋषि भारद्वाज ने उस समय पूर्ण करके दिखाया था। ऋषि भारद्वाज के विमान शास्त्र को पढ़ने से पता चलता है कि उन्हें वायुयान को अदृश्य कर देने की तकनीक काफी ज्ञान था।

बुद्धि बड़ी ही उच्च थी, हृदय में पवित्र भाव थे।
कल्याणार्थ मनुष्य मात्र के थे काम करते चाव से।।
थे पूर्वज महान अपने, जिन पर हमको गर्व है।
हर कर्म उनका मनुजता का आज भी तो पर्व है।।

महर्षि भारद्वाज व्याकरण, आयुर्वेद संहिता, धनुर्वेद, राजनीतिशास्त्र, यंत्रसर्वस्व, अर्थशास्त्र आदि अनेक ग्रंथों के रचयिता हैं। 'चरक संहिता' की साक्षी है कि उन्होंने आत्रेय पुनर्वसु को कायचिकित्सा का ज्ञान प्रदान किया था। ऋषि भारद्वाज ही ऐसे पहले वैज्ञानिक ऋषि हैं जिन्होंने प्रयाग को बसाया था। इस नगर को उस समय पूर्णतया वैज्ञानिक आधार पर बसाया गया था। हमारे यहां पर तीर्थ स्थानों पर जाने की जो परंपरा रूढ़िगत ढंग से देखी जाती है उसके पीछे कारण केवल यही रहा है कि लोग ऐसे ऋषियों की तप:स्थली पर उनके जाने के बाद भी श्रद्धावश आते जाते रहे और उन्हीं के अनुसार वहां पर यज्ञ अनुष्ठान करके शांति प्राप्त करते रहे।

धीरे-धीरे यह परंपरा रूढ़ हो गई और फिर अंधविश्वास में परिवर्तित हो गई।

ऋषि भारद्वाज के पिता का नाम बृहस्पति और माता का नाम ममता था। ऋषि भारद्वाज को आयुर्वेद और सावित्र्य अग्नि विद्या का भी ज्ञान था। आयुर्वेद के ज्ञान से उन्होंने अपने स्वास्थ्य को चिरस्थाई रखते हुए आयु को भी दीर्घ कर लिया था।

प्रयाग में बार-बार यज्ञ-याग कराने की परंपरा ऋषि भारद्वाज द्वारा ही स्थापित की गई थी। इसी से इसका नाम प्रयाग हो गया था। ऋषि भारद्वाज के द्वारा ऐसे ही यज्ञ यागादि के कार्यक्रम संसार की भलाई के लिए किए जाते थे। दान आदि लेकर लोग दूर-दूर से चलकर उन यज्ञों में उपस्थित होते थे। उनकी सुगंधी से वायुमंडल शुद्ध होता था। जिससे प्राणी मात्र का कल्याण होता था। ऐसी पवित्र भावना को लेकर हमारे इस महान ऋषि के द्वारा उस समय धार्मिक और पुण्य कार्य करने की सतत प्रेरणा लोगों को दी जाती रही। जिससे लोगों में धर्म के प्रति अगाध श्रद्धा उत्पन्न हुई।

❐

अध्याय 4

वराहमिहिर : भारत के महान जल वैज्ञानिक

वराहमिहिर भारत की गौरवशाली वैज्ञानिक परंपरा के महातेजस्वी नक्षत्र हैं। इनका जन्म 499 ई. में और मृत्यु 587 ई. में हुई मानी जाती है। अपने जीवन काल में उन्होंने भारतीय गणितज्ञ और खगोलशास्त्री के रूप में संसार भर में विशेष कीर्ति प्राप्त की थी। उनके तेजस्वी जीवन के कारण भारत को भी विश्व भर में सम्मान प्राप्त हुआ था। उन्होंने 'पंचसिद्धान्तिका' नामक ग्रंथ में सबसे पहले बताया कि अयनांश का मान 50.32 सेकेण्ड के बराबर है। उन्होंने अपने समय में शिक्षा के क्षेत्र में भी कीर्तिमान स्थापित किए। नई पीढ़ी को ज्ञान-विज्ञान के साथ जोड़ने की अंत:प्रेरणा से प्रेरित होकर उन्होंने उज्जैन में गणित विज्ञान का एक गुरुकुल स्थापित करवाया था। जो आने वाली कई शताब्दियों (लगभग 700 वर्ष) तक ज्ञान का प्रचार-प्रसार करता रहा। इस गुरुकुल के माध्यम से उन वर्षों में अनेक विद्यार्थियों को लाभ प्राप्त हुआ था। हमारे लिए यह बहुत ही गौरव पूर्ण तथ्य है कि जिस समय इस्लाम के आक्रमण भारत को निरंतर दुर्बल करने का प्रयास कर रहे थे, उस समय भी वराह मिहिर के द्वारा स्थापित यह गुरुकुल बड़ी शान से विद्यार्थियों का निर्माण कर रहा था। इन गुरुकुलों के माध्यम से भारत उस समय अपनी सांस्कृतिक पहचान और राजनीतिक एकता को बनाए रखने में बहुत हद तक सफल रहा था। अपने पिता आदित्यदास से उन्हें गणित और ज्योतिष का ज्ञान प्राप्त हुआ।

गणित ज्योतिष के क्षेत्र में, किया था काज महान।
भारत को पहचान दी, समझा सकल जहान।।

मूल रूप से कश्मीर के बारामूला (पुरुषोत्तम नागेश ओक जी के अनुसार) में जन्मे वराहमिहिर ने दिल्ली में आकर उस समय के खगोलविदों और वैज्ञानिकों की एक छोटी सी बस्ती बसाई। ऐसी भी मान्यता है कि इस वैज्ञानिक का जन्म उज्जैन के समीप कपित्था गांव में हुआ

था। इस महान खगोलविद के द्वारा बसाई गई नगरी को आज हम महरौली के नाम से जानते हैं। वराह मिहिर ने इस बस्ती को मिहिरावली नाम दिया था। विद्वानों की मान्यता है कि इस उपनगरी में केवल वैज्ञानिक लोग ही निवास कर सकते थे। जिन्हें ज्ञान विज्ञान,ज्योतिष और गणित की गहन मंत्रणा करने के लिए एक स्थान पर बसाया गया था। वराहमिहिर ने इसी मिहिरावली के पास अपनी खगोल विद्या का केंद्र स्थापित किया था। इसी को आजकल हम कुतुबमीनार के रूप में देखते हैं। इसके बनाने या स्थापित करने में पूर्णतया वैज्ञानिक दृष्टिकोण अपनाया गया है। भारत से द्वेष रखने वाले इतिहासकारों ने इस स्तंभ को 'कुतुबमीनार' कहकर गुलाम वंश के शासक कुतुबुद्दीन के साथ जोड़ने का अपराध किया है। जबकि कुतुबुद्दीन ऐबक के विषय में यह भी एक सत्य है कि वह दिल्ली का शासक कभी रहा ही नहीं था और ना ही दिल्ली उसके अधिकार क्षेत्र में थी।

अपराधी हर लेखनी, देश संग करे घात।
स्वाभिमान को बेचती, गद्दारों के हाथ।।

मिहिर बहुत ही सटीक भविष्यवाणी करने में भी पारंगत थे। एक बार उन्होंने राजा विक्रमादित्य को कहा था कि उनका नवजात शिशु 18 वर्ष की अवस्था में मृत्यु को प्राप्त हो जाएगा। कहा जाता है कि राजा विक्रमादित्य ने अपने पुत्र को बचाने के हर संभव प्रयास किए, परंतु वह 18 वर्ष की अवस्था में मृत्यु को ही प्राप्त हो गया। तब राजा ने मिहिर को बुला कर कहा, 'मैं हारा, आप जीते'। मिहिर ने नम्रता से उत्तर दिया, 'महाराज, वास्तव में मैं तो नहीं 'खगोल शास्त्र' के 'भविष्य शास्त्र' का विज्ञान जीता है'। महाराज विक्रमादित्य ने कहा अमीर किस प्रकार के उत्तर को सुनकर प्रसन्न होकर उन्हें मगध देश का सर्वोच्च सम्मान वराह प्रदान किया। उसी दिन से मिहिर वराह मिहिर के नाम से जाने, जाने लगे। उनकी विद्वता और अपने विषय में पूर्ण पारंगत होने के दृष्टिकोण से ही महाराजा विक्रमादित्य ने उन्हें अपने दरबार के नवरत्नों में स्थान दिया था। उन्होंने भी संसार के तत्कालीन बुद्धिजीवियों और वैज्ञानिकों को वेद के इस मत से सहमत और परिचित कराया था कि यह पृथ्वी गोल है जो कि सूर्य का चक्कर लगाती है।

डॉ. मोहन चन्द तिवारी (वैज्ञानिक) जी के अनुसार "भारतीय जलवैज्ञानिक वराहमिहिर जिसने सबसे पहले अन्तरिक्ष में मंगल ग्रह पर 1500 वर्ष पूर्व जल की खोज की और पृथ्वी में भी भूमिगत जल की खोज करते हुए सर्वप्रथम इस भूवैज्ञानिक सिद्धान्त को स्थापित किया कि मनुष्यों के शरीर में जिस तरह नाड़ियां होती हैं उसी प्रकार भूमि के नीचे भी जलधारा को प्रवाहित करने वाली शिराएं होती हैं। वराहमिहिर का जलविज्ञान एकांगी रूप से केवल भूगर्भीय जल पर आधारित सैद्धान्तिक विज्ञान ही नहीं है बल्कि वर्षाकालीन अन्तरिक्षगत मेघों के पर्यवेक्षण, मौसमविज्ञान सम्बन्धी जलवायु परीक्षण तथा भूगर्भीय जल की खोज पर आधारित 'औब्जर्वेटरी' और प्रायोगिक विज्ञान भी है।"

आर्यभट्ट जैसे महान वैज्ञानिक के साथ भी वराह मिहिर के गहरे संबंध थे। कुछ लोगों की तो यह भी मान्यता है कि आर्यभट्ट इनके गुरुजी थे। कुछ भी हो लेकिन एक बात सच है कि इन

दोनों ही समकालीन आर्य वैज्ञानिकों ने अपने सार्थक और वैज्ञानिक जीवन से संसार को कई अविष्कार करके दिए और उसे वैज्ञानिक बौद्धिक लाभ पहुंचाया।

डॉ. मोहन चन्द तिवारी ने वराह मिहिर के जल विज्ञान पर विशेष अनुसंधान किया है। उन्होंने इस दिशा में वराह मिहिर द्वारा किए गए महान कार्य की ओर संकेत करते हुए प्रमाणिक आधार पर लिखा है कि "वराहमिहिर जी का जलविज्ञान एकांगी रूप से केवल भूस्तरीय जल अथवा भूगर्भीय जल पर आधारित सैद्धान्तिक विज्ञान ही नहीं बल्कि वर्षाकालीन अन्तरिक्षगत मेघों के पर्यवेक्षण और मौसमविज्ञान सम्बन्धी जलवायु परीक्षण पर आधारित प्रायोगिक विज्ञान भी है। वराहमिहिर जी का मत है कि बलदेव आदि प्राचीन ऋतुवैज्ञानिकों की मान्यता के अनुसार मौसम वैज्ञानिकों द्वारा आगामी मानसूनों के आने की भविष्यवाणी ज्येष्ठ पूर्णिमा के बाद होने वाली ग्रह–नक्षत्रों की स्थिति तथा जलवायु परीक्षण के आधार पर की जानी चाहिए-

"मेघोद्भवं प्रथममेव मया प्रदिष्टं
ज्येष्ठामतीत्य बलदेवमतादि दृष्ट्वा।
भौमं दकार्गलमिदं कथितं द्वितीयं
सम्यग्वराहमिहिरेण मुनिप्रसादात्।।"

(बृहत्संहिता 54.125)

मानसूनी वर्षा के बारे में वराहमिहिर की मान्यता है कि बादलों के 'वृष्टिगर्भ' को धारण करने की अवधि साढ़े छह महीने यानी 195 दिनों की होती है। बादल चन्द्रमा के जिस नक्षत्र में गर्भ धारण करते हैं ठीक 195 दिनों के बाद उसी नक्षत्र में वर्षा के रूप में बादलों का प्रसव होता है-

"यन्नक्षत्रमुपगते गर्भश्चन्द्रे भवेत् स चन्द्रवशात्।
पंचनवते दिनशते तत्रैव प्रसवमायाति।।"

(बृहत्संहिता 21.7)

वर्षा से प्राप्त होने वाले अन्तरिक्ष जल को ही वराहमिहिर जी ने भूस्तरीय तथा भूगर्भीय जल का मूल कारण माना है। किन्तु समय पर वर्षा न होना तथा बादलों का फट जाना इस स्थिति का द्योतक है कि बादलों का समय से पहले ही गर्भस्राव हो गया है। वराहमिहिर के अनुसार यदि बादलों के गर्भधारण के बाद आंधी, चक्रवाती तूफान, उल्कापात, दिग्दाह, भूकम्प आदि प्राकृतिक उत्पात के लक्षण प्रकट हों तो निश्चित कालावधि में मानसूनी वर्षा की अपेक्षा नहीं रखनी चाहिए तथा यह मान लेना चाहिए कि बादलों का गर्भस्राव हो चुका है।"

❐

अध्याय 5

शल्य चिकित्सा के पितामह : सुश्रुत

एलोपैथिक चिकित्सा पद्धति ने अपनी पीठ अपने आप थपथपाते हुए संसार में यह भ्रम फैलाने का काम किया है कि शल्य चिकित्सा संसार को उसी की देन है। जबकि यह बात पूर्णतया गलत है। भारत में सुश्रुत जैसे महान चिकित्सा शास्त्री हुए हैं जो कि आयुर्वेदिक चिकित्सा पद्धति में पूर्णतया पारंगत थे।

मान्यता है कि आचार्य सुश्रुत का जन्म भारत की सुप्रसिद्ध नगरी काशी में छठी (कहीं-कहीं आठवीं शताब्दी भी लिखा है, यद्यपि हम इनका काल इन दोनों को ही नहीं मानते। हमारे ऋषि पूर्वजों के काल का तिथि क्रम निश्चित करने के संबंध में अभी अनुसंधान होना शेष है।) शताब्दी ईसा पूर्व हुआ था। स्पष्ट है कि उस समय संसार किसी अन्य चिकित्सा पद्धति के बारे में विशेष नहीं जानता था। भारत का आयुर्वेद ही समस्त भूमंडल पर शासन करता था अर्थात भारत के आयुर्वेद के माध्यम से ही लोग अपना उपचार कराते थे और स्वस्थ रहते थे।

उस समय भारत के चक्रवर्ती सम्राट इस बात की व्यवस्था करते थे कि भारत के वैद्य संसार के कोने-कोने में जाकर लोगों के स्वास्थ्य का ध्यान रखें और उन्हें पूर्णतया निरोग रखें। उस समय हमारे वैद्य लोग जीवन को एक महात्मा की भांति संसार के कल्याण के लिए समर्पित करते थे। चिकित्सा पद्धति को वह सेवा मानते थे और इस प्रकार की सेवा को ही सबसे बड़ा धर्म मानते थे। संसार के उपकार के लिए और संसार के लोगों को निरोग रखने के लिए उनका जीवन साधना का प्रतीक होता था। यही कारण था कि चिकित्सा में उस समय व्यवसाय नहीं घुसा था। इस प्रकार की सोच से संसार में धर्म का शासन चलाने में बड़ी सुविधा होती थी।

धर्म का ही राज था तब चिकित्सा के क्षेत्र में।
सेवार्थ ही आते थे तब ऋषि चिकित्सा क्षेत्र में।।
तब हमारे ज्ञान का विस्तार था सर्वत्र ही,
हमारा नेतृत्व स्वीकार था, विश्व को हर क्षेत्र में।।

जब संसार एलोपैथिक चिकित्सा पद्धति से परिचित हुआ तो भारत की प्राचीन आयुर्वेदिक चिकित्सा प्रणाली धीरे-धीरे सिमटती चली गई। ऐसी परिस्थितियां बनाई गईं कि हमारे आयुर्वेद को लोगों ने उपेक्षा की दृष्टि से देखना आरंभ कर दिया। भारत में स्वाधीनता के पश्चात भी स्वस्थ रहने के लिए बड़ी संख्या में लोग अपने वैद्यों को ही पसंद करते थे, किसी एलोपैथिक डॉक्टर को नहीं। परंतु आज धीरे-धीरे हम देख रहे हैं कि वैद्य लोग हमारे देश से लगभग समाप्त कर दिए गए हैं। यद्यपि भारतीय संस्कृति के प्रति निष्ठावान लोग आज भी आयुर्वेद के माध्यम से ही अपना उपचार करना उचित मानते हैं। यद्यपि आज भी एलोपैथी के क्षेत्र में बहुत से ऐसे चिकित्सक हैं जो इस व्यवसाय को एक पेशे के रूप में ना लेकर सेवा के रूप में ही लेते हैं और उन्हें सेवा में ही धर्म और धर्म में ही आनंद दिखाई देता है, परंतु ऐसे लोगों की संख्या कम है। अधिकतर लोग ऐसे हो गए हैं जो इस पवित्र कर्म को व्यवसाय के रूप में अपना चुके हैं।

बाबा रामदेव जी ने इस दिशा में योग के माध्यम से क्रांति कर लोगों को विशेष सावधान किया है। इसके अतिरिक्त अन्य कई लोग भी भारत जागरण में अपना जीवन खपा रहे हैं। जिससे बड़ी संख्या में लोग अपनी आयुर्वेदिक चिकित्सा पद्धति की ओर आकर्षित हो रहे हैं।

सुश्रुत को भारत में शल्य चिकित्सा के पितामह के रूप में जाना जाता है। इन्होंने आयुर्वेद की चिकित्सा की शिक्षा भारत के महान स्वास्थ्य विशेषज्ञ और वैद्य धन्वंतरि से प्राप्त की थी।

मानव स्वास्थ्य के संदर्भ में इनके द्वारा लिखी गई पुस्तक 'सुश्रुत संहिता' भारत में ही नहीं, विश्व में भी अपना सम्मान पूर्ण स्थान रखती है। सुश्रुत जी से पूर्व काशी पति दिवोदास शल्य चिकित्सा के क्षेत्र में महान कार्य कर रहे थे। उनके महान कार्य की यश पताका उस समय सारे संसार में फहरा रही थी। उनके विशेष व्यक्तित्व से प्रभावित होकर सुश्रुत जी ने उनसे शल्य चिकित्सा का उपदेश प्राप्त किया था।

हैं पितामह सुश्रुत चिकित्सा विज्ञान के,
झुकता मस्तक आज भी उनके सम्मान में।
लोक के कल्याण हेतु कर्म सारे ही किए,
जीवन समर्पित कर दिया विश्व के कल्याण में।।

दिवोदास धन्वंतरि के सात शिष्यों में से एक आचार्य सुश्रुत को 'फादर आफ प्लास्टिक सर्जरी' यानी प्लास्टिक सर्जरी का पितामह भी कहते हैं। उन्हें 2500 (?) वर्ष पहले भी प्लास्टिक सर्जरी एवं इसमें प्रयोग होने वाले यंत्रों की जानकारी थी। आयुर्वेद के महत्वपूर्ण ग्रंथों में सम्मिलित 'सुश्रुत संहिता' में शल्य चिकित्सा के मूल सिद्धांतों की जानकारी मिलती है।

'सुश्रुत संहिता' में शल्य चिकित्सा के बारे में जिस प्रकार गंभीर और महत्वपूर्ण जानकारी दी गई है उसे देखकर आज के चिकित्सा शास्त्री भी दांतो तले उंगली दबा जाते हैं। निश्चित रूप

से इस संहिता को पढ़कर हमारे इस महान वैज्ञानिक शल्य चिकित्सा शास्त्री के प्रति हृदय श्रद्धा से भर जाता है और व्यक्ति स्वयं ही नतमस्तक हो जाता है। उनके पास ऐसे 125 प्रकार के उपकरण थे जो शल्य चिकित्सा के लिए उपयोग में लाए जाते थे।

उस समय इस प्रकार के उपकरणों का विशेष महत्व था क्योंकि उन उपकरणों को बनाना भी बड़ा कठिन था। उस समय उपकरणों को बनाने के लिए आजकल की भांति मशीनें नहीं थीं।

इसके उपरांत भी भारतवर्ष अपने सुश्रुत जैसे यशस्वी चिकित्सा शास्त्रियों के माध्यम से संपूर्ण संसार को निरोग रखने में सफल रहा और दीर्घकाल तक स्वास्थ्य के क्षेत्र में संपूर्ण भू-मंडल का कल्याण करता रहा।

शल्य चिकित्सा को सफलता के शीर्ष तक पहुंचाने वाले सुश्रुत ने उस समय 300 प्रकार की शल्य चिकित्सा प्रक्रियाओं की खोज की थी। जिनके माध्यम से मानव को स्वस्थ रखा जाना संभव हो सकता था। उस समय नेत्र चिकित्सा के लिए शल्य प्रक्रिया का सहारा लेना पड़ा जो जोखिम भरा था। पर सुश्रुत ने अपने विशेष बौद्धिक कौशल के माध्यम से इस क्रिया को भी सफलतापूर्वक साध लिया था। कहने का अभिप्राय है कि उन्होंने मोतियाबिंद जैसी आंखों की बीमारी को भी शल्य क्रिया से दूर करने में सफलता प्राप्त की थी।

आजकल की उन्नत चिकित्सा प्रणाली के उपरांत भी प्रसव के समय अनेक माताएं दम तोड़ जाती हैं। कई बार जच्चा और बच्चा दोनों के लिए ही खतरा पैदा हो जाता है। परंतु सुश्रुत ने इस क्षेत्र में भी विशेष योग्यता प्राप्त कर सफलतापूर्वक प्रसव कराने संबंधी शल्य क्रिया को भी अपनी साधना का लक्ष्य बनाया था। हड्डियों को जोड़ने के क्षेत्र में भी उन्होंने विशेष परिश्रम किया और उनके अनुसंधान से इस क्षेत्र में आगे आने वाले चिकित्सा शास्त्री अथवा वैद्य लोग संसार का कल्याण करते रहे। यहां पर यह बात ध्यान देने योग्य है कि आयुर्वेद के इन वैद्यों के माध्यम से हड्डियों का उपचार कराते समय या उन्हें जुड़वाने के समय लोगों को बहुत कम खर्च करना पड़ता था।

इसके अतिरिक्त उन्हें आज के एलोपैथिक चिकित्सा प्रणाली की अपेक्षा दर्द भी कम होता था। साथ ही साथ उनके स्वास्थ्य पर इस प्रकार की किसी प्रक्रिया का कोई विपरीत प्रभाव नहीं पड़ता था। कहने का अभिप्राय है कि जिस प्रकार आजकल अंग्रेजी दवाई लेकर लोगों के हृदय, किडनी, फेफड़े, आंत आदि पर विपरीत प्रभाव पड़ते देखे जाते हैं वैसे प्रभाव आयुर्वेद के इन वैद्यों की चिकित्सा प्रणाली के माध्यम से नहीं पड़ते थे। संज्ञाहरण अर्थात सुन्न करने के लिए भी सुश्रुत ने विशेष प्रक्रिया का सहारा लिया था। उन्हें संज्ञाहरण का पितामह कहा जाता है, अर्थात संसार में सबसे पहले रोगी को सुन्न कर चिकित्सा करने का आविष्कार उन्होंने ही किया था। उन्हें मधुमेह जैसे रोगों का भी ज्ञान था और इसके लिए भी उन्होंने विशेष औषधियां तैयार की थीं।

उनके बारे में विद्वानों का स्पष्ट मानना है **कि "सुश्रुत श्रेष्ठ शल्य चिकित्सक होने के साथ-साथ श्रेष्ठ शिक्षक भी थे। उन्होंने अपने शिष्यों को शल्य चिकित्सा के सिद्धांत**

बताये और शल्य क्रिया का अभ्यास कराया। प्रारंभिक अवस्था में शल्य क्रिया के अभ्यास के लिए फलों, सब्जियों और मोम के पुतलों का उपयोग करते थे। मानव शारीर की अंदरूनी रचना को समझाने के लिए सुश्रुत शव के ऊपर शल्य क्रिया करके अपने शिष्यों को समझाते थे। सुश्रुत ने शल्य चिकित्सा में अद्भुत कौशल अर्जित किया तथा इसका ज्ञान अन्य लोगों को कराया। इन्होंने शल्य चिकित्सा के साथ-साथ आयुर्वेद के अन्य पक्षों जैसे शरीर सरंचना, काय चिकित्सा, बाल रोग, स्त्री रोग, मनोरोग आदि की जानकारी भी दी।"

❒

अध्याय 6

महान गणितज्ञ आर्यभट्ट

अभिनंदन के योग्य है, आर्यभट्ट महान।
गणित और खगोल का अद्भुत दीन्हों ज्ञान।।

भारतवर्ष के ऋषि वैज्ञानिकों में आर्यभट्ट का नाम एक सुप्रसिद्ध गणितज्ञ और खगोलशास्त्री के रूप में बड़े सम्मान के साथ लिया जाता है। अपने जीवन काल में गणित और खगोल शास्त्र के क्षेत्र में महत्वपूर्ण और अभिनंदनीय कार्य किया। आर्यभट्ट के महान वैज्ञानिक कार्यों का भारत के साथ-साथ संपूर्ण विश्व ऋणी है। उन्होंने संसार के लोगों को बताया कि यह सूर्य अपने स्थान पर स्थित रहता है,जबकि अन्य ग्रह उसकी परिक्रमा लगाते हैं। शून्य का आविष्कार करने वाले भी आर्यभट्ट ही थे।

बाद में उनके इसी सिद्धांत को कॉपरनिकस नाम के विदेशी वैज्ञानिक के नाम कर दिया गया। आर्यभट्ट के समय में गुप्त काल (450 ईसवी के लगभग) में स्थापित नालंदा विश्वविद्यालय भली प्रकार अपना कार्य करना आरंभ कर चुका था, उस विश्वविद्यालय में दूर-दूर से आकर विद्यार्थी शिक्षा ग्रहण करते थे। उसी विश्वविद्यालय की देन आर्यभट्ट थे।

गुप्त काल के महान शासक चंद्रगुप्त विक्रमादित्य के राजदरबार में यह उनके नवरत्नों में से एक थे। इस प्रकार इन्हें चंद्रगुप्त विक्रमादित्य का ही समकालीन माना जाता है।

23 वर्ष की अवस्था में ही इन्होंने **'आर्यभट्टीय'** और उसके पश्चात **'आर्य सिद्धांत'** नामक ग्रंथ लिखे। जिससे पता चलता है कि यह बहुत ही मेधावी और कुशाग्र बुद्धि वाले थे। जिससे इन्हें छोटी अवस्था में ही बहुत कीर्ति प्राप्त हुई। भारतवर्ष के तत्कालीन राजा विद्वानों का अत्यधिक सम्मान करते थे। ज्ञान विज्ञान और संस्कारों की परंपरा को अक्षुण्ण बनाए रखने के लिए भारत के आर्य राजा विद्वानों का सम्मान सत्कार करना अपना नैतिक कर्तव्य मानते थे।

गणित में उन्होंने बहुत ही मूल्यवान योगदान दिया। जिसके लिए संपूर्ण विश्व आज तक उनका ऋणी है। उन्होंने ही पाई के अनुमानित मूल्य की गणना की थी, जिसे उन्होंने 3.14 स्थापित किया था। उन्होंने त्रिभुज और वृत्त के क्षेत्रफल की गणना के लिए अकाट्य सूत्र भी खोजे।

संसार ऋणी है और रहेगा, जब तक सृष्टि जारी है।
स्थान मिले इतिहास में समुचित, बस यही तैयारी है।।

आर्यभट्ट ही ऐसे पहले महान वैज्ञानिक थे जिन्होंने निर्धारित किया था कि एक सौर वर्ष में 365.8586805 दिन होते हैं। वास्तव में यह उनका बहुत ही गहन अध्ययन था, जिसे शेष संसार को समझने में बहुत अधिक समय लगा। उस समय ईसाई देशों का ईसवी कैलेंडर 10 महीने का होता था। आर्यभट्ट की इस खोज के बाद भी सैकड़ों वर्ष तक ईसाइयों का वही कैलेंडर काम करता रहा। आर्यभट्ट के देहांत के सैकड़ों वर्ष पश्चात जब ग्रेगोरियन कैलेंडर में 12 महीनों का प्रावधान किया गया तो उस घटना के संदर्भ में हमें यह मानना चाहिए कि यूरोप वालों को यह ज्ञान निश्चय ही आर्यभट्ट के अनुसंधान से ही मिला होगा। पर वे इसे अपनाने में बहुत अधिक देर तक संकोच करते रहे। वे नहीं चाहते थे कि उनकी मान्यताओं को धक्का लगे और भारत के इस महान आचार्य की मान्यता को उन्हें स्वीकार करना पड़े, परंतु में उन्हें हमारे इस ऋषि के समक्ष घुटने टेकने पड़े। तभी तो उन्होंने अपने वर्ष में 10 महीने के स्थान पर 12 महीने घोषित किए।

'आर्यभटीय', उनका एक ऐसा महान ग्रंथ है जिसे उनकी सबसे बड़ी उपलब्धि के रूप में मान्यता प्राप्त है। महान ग्रंथ के गणित भाग में 33 श्लोकों में 66 गणितीय नियम प्रस्तुत किए गए हैं।

इस ग्रंथ में गीतिकापाद (13 छंद), गणितपाद (33 छंद), कालक्रियापाद (25 छंद) और गोलापाद (50 छंद) चार अध्याय हैं। इसी ग्रंथ के अध्ययन से हमें सौर मंडल की संरचना, सौर मंडल के ग्रहों की प्रकृति और सूर्य व चंद्र ग्रहणों के कारणों की सुंदर और सटीक जानकारी प्राप्त होती है।

आर्यभटीय के गणितीय खंड में अंकगणित, बीजगणित, समतल त्रिकोणमिति और गोलीय त्रिकोणमिति को सम्मिलित किया गया है, जिससे आर्यभट्ट के महान बौद्धिक ज्ञान का पता चलता है। इस प्रकार गणित के अन्य अनेक नियमों, सिद्धांतों और सूत्रों की जानकारी देने वाला यह ग्रंथ भारत के गौरव को प्रकट करने वाला ग्रंथ है।

'सूर्य सिद्धांत' नामक अपने ग्रंथ के माध्यम से आर्यभट्ट ने सौर ग्रहणों के वास्तविक कारण को प्रकट किया है। उन्होंने यह भी स्पष्ट किया कि चंद्रमा सहित अन्य कई ग्रह सूर्य के प्रकाश से ही चमकते हैं। आर्यभट्ट के इन महान वैज्ञानिक कार्यों से स्पष्ट होता है कि भारतवर्ष में वैज्ञानिक परंपरा को ही प्रधानता दी जाती रही है। यदि इसके उपरांत भी चंद्र ग्रहण के समय राहु-केतु

वाली कहानी को दोहराया जाता है तो यह पूर्णतया अवैज्ञानिक है, जिसे भारत की मूल वैज्ञानिक चिंतनधारा द्वारा कभी भी मान्यता प्रदान नहीं की गई। धरती के अपनी धुरी पर घूमने के भारत के प्राचीन सिद्धांत की पुष्टि भी आर्यभट्ट द्वारा की गई।

उन्होंने स्थानीय मान प्रणाली को विकसित करने और शून्य की पहचान करने के साथ साथ वर्गमूल और घनमूल योग पर भी स्पष्ट चिंतन और सिद्धांत प्रतिपादित किया। उन्हें स्थान मूल्य प्रणाली में सबसे पहले शून्य का प्रयोग भी उन्होंने ही किया।

आर्यभट्ट के विषय में कुछ विद्वानों की मान्यता है कि उनका जन्म 476 ई. में अश्मक में हुआ था। इस पर हमारी असहमति है, क्योंकि यदि उनका जन्म 476 ई. में होना माना जाएगा तो फिर वह चंद्रगुप्त विक्रमादित्य के समकालीन नहीं हो सकते।

आर्यभट्ट अपने टीकाकार भास्कर प्रथम के साथ पाटलिपुत्र में अधिक समय रहे। उनके विषय में यह भी मान्यता है कि वे मगध में नालंदा विश्वविद्यालय के कुलपति भी रहे थे।

कुल मिलाकर यह कहा जा सकता है कि आर्यभट्ट भारतीय मनीषा और ज्ञान परम्परा के दैदीप्यमान नक्षत्र हैं। जिन्होंने अपनी महामेधा से और ज्ञान से संसार का ज्ञानकोष समृद्ध किया।

❐

अध्याय 7

बिजली के बल्ब के आविष्कारक महर्षि अगस्त्य

महर्षि अगस्त्य रामायण काल के एक महान ऋषि थे। लाखों वर्ष पूर्व इस महान ऋषि ने भारत की मनीषा और वेदों की ज्ञान विज्ञान की शैली का सारे संसार में डंका बजाया था। उनकी वैज्ञानिक बुद्धि ने बिजली का आविष्कार करके तत्कालीन संसार को चमत्कृत कर दिया था। उनकी मेधा शक्ति को संपूर्ण संसार आज भी नमन करता है।

माना जाता है कि ऋषि अगस्त वशिष्ठ ऋषि के भाई थे। उनकी धर्मपत्नी लोपामुद्रा भी महान विदुषी और वेदों की ज्ञाता थीं। इध्मवाहन नाम का इनका एक पुत्र था। इनकी वैज्ञानिक बुद्धि और विद्वता से प्रेरित होकर महाराजा दशरथ ने इन्हें अपना राजगुरु भी बनाया था। उस समय राजगुरु के पद पर किसी दिव्य विभूति को ही स्थान दिया जाता था। जिससे संसार के कल्याण के लिए उत्कृष्ट से उत्कृष्ट चिन्तन ऐसे विद्वानों से मिलता था। उस समय ऐसे ऋषियों को बड़ी कठिनता से ही इस प्रकार के महान दायित्व का निर्वाह करने हेतु प्रसन्न किया जाता था। क्योंकि उनके भीतर किसी प्रकार की लोकैषणा का भाव नहीं होता था। हर प्रकार की ऐषणा से ऊपर उठकर वे जनहित में सोचते थे। यदि कोई वशिष्ठ जैसा ऋषि राजगुरु के पद को सुशोभित करने की अनुमति स्वीकृति प्रदान कर देता था तो इसे राजा अपना सौभाग्य मानता था। वेद के मंत्र दृष्टा ऋषि के रूप में भी महर्षि अगस्त्य को मान्यता प्राप्त है।

मारना लात हर पद को ऋषि का स्वभाव होता है,
बन्धु! उनकी आत्मा में ऐषणा का अभाव होता है।
ऋजु गामी, सरल हृदय विनम्रता का भाव होता है,
उनकी महानता का हर देशवासी पर प्रभाव होता है।।

अगस्त्य ऋषि अपने समय के एक महान अभियंता भी थे। कहा जाता है कि उन्होंने ही विंध्यांचल की पहाड़ी में से दक्षिण भारत में पहुंचने का सुगम मार्ग बनाया था। पुरुषोत्तम श्री राम जी अपने वनवास काल में महर्षि अगस्त्य के आश्रम में रुके थे।

अगस्त्य शब्द के अर्थ के बारे में विद्वानों का कहना है कि यह अगस अर्थात दोषों को नष्ट करने वाला, लोगों की आधि-व्याधियों को दूर करने वाला होता है।

हमारे ऋषियों के नाम उनके गुण, कर्म, स्वभाव के आधार पर ही रखे जाते थे। महर्षि अगस्त्य के आश्रम में मर्यादा पुरुषोत्तम श्री राम अपने अनुज लक्ष्मण और सहधर्मिणी सीता जी के साथ पधारे थे। तब महर्षि अगस्त्य भली-भांति यह जानते थे कि रामचंद्र जी अपने जीवन में किस प्रकार राक्षस संहार का संकल्प ले चुके हैं? ऐसे में उनके जीवन को भयानक संकट है। इसके अतिरिक्त वह यह भी भली प्रकार जानते थे कि राक्षस शक्ति के संहार के लिए कितने बड़े स्तर पर अस्त्र शस्त्रों की आवश्यकता होती है? महर्षि अगस्त्य दिव्य अस्त्रों के निर्माता थे या कहिए कि उन्हें दिव्य अस्त्र बनाने का पूर्ण ज्ञान था। राक्षस शक्ति के संहार के लिए वह भी किसी उचित पात्र को ही ढूंढ रहे थे। यह एक संयोग ही था कि आज ऐसा उचित पात्र श्री राम जी के रूप में उनके समक्ष खड़ा हुआ था। यही कारण था कि उन्होंने श्री राम के निज आश्रम में पधारने के अवसर पर उनको अनेक दिव्य अस्त्र प्रदान किए।

महर्षि ने दिव्य अस्त्र प्रदान करते हुए श्री रामचंद्र जी से कहा कि विश्वकर्मा द्वारा निर्मित स्वर्ण और रत्नों से विभूषित यह दिव्य तथा विशाल **'वैष्णव'** नामक धनुष है।

उन्होंने सूर्य के समान दैदीप्यमान और अमोघ (जो कभी खाली न जाए) बाण भी श्री रामचंद्र जी को दिया। जो कि ऋषि अगस्त को ब्रह्मा जी ने दिया था। ऋषि ने श्रीराम को बताया कि **"यह बाण इंद्र द्वारा प्रदत्त है। जिनके बाण कभी समाप्त नहीं होते। इन तरकशों में अग्नि के समान ज्वाला वमन करने वाले तीव्र बाण भरे हुए रहते हैं। यह स्वर्ण से विभूषित तलवार है। जिसका म्यान भी सोने का बना हुआ है। हे सम्मान योग्य राम! इस धनुष, तरकश, बाण तथा तलवार को संग्राम में अपनी विजय के लिए ऐसे ही धारण करो जैसे इंद्र ने वज्र को धारण किया था।"**

विजय मिले संग्राम में और शत्रु का हो अंत।
ऋषियों का आशीष है, सहमत सारे संत।।

इससे पता चलता है कि महर्षि अगस्त्य दिव्य अस्त्रों के निर्माता के रूप में जग विख्यात थे। उन्हें दिव्य अस्त्रों का निर्माता कहने का हमारा अभिप्राय यह नहीं है की महर्षि अगस्त्य जैसे लोगों के पास उस समय अस्त्र निर्माण कंपनी थी और उसके मुखिया के रूप में वह काम कर रहे थे। हमें ध्यान रखना कि वह व्यापारी नहीं थे और ना ही विनाशकारी हथियारों की कोई बड़ी

फैक्ट्री लगाकर मानव जाति के विनाश की योजना बनाने वाले आधुनिक हथियार निर्माता थे। उस समय भारत के ऋषियों के पास ही ऐसा विशिष्ट चिंतन हुआ करता था जिसका वह वैज्ञानिक लाभ उठाया करते थे। ऋषि अगस्त्य के पास ऐसे विशिष्ट वैज्ञानिक चिंतन के होने का परिणाम यह हुआ कि उन्होंने अपने दिव्य अस्त्र श्री राम जी को ही दिए। जिनसे उन्हें यह पूर्ण अपेक्षा थी कि वे इन दिव्यास्त्रों का प्रयोग मानव जाति के विनाश के लिए नहीं करेंगे।

प्राचीन काल में भारत के ऋषि वायुयान कला में पूर्ण निष्णात थे। उनकी वैज्ञानिक बुद्धि के कारण ही ऊंचे उड़ने वाले गुब्बारे, पैराशूट, बिजली और बैटरी जैसे कई उपकरण भारत में प्राचीन काल में भी उपलब्ध थे। हमारे ऋषियों ने आध्यात्मिक उन्नति के साथ-साथ विज्ञान का भी विकास किया था। उस काल में वायुयान के साथ साथ बिजली भी होती थी। भारत की सांस्कृतिक धरोहर को भारत के धार्मिक मानवीय मूल्यों ने अधिक प्रभावित किया है। यहां तक कि विनाशकारी हथियारों के निर्माण में भी इसके वे धार्मिक और नैतिक मूल्य ही पथ प्रदर्शक का काम करते दिखाई देते हैं, जिनको अपनाकर कभी भी निरपराध लोगों को मारने का विचार तक हमारे क्षत्रियों के मस्तिष्क में नहीं आया।

वैज्ञानिक ऋषियों के क्रम में महर्षि अगस्त्य का सबसे बड़ा योगदान उनके द्वारा बिजली के बल्ब का आविष्कार करना था। वर्तमान में उनके द्वारा किए गए बिजली के आविष्कार का श्रेय माइकल फैराडे को दे दिया गया है। निश्चय ही भारत को अपने आप को स्थापित करने के लिए अपने आपको समझना पड़ेगा और भारत के इतिहास पर पड़ी भारत द्वेषी इतिहासकारों के काले कारनामों की उस काली छाया को अपने आप ही मिटाना होगा जिसके रहते हमारे महान ऋषियों के आविष्कारों का श्रेय भी पश्चिम के लोगों को निरंतर दिया जाता रहा है। बल्ब के आविष्कारक थॉमस एडिसन ने भारत के ऋषियों के महान वैज्ञानिक चिंतन का लाभ उठाने की ओर संकेत करते हुए अपनी एक पुस्तक में लिखा है कि एक रात मैं संस्कृत का एक वाक्य पढ़ते-पढ़ते सो गया। उस रात मुझे स्वप्न में संस्कृत के उस वचन का अर्थ और रहस्य समझ में आया, जिससे मुझे बल्ब बनाने में बहुत सहायता मिली।

ऋषि अगस्त्य ने 'अगस्त्य संहिता' नामक ग्रंथ की रचना की थी। इसमें वह स्वयं लिखते हैं :-

संस्थाप्य मृण्मये पात्रे ताम्रपत्रं सुसंस्कृतम्।
छादयेच्छिखिग्रीवेन चार्दाभि: काष्ठापांसुभि:॥
दस्तालोष्टो निधात्वय: पारदाच्छादितस्तत:।
संयोगाज्जायते तेजो मित्रावरुणसंज्ञितम्॥

-अगस्त्य संहिता

अर्थात- "एक मिट्टी का पात्र लें, उसमें ताम्र पट्टिका डालें तथा शिखिग्रीवा डालें, फिर बीच में गीली काष्ट पांसु लगाएं, ऊपर पारा (mercury) तथा दस्त लोष्ट (Zinc) डालें, फिर तारों को

मिलाएंगे तो उससे मित्रावरुणशक्ति (Electricity) का उदय होगा।"

भारत के इस महान आविष्कारक ऋषि वैज्ञानिक के इस चिंतन पर आजकल के वैज्ञानिक भी चर्चा करते हैं। इस प्रकार उनकी 'अगस्त्य संहिता' आज के वैज्ञानिकों के लिए भी पथ प्रदर्शिका है। उनके विषय में आज के अनुसंधानकर्ताओं का यह भी निष्कर्ष है कि अगस्त्य संहिता में विद्युत का उपयोग इलेक्ट्रोप्लेटिंग के लिए करने का भी विवरण मिलता है। उन्होंने बैटरी द्वारा तांबा या सोना या चांदी पर पॉलिश चढ़ाने की विधि निकाली अत: अगस्त्य को कुंभोद्भव (Battery Bone) भी कहते हैं।

अनने जलभंगोस्ति प्राणोदानेषु वायुषु।
एवं शतानां कुंभानांसंयोगकार्यकृत्स्मृत:॥

-अगस्त्य संहिता

महर्षि अगस्त्य कहते हैं- "सौ कुंभों (उपरोक्त प्रकार से बने तथा श्रृंखला में जोड़े गए सौ सेलों) की शक्ति का पानी पर प्रयोग करेंगे, तो पानी अपने रूप को बदलकर प्राणवायु (Oxygen) तथा उदान वायु (Hydrogen) में परिवर्तित हो जाएगा।"

कृत्रिमस्वर्णरजतलेप: सत्कृतिरुच्यते।
यवक्षारमयोधानौ सुशक्तजलसन्निधो॥
आच्छादयति तत्ताम्रं स्वर्णेन रजतेन वा।
सुवर्णलिप्तं तत्ताम्रं शातकुंभमिति स्मृतम्॥

-5 अगस्त्य संहिता

अर्थात- कृत्रिम स्वर्ण अथवा रजत के लेप को सत्कृति कहा जाता है। लोहे के पात्र में सुशक्त जल (तेजाब का घोल) इसका सान्निध्य पाते ही यवक्षार (सोने या चांदी का नाइट्रेट) ताम्र को स्वर्ण या रजत से ढंक लेता है। स्वर्ण से लिप्त उस ताम्र को शातकुंभ अथवा स्वर्ण कहा जाता है। (इसका उल्लेख शुक्र नीति में भी है।-साभार)

आधुनिक नौकाचालन और विद्युतवाहन, संदेशवाहन आदि के लिए जो अनेक बारीक तारों की बनी मोटी केबल या डोर बनती है इस संबंध में भी ऋषि अगस्त्य ने विशेष जानकारी साझा की है। उन्होंने इन तारों को रज्जु कहा है। अगस्त्य मुनि ने गुब्बारों को आकाश में उड़ाने और विमान को संचालित करने की तकनीक का भी उल्लेख किया है। उनका कहना है कि हाइड्रोजन को वायु प्रतिबंधक वस्त्र में रोका जाए तो यह विमान विद्या में काम आता है। कहने का अभिप्राय है कि वस्त्र में हाइड्रोजन पक्का बांध दिया जाए तो उससे आकाश में उड़ा जा सकता है।

हमें अपनी मूल संस्कृति और संस्कृत भाषा से जुड़ने की आवश्यकता है। जब हम अपनी संस्कृति और अपनी भाषा संस्कृत से जुड़ेंगे तो निश्चय ही 'अगस्त्य संहिता' की ओर हमारा ध्यान जाएगा। विदेशी भाषा से जुड़े रहने से विदेशी लेखकों और तथाकथित वैज्ञानिकों की पुस्तकों और उसी भाषा में लिखे ग्रंथों की ओर ध्यान जाना स्वाभाविक है। जिसमें भारत के ऋषि वैज्ञानिकों की पूर्णतया उपेक्षा की गई है। सचमुच भारत को समझने के लिए बहुत गहराई में जाने की आवश्यकता है।

महर्षि अगस्त्य के काल को कुछ लोगों ने अबसे 3000 वर्ष पूर्व का माना है। उनकी ऐसी धारणा पूर्णतया निराधार है। वास्तविकता यह है कि इस महर्षि का काल उतना ही पुराना है जितना रामायण काल है और रामायण काल के बारे में हम सब जानते हैं कि यह अबसे लगभग पौने दस लाख वर्ष पूर्व का काल है। अतः महर्षि अगस्त का काल भी इतना ही पुराना माना जाना चाहिए।

इससे यह भी स्पष्ट हो जाता है कि भारतवर्ष ज्ञान-विज्ञान के क्षेत्र में सृष्टि प्रारंभ अथवा मानव सभ्यता के विकास के प्रारंभिक चरण से ही संसार का मार्गदर्शन करता आया है। महर्षि अगस्त्य ने अपने समय के वृहत्तर भारत अर्थात जंबूद्वीप या आर्यावर्त में दूर-दूर तक वैदिक धर्म का प्रचार प्रसार किया था। जावा द्वीप में उनकी एक प्रतिमा प्राप्त हुई है, जो अब से लगभग 1000 वर्ष पुरानी है। इससे पता चलता है कि महर्षि अगस्त्य ने द्वीपांतरों में आर्य संस्कृति का प्रसार करने में महत्वपूर्ण योगदान दिया था।

❐

अध्याय 8

"ब्रह्म-स्फुट-सिद्धांत" के रचयिता ब्रह्म गुप्त

भारत के राजस्थान की भूमि वीरों की भूमि होने के साथ-साथ ऋषियों की भी पवित्र भूमि रही है। विभिन्न कालखंडों में विभिन्न ऋषियों ने यहां घोर तपस्या करके इस पवित्र भूमि को धन्य किया है और अपने जीवन के आलोक से समस्त संसार को आलोकित किया है। ऋषियों और वीरों की इस पवित्र भूमि के भीनमाल नामक शहर में एक ऋषि वैज्ञानिक हुए जिनका नाम ब्रह्मगुप्त था। इनके बारे में पता चलता है कि उनका जन्म 598 ई. में हुआ था।

भारत के प्राचीन ऋषियों के खगोल विद्या संबंधी ज्ञान को और भी आगे तक बढ़ाने में ब्रह्मगुप्त का विशेष योगदान रहा। उन्होंने अपने जीवन को खगोल विद्या के क्षेत्र में अनेक प्रकार के अनुसंधान करने के लिए व्यतीत किया। 665 (कहीं-कहीं पर यह 680 ई. भी मानी जाती है) ईस्वी में जब इनका देहांत हुआ तो उस समय इस्लाम का प्रादुर्भाव हो चुका था। भारत के वैदिक सिद्धांतों की उस समय संसार के अन्य क्षेत्रों में बड़ी उपेक्षा हो रही थी। उसी का परिणाम था कि संसार मत, पंथों, सांप्रदायिक झगड़ों और व्यर्थ के युद्धों में भटका हुआ था, परंतु इसके उपरांत भी भारत अपनी ज्ञान की आभा में लीन था और उस समय भी जब संसार उपद्रव और उत्पात के अतिरिक्त कुछ नहीं कर रहा था, भारत 'ब्रह्मगुप्तों' का निर्माण कर रहा था।

उस समय के संसार के लोगों ने हमारे ब्रह्मगुप्त जैसे महान खगोलविद से बहुत कुछ सीखा। माना यह भी जाता है कि कुस्तुनतुनिया वासी और इस्लामिक लोगों पर भी उनकी खगोल विद्या का स्पष्ट प्रभाव पड़ा। उन्होंने आर्यभट्ट जैसे महान वैज्ञानिक की कई वैज्ञानिक बातों पर भी विपरीत विचार रखे। उनके इस प्रकार के विचारों को आर्यभट्ट के प्रति उनकी आलोचना के रूप में देखा जाता है। यद्यपि भारत में अपनी मतभिन्नता को व्यक्त करने का मौलिक अधिकार व्यक्ति को सृष्टि प्रारंभ से रहा है। यही कारण है कि यहां पर सामान्यता उसी मत को लोकमत की

अभिस्वीकृति प्राप्त होती है जो विज्ञान के नियमों के अनुकूल होता है। फलस्वरूप जहां-जहां ब्रह्मगुप्त आर्यभट्ट से असहमत थे परंतु आर्यभट्ट के सिद्धांत वैज्ञानिक थे, वहां-यहां के लोगों ने आर्यभट्ट को सही मानते हुए उन्हें लोकमत की अभिस्वीकृति प्रदान की और ब्रह्मगुप्त को पीछे हटा दिया।

भारत की लोकनीति और लोकरीति के इस सिद्धांत को स्वीकार करते हुए हमें भी यही सोचना चाहिए कि हम ब्रह्मगुप्त को केवल इसलिए न नकार दें कि उन्होंने आर्यभट्ट की वैज्ञानिक सोच की आलोचना की थी। इसके विपरीत हम उनके उन महान कार्य पर चिंतन करें जिनके कारण हमें संसार में उस समय सम्मान प्राप्त हुआ। ज्ञात रहे कि ब्रह्मगुप्त ने आर्यभट्ट के पृथ्वी को घूमते हुए एक गोले के रूप में देखने की अवधारणा को नकार दिया था।

ब्रह्म गुप्त की सोच को, सराहें हम दिन रात।
सार तत्व को ग्रहण कर, लिए रहें निज हाथ।।

ब्रह्मगुप्त की **"ब्रह्म स्फुट सिद्धान्त"** नामक पुस्तक को उस समय विश्वव्यापी लोकप्रियता को प्राप्त हुई थी। यही कारण था कि उनके इस ग्रंथ का 771 ई. में अरबी में भी अनुवाद किया गया था। इस प्रकार के अनुवाद ने इस्लामिक गणित को भारतीय सिद्धांतों से पूर्णतया ओतप्रोत कर दिया था। ब्रह्मगुप्त ने अपने इस महान ग्रंथ का निर्माण 628 ईसवी में किया था। जिसे उन्होंने गुर्जर प्रतिहार वंश की राजधानी भीनमाल में रहकर तैयार किया था।

हमारे देश में यह पुरानी परंपरा रही है कि सैद्धांतिक दृष्टिकोण से लिखी गई पुस्तकों को उनके नए संस्करण के रूप में आगे आने वाली पीढ़ियों के महान लोगों के द्वारा भी फिर से लिखा गया। चरक संहिता, सुश्रुत संहिता जैसी कई संहिताएं इसी प्रकार का उदाहरण हैं। जहां तक ब्रह्म सिद्धांत की बात है तो इस पर भी पहले से भारतवर्ष में कई सिद्धान्त ग्रंथ उपलब्ध थे। ब्रह्मगुप्त ने अपने समय में पुराने पड़ गए सिद्धांतों को अलग हटाकर नए ढंग से "ब्रह्मस्फुट सिद्धांत" लिखा। 'स्फुट' शब्द का अर्थ है- फैलाया हुआ या संशोधित। देश-काल-परिस्थिति के अनुसार यदि कोई बात असत्य सिद्ध हो गई थी या उसके सिद्धांत में कोई नूतनता आ जाने से उसमें सुधार की कोई और सम्भावना हो सकती थी तो इसके लिए हमारे ऋषियों को नवीन ग्रंथ तैयार करने की पूर्ण छूट होती थी। यही कारण रहा कि ब्रह्मगुप्त के इस ग्रंथ को विद्वानों ने भी प्रशंसित किया। गणित के क्षेत्र में उन्होंने आधुनिक अंकगणित और बीजगणित की नींव रखी।

अंकगणित की नींव रख, दिया नया विचार।
बीजगणित का आधार दे, किया बड़ा उपकार।।

ब्रह्मगुप्त संसार के ऐसे पहले गणितज्ञ थे जिन्होंने कहा कि किसी संख्या में शून्य जोड़ने या घटाने से वह संख्या नहीं बदलती है। किसी संख्या को शून्य से गुणा करने या उसमें भाग देने

से वह शून्य हो जाती है। उनके इस सिद्धांत ने गणितज्ञों को बहुत लाभ पहुंचाया। ब्रह्मगुप्त ही ऐसे पहले व्यक्ति थे जिन्होंने अपनी वैज्ञानिक बुद्धि का प्रयोग करते हुए सबसे पहले कुक्कुट गणित के रूप में बीजगणित का प्रयोग किया। गणित के क्षेत्र में या कहिए कि गणितज्ञों के संसार में उनके कुक्कुट गणित ने भी नई संभावनाओं और आविष्कारों को जन्म दिया। 'ब्रह्मस्फुट सिद्धांत' के टीकाकार पृथूदक स्वामी (860 ई.) उनकी मृत्यु के लगभग 200 वर्ष पश्चात कुक्कुट गणित के लिए **'बीजगणित'** शब्द का प्रयोग किया था।

उन्होंने अपनी दूसरी रचना **'खंड खाद्यक'** लिखी थी। उसमें भी उन्होंने अपनी महान मेधा शक्ति का परिचय दिया है। उन्होंने अपनी यह पुस्तक 67 वर्ष की अवस्था में तैयार की थी। इस पुस्तक में कुल आठ अध्याय हैं। जिसमें उन्होंने पंचांग बनाने की विधि विस्तार से बतलाई है। यह एक दुर्भाग्यपूर्ण तथ्य है कि उन पर हिंदू समाज की रूढ़िवादिता का प्रभाव पड़ा। यही कारण रहा कि उन्होंने भारत के वैज्ञानिक सिद्धांत को नकारते हुए सूर्यग्रहण और चंद्रग्रहण को राहु केतु वाली कहानी से जोड़कर देखा। इसके अतिरिक्त उन्होंने धरती को घूमती हुई देखने से भी इंकार कर दिया, इसके विपरीत उन्होंने कहा कि धरती अपने आप में स्थिर है।

इस सबके उपरांत भी हमें इस बात पर गर्व होना चाहिए कि आज का पश्चिम का वैज्ञानिक अथवा गणितज्ञ भी यह मानने लगा है कि वर्तमान बीजगणित भारत की देन है। जिसका कुक्कुट गणित के रूप में ब्रह्मगुप्त ने आविष्कार किया था।

कुल मिलाकर भारत की ज्ञान संपदा को वैश्विक ज्ञान संपदा और वैश्विक धरोहर बनाने की दिशा में जिन महान ऋषियों ने भारत में जन्म लेकर महान कार्य संपादित किए हैं उनमें ब्रह्मगुप्त का नाम स्वर्ण अक्षरों से लिखे जाने योग्य है। उन्होंने अपनी मेधा शक्ति का परिचय देकर संसार का उपकार किया। गणित के क्षेत्र में उनके द्वारा बनाए गए नियम आज तक संसार के गणितज्ञों का मार्गदर्शन कर रहे हैं। वह भारत की एक महान विरासत हैं। जिस पर आने वाली पीढ़ियां नाज करती रहेंगी।

❐

अध्याय 9

भारत के महान रसायनशास्त्री नागार्जुन

छत्तीसगढ़ का भारत के सांस्कृतिक इतिहास और सांस्कृतिक राष्ट्रवाद के निर्माण में महत्वपूर्ण योगदान है। आज भी यह प्रदेश अपनी विशेष पहचान रखता है। इसी प्रदेश में दूसरी शताब्दी में नागार्जुन नाम के एक महान रसायनशास्त्री का जन्म हुआ था। नागार्जुन भारत की मनीषा के प्रतिनिधि ऋषियों में से एक हैं।

इनका जन्म महाकौशल में हुआ था। उस समय महाकौशल की राजधानी श्रीपुर हुआ करती थी,जो आजकल छत्तीसगढ़ के महासमुंद जिले में सिरपुर के नाम से जानी जाती है।

हमारे घरों में रसोई रस और रसायन का केंद्र हुआ करती थी।

रस और रसायन शब्द से ही रसोई शब्द बना है। रसोई में अनेक प्रकार के रस रसायन रखे होते थे। जिन्हें दादी मां या घर की कोई भी वृद्ध महिला भोजन आदि में उतने अनुपात में डाला करती थी,जिससे परिवार के सभी लोग स्वस्थ रहें। इसीलिए रसोई से परिवार के प्रत्येक सदस्य के स्वास्थ्य का सीधा संबंध होता था। यही कारण था कि घर में दादी मां या कोई भी वृद्ध महिला परिवार के किसी भी सदस्य के अस्वस्थ होने पर उसे रसोई में से ही कोई न कोई ऐसी चीज बना कर देती थी, जिससे वह स्वस्थ हो जाता था। हींग, हल्दी, सौंफ, जीरा, इलायची, काली मिर्च, सिरका, शहद, छाछ, दही आदि रसोई की शान हुआ करते थे। आज हमने अपनी रसोई को रस और रसायन वाली रसोई के स्थान पर किचन बना दिया है। जिसमें स्वास्थ्य संबंधी उपरोक्त चिंतन को निकाल कर बाहर फेंक दिया गया है। अब यह किचन किच-किच अर्थात प्रत्येक प्रकार की अस्त व्यस्तता और अव्यवस्था का केंद्र बन गई है।

रसोई को रस और रसायन का केंद्र बनाने में हमारे चरक, सुश्रुत जैसे विद्वानों का अथवा चिकित्सा संबंधी वैज्ञानिकों का विशेष योगदान रहा। एक लंबी प्रक्रिया से गुजरने के बाद इन्होंने रसोई का नियंत्रण दादी मां या किसी भी ऐसी वृद्ध महिला को दिया जो सबके साथ न्याय करने

में सक्षम होती थी। यही कारण था कि अब से कुछ समय पूर्व तक भी घरों में दूध आदि बांटने की जिम्मेदारी घर में दादी मां को दी जाती थी, जो प्रत्येक पोती पोते आदि को निष्पक्ष होकर दूध आदि का वितरण किया करती थी। ऐसी ही निष्पक्ष महिला के हाथों में हमारा स्वास्थ्य संबंधी समस्याओं का निदान हुआ करता था।

जब तक भारत में महिलाओं को शिक्षा लेने का पूर्ण अधिकार था तब तक वह स्वास्थ्य संबंधी नियमों और तत्संबंधी साहित्य का अध्ययन अवश्य करती थीं। कालांतर में जब महिलाओं से वेद के पठन-पाठन का अधिकार छीन लिया गया तो भी वह परंपरा से स्वास्थ्य संबंधी कुछ सुने सुनाए ऐसे नियम और सूत्रों को पकड़े रहीं, जिनसे परिवार स्वस्थ रह सकता था।

नागार्जुन ने रस रसायन की ओर विशेष ध्यान दिया। यही कारण था कि उन्होंने **'सुश्रुत संहिता'** के पूरक के रूप में **'उत्तर तन्त्र'** नामक पुस्तक लिखी। नागार्जुन ने रसायन शास्त्र और धातु विज्ञान पर बहुत शोध कार्य किया। रसायन शास्त्र पर इन्होंने कई पुस्तकों की रचना की। जिनमें **'रस रत्नाकर'** और **'रसेन्द्र मंगल'** बहुत प्रसिद्ध हैं। अपनी **'उत्तर तंत्र'** नाम की पुस्तक में नागार्जुन ने अनेक प्रकार की औषधियां बनाने के तरीके बताए हैं। मनुष्य की स्वास्थ्य संबंधी समस्याओं के निदान के लिए उन्होंने **'आरोग्यमंजरी'** नामक पुस्तक की भी रचना की थी। इसके अतिरिक्त उन्होंने कक्षपुट तंत्र, योगसर और योगाष्टक नामक पुस्तकों का लेखन किया। इन पुस्तकों के माध्यम से उन्होंने मानव शरीर में होने वाली अनेक प्रकार की व्याधियों की औषधियां तैयार करने के उपाय बताए।

नागार्जुन ने अपनी बात को देवताओं से संवादात्मक शैली में प्रस्तुत किया है। दिव्य शक्तियों के प्रति अत्यधिक आकर्षित रहने वाली भारतीय जनता पर उनके इस प्रकार के लेखन का विशेष प्रभाव पड़ा। जिससे लोगों में यह धारणा बनी कि उनका विशेष दिव्य आत्माओं से सीधा संबंध है और वह भगवान के संदेशवाहक हैं। अपनी 'रस रत्नाकर' पुस्तक में उन्होंने पारे की यौगिक बनाने के प्रयोगों को भी स्पष्ट किया है इसके अतिरिक्त चांदी, सोना, टीन और तांबे की कच्ची धातु निकालने और उसे शुद्ध करने के उपाय भी इस पुस्तक में दिए गए हैं। उनके भीतर यह विलक्षण प्रतिभा थी कि वे पारे से सोना बना सकते थे। पारे से संजीवनी बनाने के लिए नागार्जुन ने पशुओं और वनस्पति तत्व सहित अम्ल और खनिजों का प्रयोग करने की विधि भी बताई है। हीरे, धातु और मोती घोलने के लिए उन्होंने वनस्पति से बने तेजाब का परामर्श दिया है। उसमें खट्टा दलिया, पौधे और फलों के रस को सम्मिलित किया गया है। पुस्तक में यह भी स्पष्ट किया गया है कि अन्य धातुओं को किस प्रकार सोने में परिवर्तित किया जा सकता है।

हमारे लिए यह कितने गर्व और गौरव का विषय है कि पश्चिमी देशों के लोग आज भी नागार्जुन का अनुकरण करते हैं। कहने का अभिप्राय है कि जिस पश्चिम की ओर हम जीवन के अनेक क्षेत्रों में प्रेरणा लेने के लिए उल्लू की भांति मुंह उठाए देखते रहते हैं, वही पश्चिमी जगत

अभी भी हमें अघोषित रूप से अपना गुरु मानकर हमारे ऋषियों की ओर देखता है। हमारे साथ समस्या यह है कि हम अपने ऋषियों के बारे में ही नहीं जानते।

हमें नागार्जुन जी के बारे में यह भी समझ लेना चाहिए कि एक नागार्जुन बौद्ध काल में भी हुए हैं। जबकि एक दूसरे नागार्जुन का जन्म सन 931 में गुजरात में सोमनाथ के निकट दैहक नामक किले में भी हुआ माना जाता है।

कुछ भी हो नागार्जुन एक ऐसे चिकित्सा शास्त्री वैज्ञानिक थे जिन्होंने मानव देह को लेकर विशेष कार्य किया और मनुष्य देह को देर तक काम में लाकर शरीर में बैठे आत्मा नाम के रथी के लिए इस रथ को अधिक देर तक कारगर बनाए रखने की दिशा में महत्वपूर्ण शोधात्मक कार्य किया। उनके इसी परिश्रम को कई लोगों ने उनके द्वारा की गई अमरता की साधना का नाम दिया है।

माना कि इस शरीर को सौ वर्ष की अवस्था से दो सौ चार सौ वर्ष तक और अधिक बनाए रखने को करोड़ों-अरबों वर्ष की सृष्टि और उसके पश्चात फिर सृष्टि के अनवरत कालक्रम में अमरता नहीं कहा जा सकता, परंतु मृत्यु को पीछे धकेलने का और अपने शरीर रूपी रथ की उचित संभाल करने का काम भी बहुत बड़ी साधना ही होता है। आज का पश्चिमी जगत जब केवल पेट भरने और जीभ के स्वाद के लिए नए-नए खाद्य पदार्थ बना रहा है तो उसने सारे संसार के मनुष्य जीवन को नर्क बना दिया है। तब अपने नागार्जुन जैसे महान साधक ऋषि वैज्ञानिकों का पुरुषार्थ निश्चय ही समझ में आ सकता है कि उन्होंने अमरता की साधना करके संसार का कितना भारी उपकार किया था?

इनके जीवन के कालखंड पर निश्चय ही स्पष्टता होनी चाहिए।

❐

अध्याय 10

चिकित्सा विज्ञानी महर्षि चरक

चरक संहिता हमारे देश में बहुत देर तक लोगों के स्वास्थ्य की रक्षा करने का और उन्हें स्वस्थ बनाए रखने का आधार ग्रंथ रहा है। चरक से पूर्व हमारे जिन महान चिकित्सा शास्त्रियों ने मानव स्वास्थ्य की रक्षा के लिए सूत्रों की रचना की थी या औषधियों के निर्माण करने की विधि बताई थी उन सबको एक स्थान पर लाकर इस पुस्तक में समाविष्ट करने का कार्य चरक जी ने किया। इस महान ग्रंथ में चिकित्सा के क्षेत्र में भारत का ही नहीं, भारत के बाहर भी लोगों का उत्तम मार्गदर्शन किया। चरक संहिता को एक आयुर्वेद ग्रंथ के रूप में मान्यता दी गई है। निश्चय ही इस ग्रंथ में वर्णित औषधियों का विधिवत सेवन करने से मनुष्य अच्छा स्वास्थ्य और दीर्घायु प्राप्त कर सकता है। हमारे चिकित्सा शास्त्रियों का उद्देश्य भी यही होता था कि चिकित्सा के माध्यम से मनुष्य के दीर्घायु और अच्छे स्वास्थ्य को सुरक्षित रखा जाए।

महान परिश्रम और साधना के बल पर चरक ने अपने काल में आयुर्वेद विशारद के रूप में ख्याति प्राप्त की। इनका जन्म ईसा पूर्व छठी शताब्दी में माना जाता है। यद्यपि हमारी दृष्टि में यह काल गणना उचित प्रतीत नहीं होती। क्योंकि काल गणना के संबंध में वर्तमान तथाकथित विशेषज्ञों ने बहुत बड़े स्तर पर घपलेबाजी की है।

'चरक संहिता' के अवलोकन से स्पष्ट होता है कि उसमें मनुष्य शरीर के भीतर पाए जाने वाले ऐसे किसी भी रोग को छोड़ा नहीं गया है जो किसी न किसी प्रकार से मानव स्वास्थ्य को खराब करता है। कहने का अभिप्राय है कि प्रत्येक रोग की औषधि इसमें दी गई है। प्रकार के रोगनाशक और रोगनिरोधक औषधियों का इस ग्रंथ में वर्णन है।

रोग, शोक, संताप को, कैसे करना दूर?
मानव जीवन सुख से कटे, सूत्र दिए भरपूर।।

आयुर्वेद की यह विशेषता है कि इसमें सोना, चांदी, लोहा पारा आदि धातुओं की भस्म बनाकर उसे भी मानव शरीर में पाए जाने वाले रोगों की औषधि के रूप में तैयार किया जाता है। इस प्रकार की भस्म को विशेष रूप से तैयार किया जाता है। यह सारी औषधियां मानव स्वास्थ्य

और शरीर पर विपरीत प्रभाव डाले बिना शरीर से रोग का विनाश करती हैं। ईसा पूर्व की कई शताब्दियों में चरक की गिनती विश्व में आयुर्वेद के एक महान आचार्य के रूप में होती थी। उन्हें औषधीय विज्ञान के मूल प्रवर्तकों में से एक माना जाता है। लोगों की ऐसी भी मान्यता है कि यह कुषाण वंश के सम्राट कनिष्क के राजवैद्य थे, परंतु हम इससे सहमत नहीं हैं। क्योंकि उनके काल से बहुत पहले इनकी 'चरक संहिता' के प्रमाण मिलते हैं। हां, ऐसा हो सकता है कि सम्राट कनिष्क ने भारतीय संस्कृति और चिकित्सा शास्त्र की वृद्धि के लिए इनकी 'चरक संहिता' को विशेष सम्मान और आदर दिया हो।

'चरक संहिता' के अध्ययन करने से पता चलता है कि उकड़ूं बैठने, ऊंचे-नीचे स्थानों में फिरने, कठिन आसन पर बैठने, वायु-मलमूत्रादि के वेग को रोकने, कठोर परिश्रम करने, गर्म तथा तेज वस्तुओं का सेवन करने एवं बहुत भूखा रहने से गर्भ सूख जाता है, मर जाता है या उसका स्राव हो जाता है। इसी प्रकार चोट लगने, गर्भ के किसी भांति दबने, गहरे गड्ढे, कुंआ,पहाड़ आदि के विकट स्थानों को देखने से गर्भपात हो सकता है।

सदैव सीधी उत्तान लेटी रहने से नाड़ी गर्भ के गले में लिपट सकती है, जिससे गर्भ मर सकता है। इस अवस्था में गर्भवती अगर नग्न सोती है या इधर-उधर फिरती है तो सन्तान पागल हो सकती है। लड़ने-झगड़ने वाली गर्भवती की सन्तान को मृगी हो सकती है। यदि वो मैथुनरत रहेगी तो सन्तान कामी तथा निरन्तर शोकमग्ना की सन्तान भयभीत, कमजोर, न्यूनायु होगी। आयुर्वेदाचार्य और विद्वानों का मानना है कि परधन ग्रहण की इच्छुक महिला की सन्तान ईर्ष्यालु, चोर, आलसी, द्रोही, कुकर्मी, होगी। बहुत सोने महिला वाली की सन्तान आलसी, मूर्ख मन्दाग्नि वाली होगी। यदि गर्भवती शराब पीएगी तो सन्तान विकलचित्त, बहुत मीठा खानेवाली की प्रमेही, अधिक खट्टा खानेवाली की त्वचारोगयुक्त, अधिक नमक सेवन से सन्तान के बाल शीघ्र सफेद होना, चेहरे पर सलवटें एवं गंजापनयुक्त, अधिक चटपटे भोजन से सन्तान में दुर्बलता, अल्पवीर्यता, बांझ या नपुंसकता के लक्षण उत्पन्न होंगे एवं अति कड़वा खाने वाली महिला की सन्तान सूखे शरीर अर्थात कृष होगी।

इस प्रकार के चिंतन से पता चलता है कि चरक का चिंतन बहुत ही व्यापक था। उन्होंने गर्भस्थ शिशु की सुरक्षा के विषय में भी ऐसे अनेक सूत्र दिए हैं जिनको अपनाकर आज की माताएं भी लाभ उठा सकती हैं।

बहुत गूढ़ चिंतन दिया, खोज स्वास्थ्य विज्ञान।
चरक तुम्हारे ज्ञान को, है कौन सका पहचान।।

चिकित्सा विज्ञान या किसी भी प्रकार के ज्ञान-विज्ञान के बारे में यह नहीं समझना चाहिए कि यह किसी भी वैज्ञानिक का या ऋषि का मौलिक चिंतन था जो केवल और केवल उसी के अंत:करण में प्रकट हुआ था। इसके विपरीत हमें यह समझना चाहिए कि वेद सभी सत्य विद्याओं की पुस्तक हैं। संसार का जितना भर भी ज्ञान विज्ञान है वह सब वेदों में निहित है। सूत्र

रूप में वेदों में रखे इस ज्ञान को जिसने समझ लिया वही किसी विषय विशेष का विशेषज्ञ हो गया। चिकित्सा शास्त्र की यदि बात की जाए तो इससे संबंधित सूत्र भी वेदों में मिलते हैं।

अमिय कुमार मुखोपाध्याय लिखते हैं कि **"ऋग्वेद आर्यों का सबसे प्राचीन धार्मिक ग्रंथ है। यह आर्यों के प्रारंभिक जीवन को चित्रित करता है। इस वेद में हमें विभिन्न रोगों का उल्लेख मिलता है। चर्म-स्वास्थ्य और रोग दोनों में वैदिक ऋषियों का ध्यान आकृष्ट किया था। त्वचा केवल आकर्षण और रूप का अंग नहीं थी बल्कि उसका रंग सामाजिक रूप से महत्वपूर्ण था। कुष्ठ रोग, गिनी कृमि, पीलिया आदि विभिन्न रोगों का उल्लेख रोचक है। नाखूनों और बालों के विभिन्न विकारों का उल्लेख भी है, हालांकि बहुत ही आदिम और रहस्यवादी रूप में। प्रबंधन रणनीति में जड़ी-बूटियाँ, ताबीज़, मंत्रों का जाप, शरीर को छूना, पानी और सूर्य की किरणों का उपयोग आदि शामिल थे। यह माना जा सकता है कि इस वेद ने बाद के काल के आयुर्वेद के लिए आधार की स्थापना की।"**

वेदों में छुपी इस गूढ़ विद्या के पहले से ही होने के सर्वमान्य सत्य को स्वीकार करके पता चलता है कि चरक निश्चय ही वेदों के प्रकांड पंडित थे। तभी तो उन्होंने चिकित्सा शास्त्र का इतना गहरा ज्ञान प्राप्त किया और अपने से पूर्व के सभी ऋषियों के चिकित्सा शास्त्र संबंधी सूत्रों को एक साथ 'चरक संहिता' में लाकर पिरो दिया। उन्होंने संसार के लोगों को यह भी बताया कि पृथ्वी पर जितने भर भी द्रव्य हैं, वह सभी औषधीय गुण रखते हैं। आचार्य चरक मन को स्वस्थ रखने, इंद्रियों को मजबूत बनाए रखने और उचित आहार-विहार के माध्यम से मानसिक प्रसन्नता को स्थाई बनाए रखने पर विशेष रूप से बल देते हैं। इससे रोगी को मनोवैज्ञानिक लाभ होता है। वात, पित्त एवं कफ औषधि विज्ञान की आधारशिला हैं।

'चरक संहिता' में शरीर में ओज को ऊर्जा का प्रतीक माना गया है। ओज के माध्यम से विद्युत् की उपस्थिति का भी संकेत किया गया है। ओज एक प्रकार से शरीर में बहने वाला विद्युत का प्रभाव करंट है। संध्या में शरीर के एक-एक अंग को देखते हुए जब साधक आगे बढ़ता है और संबंधित मंत्रों का उच्चारण करता है तो वह भी शरीर में इसी करंट को अर्थात ओज, बल व तेज को प्रवाहित किए रखने की प्रार्थना परमपिता परमेश्वर से करता है। संध्या के इन मंत्रों का भी शरीर पर बहुत ही सकारात्मक मनोवैज्ञानिक प्रभाव पड़ता है। उन्होंने हमारे शरीर में अस्थियों की संख्या 360 बताई थी। चरक ने मानव शरीर को नौ द्वारों का पुतला स्वीकार किया है जैसी कि वेदों की मान्यता रही है। इसके अतिरिक्त आचार्य चरक ने यह भी स्पष्ट किया है कि मानव के शरीर में 900 स्नायु शिरा, 200 धमनी, 400 पेशियां, 107 मर्म, 200 संधि, 29,956 शिराएं विद्यमान है।

इस प्रकार के वर्णन से स्पष्ट है कि आचार्य चरक चिकित्सा शास्त्र के मर्मज्ञ थे। उन्होंने अपने समय में चिकित्सा को इतना सहज और सरल बना दिया था कि आम आदमी अपना उपचार अपने आप कर लेता था। वास्तव में उपचार की प्रणाली को इतना सहज और सरल बना देना बहुत बड़ी साधना का परिणाम होता है। हमारे लिए यह बहुत प्रसन्नता का विषय है कि हमारे चिकित्सा शास्त्री वैद्य लोग चिकित्सा से कुछ कमाते नहीं थे अपितु इसे अपना एक मानव धर्म मान कर निभाते थे।

❐

अध्याय 11

ब्रह्मर्षियों का देश है भारत

वेदों ने मानव जीवन का अंतिम उद्देश्य कैवल्य या मोक्ष की प्राप्ति बताया है। ऐसा काल भारतवर्ष में बहुत लंबा रहा है जिसमें हमारे ऋषि पूर्वजों ने कैवल्य की साधना करते हुए उसे प्राप्त भी किया। मोक्ष की साधना में लगे इन ऋषियों के लिए सुरक्षात्मक वातावरण उपलब्ध कराना हमारे क्षत्रियों का विशेष दायित्व रहा। वैदिक सनातन धर्म में एक ब्रह्मर्षि ऋषियों के उच्चतम वर्ग ("द्रष्टा" या "ऋषि") का सदस्य है। ब्रह्मर्षि एक ऐसा ऋषि है जिसने आत्मज्ञान (कैवल्य या मोक्ष) प्राप्त किया है। अपनी साधना की ऊंचाई पर पहुंचकर अर्थात उसे प्राप्त करके, अपने लक्ष्य की सिद्धि करके जो जीवन मुक्त बन जाए और उच्चतम दिव्य ज्ञान, अनंत ज्ञान परमपिता परमेश्वर की दिव्यता और भव्यता को प्राप्त कर ले, वह ब्रह्मर्षि कहलाता है। ऐसा ऋषि आवागमन के चक्र से छूट जाता है। इसके पश्चात मुक्ति की अवस्था में रहकर वह परमानंद का लाभ प्राप्त करता है।

हमारे देश भारत वर्ष को कभी आर्यवर्त कहा जाता था। उससे पहले इस देश का नाम अजनाभ भी रहा है और उसके पूर्व सृष्टि प्रारंभ में इस देश को ब्रह्मावर्त भी कहते थे।

यह वह काल था जब हमारे देश में अनेक ब्रह्मर्षि हुआ करते थे। उनके सत्याचरण और शुद्धाचरण का अनुकरण करके जनसाधारण भी जीवन को शुद्ध बनाए रखता था। सर्वत्र धर्म का ही साम्राज्य होता था और लोग एक दूसरे के साथ धर्मानुकूल व्यवहार करके ही प्रसन्न होते थे। छल, कपट, चोरी, चालाकी आदि दुर्गुण समाज में ढूंढने से भी नहीं मिलते थे। वास्तव में उस समय देश को ब्रह्मावर्त कहना पूरे देश की संस्कृति को अभिव्यक्ति देना था।

ब्रह्मावर्त कहते किसे और कहां स्थित अजनाभ?
आर्यावर्त इस देश का, किसने डाला नाम?

अजनाभ खंड का अर्थ ब्रह्म की नाभि या नाभि से उत्पन्न होना माना जाता है। ब्रह्म की नाभि से उत्पन्न होने का अभिप्राय सही संदर्भ में ग्रहण करना चाहिए। ब्रह्म की नाभि से उत्पन्न

होने के जो काल्पनिक चित्र पौराणिक जगत में दिए जाते हैं, वे चित्र वास्तव में हमारे ब्रह्मर्षियों के वैज्ञानिक चिंतन को स्पष्ट करने में समर्थ नहीं होते। लोक व्यवहार में अक्सर हम किसी व्यक्ति के बारे में ऐसा अक्सर सुनते हैं कि अमुक व्यक्ति अमुक व्यक्ति का मानस पुत्र है। ऐसे व्यक्ति को जिसका मानस पुत्र बताया जाता है वह उसका पिता तो नहीं होता परंतु पिता से कम भी नहीं होता। मानस पुत्र की स्थिति तभी प्राप्त होती है, जब कोई व्यक्ति किसी अपने प्रेरणास्रोत के मानस के साथ तारतम्य स्थापित कर लेता है और अपने उसी प्रेरणा स्रोत के मानस से निकलने वाली ज्ञानधारा को अपने मुखारविंद से अमृत वर्षा के रूप में लोगों के बीच प्रकट करने लगता है।

हम सभी जानते हैं कि हमारा देश भारतवर्ष प्राकृतिक सौंदर्य से भरा हुआ देश है। इसमें तीनों ऋतुओं का समागम होता है। यहां जन्म लेने के लिए देवता लोग भी तरसते हैं। क्योंकि संसार के ऐसे अनेक देश हैं जिनमें सूर्य लगातार कई-कई महीने दिखाई नहीं देता। कहीं मारे गर्मी के लोग हांफते हैं तो कहीं मारे ठंड से सिकुड़ते रहते हैं। ब्रह्मा ने भारतवर्ष में ही सृष्टि की उत्पत्ति का क्रम आरंभ किया। कहने का अभिप्राय है कि ब्रह्मा ने अपनी सृष्टि का शुभारंभ भारत की भूमि से किया, इसीलिए इस पवित्र भूमि को अजनाभ भी कहा गया।

परमपिता परमेश्वर ने जीवनमुक्त पवित्र-आत्मा ऋषियों को ही सृष्टि प्रारंभ में वेदों का ज्ञान दिया। ऋषि दयानन्द बताते हैं कि "अग्नि, वायु, आदित्य और अंगिरा ऋषि ही सब जीवों से अधिक पवित्रात्मा थे। अन्य उनके सदृश नहीं थे। इसलिये पवित्र वेद विद्या का प्रकाश उन्हीं की आत्माओं में किया।"

अग्नि, वायु, अंगिरा और ऋषि आदित्य।
वेद ज्ञान इनको मिला वही सनातन नित्य।।

यह एक सर्वमान्य सत्य है कि जैसा बीज होगा या जैसा मूल होगा वैसे ही फल लगेंगे। मानव जाति के मूल में इन चारों ऋषियों की तपस्या व साधना का बीज पड़ा है। यही कारण है कि इनसे चलने वाली आगे की संतति ऐसी रही जिसमें हम अनेक ज्ञानी, महात्मा ऋषियों के फल चखने को मिले। आज के संसार में इन चारों ऋषियों के द्वारा दिए गए वेद ज्ञान को सबसे अधिक आर्य/ हिंदू ही अपने निकट मानते हैं। जो लोग किसी अन्य धर्म ग्रंथ की शिक्षाओं को अपने लिए उत्तम मानने लगे, उन्होंने संसार में अत्याचारों को प्रोत्साहित किया। पर वेदों के ज्ञान को अपने लिए दिया गया ईश्वरीय ज्ञान मानने वाले हिंदू समाज के लोग आज भी संसार में शांति और अहिंसा का संदेश देते हैं।

इन पवित्रात्मा ऋषियों के द्वारा वेद ज्ञान की प्राप्ति के पश्चात ही इस सृष्टि का क्रम आगे बढ़ा। वेद अपौरुषेय ग्रंथ कहे गए हैं। अन्य सभी ग्रंथ पौरुषेय हैं। इस प्रकार हम भारत के लोग जब अपने संविधान में "हम भारत के लोग..." कहकर संविधान की प्रस्तावना का शुभारंभ करते हैं या उसका पाठ करते हैं तो समझिए कि हम "भारत के लोग" का एक अर्थ यह भी है कि हम सब ऋषियों की

संतानें हैं और परमपिता परमेश्वर के वेद ज्ञान पर सबसे पहला अधिकार हमारा है। इस प्रकार संसार को व्यवस्था देने वाले और व्यवस्थित रहकर संसार में व्यवस्था के संस्थापक भी हम ही हैं। इससे यह स्पष्ट होता है कि हम ऋषियों की संतानें हैं, बंदरों की नहीं। बीज रूप में मिला वेद ज्ञान संसार में अनेक प्रकार के आविष्कारों का आधार बना। इस ज्ञान के आधार पर ही भारत के ऋषि पूर्वजों ने संसार में मानव सभ्यता का प्रचार, प्रसार और विस्तार किया। हमने कबीलाई खूनी संस्कृति को नहीं फैलाया, इसके विपरीत हमने अहिंसा और प्रेम की संस्कृति को फैलाया।

ब्रह्मऋषि धर्म और आध्यात्मिक ज्ञान का परम विशेषज्ञ होता है जिसे 'ब्रह्मज्ञान' कहा जाता है। उनके नीचे महर्षि (महान ऋषि) हैं।

इन ब्रह्मर्षियों के द्वारा आत्मा के लोक से लेकर परलोक तक की यात्रा करने का अनूठा मार्ग अपनाया गया। इसी विशिष्टता और विशिष्ट ज्ञान के कारण हमारे ऋषि पूर्वजों ने अनेक प्रकार के आविष्कार किए। यह क्रम 1 अरब 96 करोड़ 8 लाख 53 हजार 1 सौ 24 वर्ष पुराना है। यही इस समय सृष्टि सम्वत चल रही है। यदि पश्चिमी जगत और विशेष रूप से यूरोप की ओर देखें तो वहां पर सबसे पहली बार आर्कमिडीज के बारे में माना जाता है कि वह ईसा पूर्व (287 से 212) था और उसके द्वारा विज्ञान के क्षेत्र में आर्कमिडीज का सिद्धांत प्रतिपादित किया गया। तदुपरांत आइज़क न्यूटन इंग्लैंड में जन्मा जिसका काल 25 दिसंबर, 1642 से 20 मार्च, 1726 माना जाता है। इसी प्रकार इटली में गैलीलियो 15 फरवरी 1564 को जन्मा जिसका देहांत 8 जनवरी 1642 को हुआ। इतने काल में ही पश्चिम में भौतिक विज्ञान के क्षेत्र में कुछ उन्नति होती हुई दिखाई देती है। पश्चिमी जगत की इस भौतिक उन्नति पर भी हम देखें तो वह भी भारत के वैदिक ज्ञान से चुराई हुई उन्नति है। यह हमारे लिए कितनी प्रसन्नता का विषय है कि भारत के ऋषि, महर्षि और ब्रह्मर्षियों की भांति पश्चिमी जगत में आज तक एक भी ऐसा वैज्ञानिक नहीं हुआ, जिसने आत्मा के लोक की बात की हो।

हमारे यहां पर आग्नेयास्त्र, ब्रह्मास्त्र, पाशुपतास्त्र, सुदर्शन चक्र पश्चिमी जगत की तथाकथित भौतिक उन्नति से हजारों वर्ष पूर्व उपलब्ध थे। उस पर भी हमारे बौद्धिक विवेक का इतना कड़ा नियंत्रण रहता था कि वे हथियार कभी भी जनसंहार के लिए प्रयोग नहीं किए गए।

अग्नि, वायु, आदित्य और अंगिरा की इस परंपरा में हमारे पास ऐसे अनेक ऋषि रहे हैं जिन्होंने कैवल्य को प्राप्त किया। उनकी इस महान परंपरा को संसार में आने वाले मत, पंथ और संप्रदायों ने विनष्ट करने का कार्य किया। इसका कारण केवल एक रहा कि यदि भारतवासियों को भारत के ऋषियों की महान परंपरा से अवगत करा दिया गया तो उनके मत, पंथ और संप्रदायों की सारी पोल खुल जाएगी और भारत अपनी गरिमा से फिर झिलमिला उठेगा। आज आवश्यकता इस बात की है कि हम अपने इन ऋषियों के द्वारा प्रदान किए गए वेद ज्ञान को प्राप्त कर उसके अनुसार अपने जीवन को ढालने, संवारने और सुधारने का प्रयास करें।

❐

अध्याय 12

ब्रह्मा, जमदग्नि और सायण

भारत के लोग अपने आप को सनातन धर्मी कहने और मानने में इसीलिए गर्व और गौरव की अनुभूति करते हैं कि उनका ज्ञान का खजाना शाश्वत है, सनातन है। वेद ज्ञान जब सृष्टि दर सृष्टि चलता है तो इसका अर्थ यही है कि यह ज्ञान कभी समाप्त होने वाला नहीं है, यह कभी पुरातन नहीं होता, यह सदा अधुनातन रहता है। यदि यह पुरातन पड़ता तो स्वाभाविक रूप से यह मिट जाता, क्योंकि जिसके भीतर पुरातन या पुराना हो जाने का रोग होता है, वह जरावस्था को प्राप्त होता है और फिर मिटता भी है, जैसे हमारा शरीर है। हम सनातन के उपासक हैं। इसका अभिप्राय यह है कि हम आत्मा और परमात्मा के रहस्यों को खोजने और समझने वाले लोग हम इतिहास के मरणशील लोगों की मरणधर्मा प्रकृति के उपासक नहीं हैं।

वेद इतिहास बनाने के लिए व्यक्ति को प्रेरित कर सकता है अर्थात ऐसे उत्कृष्ट कार्य करने के लिए व्यक्ति की साधना को बलवती कर सकता है जो उसे उसकी आने वाली पीढ़ियों के लिए प्रेरणा का स्रोत बनाए। परंतु वह उस व्यक्ति के कार्यों को कभी अपने किसी नए संस्करण में समाविष्ट नहीं करता, क्योंकि सनातन संसार के खेलों से सदा निरपेक्ष रहता है। वेद ज्ञान में इतिहास नहीं है यद्यपि इतिहास में वेद ज्ञान अवश्य है।

जिन लोगों ने वेदों में इतिहास माना है, उनकी यह भी मान्यता है कि रामचंद्र जी महाराज को जिस प्रकार इस सृष्टि में वनवास भोगना पड़ा है, वैसे ही उन्हें हर सृष्टि में वनवास भोगना पड़ा है, और पड़ता रहेगा। यह सारी बातें युक्तियुक्त नहीं हैं। वेदों में इतिहास मानने की बात करने वाले लोग मनुस्मृति के इस श्लोक को भी अपने पक्ष में उदधृत करते हैं :-

सर्वेषां तु स नामानि कर्माणि च पृथक् पृथक्।
वेद शब्देभ्यः एवादौ पृथक् संस्थाश्च निर्ममे।।

अर्थात ब्रह्मा ने सब शरीरधारी जीवों के नाम तथा अन्य पदार्थों के गुण, कर्म, स्वभाव नामों सहित वेद के अनुसार ही सृष्टि के प्रारम्भ में रखे और प्रसिद्ध किये और उनके निवासार्थ पृथक् पृथक् अधिष्ठान भी निर्मित किये।

यदि इस श्लोक का भी गहराई से अध्ययन किया जाए तो पता चलता है कि मनु महाराज भी वेदों में इतिहास नहीं मान रहे, अपितु केवल इतना संकेत मात्र दे रहे हैं कि जब यह सृष्टि प्रारंभ हुई तो ब्रह्मा जी ने वेद में आए शब्दों के आधार पर स्थानों के नाम रखे। ऐसा होना संभव है और यह स्वाभाविक भी है, परंतु इसका अभिप्राय यह नहीं कि वेद में पहले ही इतिहास रच दिया गया था।

सायणचार्य आदि भाष्यकारों ने अपने भाष्यों में वेदों में इतिहास होने की बातों को अधिक हवा दी है। इन भाष्यकारों ने वेदों के मंत्रों की ऐसी व्याख्याऐं की हैं जैसे उनमें किन्हीं कथा कहानियों का वर्णन किया जा रहा हो। कालांतर में इन किस्से कहानियों को आधार बनाकर वेदों में इतिहास खोजने की मूर्खता का क्रम आरंभ हुआ। यह अलग बात है कि इन किस्से कहानियों ने वेदों की गरिमा को कम किया और वेदों के बारे में अनेकों भ्रान्तियों को भी जन्म दिया। यह कहना भी अनुचित नहीं होगा कि विदेशी विद्वानों जैसे मैक्समूलर, ग्रिफ्फिथ आदि ने सायण आचार्य जैसे वेद भाष्यकारों के इन किस्से कहानियों को पकड़कर ही वेदों में इतिहास होने का प्रचार किया।

स्वामी दयानंद जी महाराज ने वेदों में इतिहास मानने की मूर्खताओं का विरोध किया। उन्होंने इस विषय में 'सत्यार्थ प्रकाश' में लिखा है- **"इतिहास जिसका हो, उसके जन्म के पश्चात लिखा जाता है। वह ग्रन्थ भी उसके जन्में पश्चात होता है। वेदों में किसी का इतिहास नहीं। किन्तु जिस-जिस शब्द से विद्या का बोध होवे, उस-उस शब्द का प्रयोग किया है। किसी विशेष मनुष्य की संज्ञा या विशेष कथा का प्रसंग वेदों में नहीं है।"**

'ऋग्वेदादिभाष्य-भूमिका' में भी स्वामी जी वेदों में इतिहास न होने की अपनी मान्यता का प्रबल समर्थन करते हुए लिखते है- "इससे यह सिद्ध हुआ कि वेदों में सत्य अर्थों के वाचक शब्दों से सत्य विद्याओं का प्रकाश किया है, लौकिक इतिहास का नहीं। इससे जो सायणाचार्य आदि लोगों ने अपनी-अपनी बनायीं टीकाओं में वेदों में जहाँ-तहाँ इतिहास वर्णन किये हैं, वे सब मिथ्या हैं।"

यजुर्वेद का उदाहरण देकर स्वामी जी सिद्ध करते है कि वेदों की संज्ञाएँ यौगिक हैं, रूढ़ नहीं हैं। इस मंत्र में जमदग्नि, कश्यप मुनियों और इन्द्रादि देवों का उल्लेख मिलता है। दूसरे भाष्यकर्ता इस मंत्र में इतिहास की खोज करते हैं। जबकि स्वामी दयानंद जमदग्नि से चक्षु, कश्यप से प्राण एवं देव से विद्वान मनुष्यों का आशय प्रस्तुत करते हैं। स्वामी जी अर्थ करते हैं कि हमारे चक्षु और प्राण तिगुनी आयु वाले हों और देव विद्वान लोग जैसे ब्रह्मचर्य आदि द्वारा दीर्घ आयु को प्राप्त करते हैं, वह हमें भी प्राप्त हो। इसी क्रम से स्वामी दयानंद ने सभी वेद मन्त्रों का भाष्य किया है,

जिनका पठन-पाठन करने से स्पष्ट होता है कि वेदों में कहीं पर भी किसी भी मंत्र में इतिहास नहीं है। स्वामी दयानंद ने अपने वेदभाष्य में यह स्पष्ट कर दिया कि वेदों में व्यक्तिवाचक लगने वाले शब्द वस्तुत: विशेषणवाची हैं तथा किन्हीं गुण-विशेषों का बोध कराते हैं।

यूँ तो वेदों में इतिहास ढूंढने वाले लोगों ने वेदों के अनेक स्थलों की ऐसी मनमानी व्याख्या की है जिनसे वेदों के अर्थ का अनर्थ तो होता ही है साथ ही वेदों के बारे में भ्रांतियां भी फैलाते हैं। हम यहां पर एक दो उदाहरण देकर यह स्पष्ट करने का प्रयास करेंगे कि वेदों में इतिहास मानने वाले लोगों ने किस प्रकार वेदों के अर्थ का अनर्थ करते हुए भारतीय संस्कृति के बारे में भ्रांतियां फैलाने का काम किया है?

हमें अपने ऋषियों के जीवन के आदर्श और प्रेरक स्वरूप को पहचानना चाहिए। वेदों की मनमानी व्याख्या करने से या वेद शब्दों के अर्थों को भ्रमात्मक बनाने से ऋषियों की सांस्कृतिक विरासत धूमिल होती है।

❐

अध्याय-13

अंकों के आविष्कारक : मेधातिथि

वर्तमान विश्व का कोई भी आविष्कार ऐसा नहीं है जिसकी जानकारी हमारे प्राचीन ऋषि वैज्ञानिकों को ना रही हो। वास्तव में वेद ज्ञान-विज्ञान के धर्म ग्रंथ हैं। एक षड़यंत्र के अंतर्गत वेदों को सांप्रदायिक ग्रंथ बनाने का प्रयास किया गया जो आज भी जारी है। यही कारण रहा कि वैदिक मत और वैदिक शिक्षा के अनुरूप देश का सामाजिक और राजनीतिक स्वरूप जिस प्रकार स्वतंत्रता प्राप्ति के पश्चात होना चाहिए था, वह नहीं किया गया।

जिन लोगों के लिए गणित और गणित के अंक या गणितीय सिद्धांत कल परसों की बातें हैं उनकी आंखें उस समय खुली की खुली रह जाती हैं जब पता चलता है कि हमारे वैदिक ऋषियों को गणितीय सिद्धांत या अंकों का ज्ञान सृष्टि प्रारंभ से रहा है। इसका प्रमाण केवल यही है कि सृष्टि प्रारंभ में आए वेदों में गणितीय सिद्धांत और अंकों का स्पष्ट उल्लेख किया गया है। बीज रूप में रखे गए सूत्रों को जिन्होंने आगे चलकर खोल-खोल कर हमारे समक्ष प्रस्तुत किया और बड़े-बड़े आविष्कार कर दुनिया को चमत्कृत किया, उन ऋषियों के नाम पर तत्संबंधी वैदिक ऋचाएं हमें वेदों में आज तक प्राप्त होती हैं।

मेधातिथि भारत के प्राचीन वैदिक विश्व समाज के ऐसे ही ऋषि वैज्ञानिक हैं, जिन्होंने अनेक गणितीय सिद्धांतों का आविष्कार किया। उन्हें वैदिक गणितीय अंकों का प्रथम आविष्कारक भी कहा जाता है। इसी से यह पता चल जाता है कि उनका गणितीय सिद्धांतों पर कितना अधिकार था?

गणित पर अधिकार था, विशेष किया पुरुषार्थ।
निष्काम कर्म करते गए, त्याग दिए थे स्वार्थ।।

यहां हम यह भी स्पष्ट करना चाहते हैं कि आजकल सोशल मीडिया पर या आर्य विद्वानों से इतर लिखी जाने वाली पुस्तकों में या विकीपीडिया और गूगल पर सर्च करने पर ऐसी भ्रान्ति पैदा होती है कि जैसे वेदों के मंत्रों के रचनाकार विभिन्न ऋषि रहे हैं और ये सारे के सारे वेद मंत्र

अलग-अलग काल खंडों में हुए ऋषियों के मंत्रों का संकलन हैं। जबकि ऐसा नहीं है।

इस संबंध में महर्षि दयानन्द जैसे विद्वानों का स्पष्ट मत है कि **"ऋषि यास्क वेदों के अति प्राचीन कोशकार और व्याख्याकार हैं। ऋषि यास्क ने स्पष्ट लिखा है आदिम ऋषि साक्षात्कृतधर्मा थे- निरुक्त 1) 19 अर्थात आदिम ऋषियों ने परमात्मा द्वारा उनके हृदयों में प्रकाशित किये गए मन्त्रों और उनके अर्थों का दर्शन, साक्षात्कार किया। इसके पश्चात आने वाले ऋषियों ने तप और स्वाध्याय द्वारा मन्त्रों के अर्थों का दर्शन किया। ऋषि की परिभाषा करते हुए यास्क लिखते हैं कि ऋषि का अर्थ होता हैं दृष्टा अर्थात देखने वाला, क्यूंकि स्वयंभू वेद तपस्या करते हुए इन ऋषियों पर प्रकट हुआ था, यह ऋषि का ऋषित्व है – निरुक्त 2/11 अर्थात वेद का ज्ञान नित्य है और सदा से विद्यमान है। उसे किसी ने बनाया नहीं अपितु ऋषियों ने तप और स्वाध्याय से उनके अर्थ को समझा है। इस प्रकार स्वामी दयानंद की वेद मन्त्र के दृष्टा रुपी मान्यता का मूल स्रोत्र यास्क ऋषि द्वारा प्रतिपादित सिद्धांत है। इन तर्कों से यह सिद्ध होता हैं की ऋषि वेद मन्त्रों के कर्ता नहीं अपितु दृष्टा हैं।"**

यजुर्वेद में मेधातिथि से संबंधित एक मंत्र में गणितीय अंकों के खेल को स्पष्ट किया गया है। संख्याओं का आश्रय लेकर सीढ़ी दर सीढ़ी ऊपर चढ़ना अर्थात 10 के गुणनफल वाली इस गिनती या पहाड़े के कारण यह मंत्र अपनी विलक्षणता को प्रकट करता है। इस मंत्र के इस प्रकार के गूढ़ रहस्य को अपनी व्याख्या के माध्यम से स्पष्ट कर संसार के समक्ष प्रस्तुत करने वाले मेधातिथि इस मंत्र के जनक न होकर इसके रहस्य को समझकर गणितीय अंकों के आविष्कारक बने। इस सूत्र या बीज रूप में रखे मंत्र के गूढ़ रहस्य को अपनी व्याख्या के माध्यम से उन्होंने अपने बौद्धिक बल से तैयार किए गए खेत में बिखेर दिया। उससे तैयार हुई फसल को हम मेधातिथि के मेधा बल से जन्मे गणितीय सिद्धांतों के रूप में जानते हैं।

उस मंत्र में कहा गया है कि "हे अग्निदेव! यह ईंटें मेरी दुधारू गाय के समान हैं। एक और 10 शत (100), एक सहस्र (1000), एक आयुध (10000), एक नियुत (100000), एक प्रयुत (1000000), एक अर्बुद (10000000), एक नियारबुद (100000000) एक समुद्र (1000000000), एक मध्य (10000000000), और अन्त (100000000000) प्रारर्ध (1000000000000) हो जाएं। ये ईंटें इस संसार और अगले संसार में भी मेरी अपनी दुधारू गाय बन जाएं।"

मेधातिथि ने अपने अंत:करण में प्रस्फुटित हुए ज्ञान को समझकर '0' को लिखने की आकृति दी। ऐसा नहीं था कि उनसे पहले के ऋषियों को इसका ज्ञान नहीं था, ज्ञान तो था, पर शून्य की आकृति मेधातिथि ने ही बना कर दी। यहां पर यह भी देखने की आवश्यकता है कि '0' को जिस प्रकार गोलाकार में लिखा जाता है उससे पता चलता है कि यह अपने आप में पूर्ण है। पूर्ण की गोलाकार से अधिक उपयुक्त कोई आकृति नहीं हो सकती।

यह '0' हिंदी के अंक '1' में अपने आप अंतर्निहित हैं। हिंदी के अंक '1' की बनावट को देखें तो ऊपर से जिस प्रकार एक घुंडी सी बनती है वह '0' की आकृति को अपने आप प्रकट कर देती है। आजकल इंग्लिश सहित लगभग सभी भाषाओं में जिस प्रकार अंकों को लिखने की परिपाटी देखी जाती है, वह सब हमारे संस्कृत विद्वानों की नकल ही दिखाई देती है।

इस प्रकार अंकों को वैज्ञानिकता का पुट देने और उन्हें संक्षेप में एक आकृति में लाने का कार्य मेधातिथि के द्वारा किया गया।

जब संसार के लोग हजार, दो हजार, लाख 10 लाख तक की ही गिनती जानते थे, तब हमारे मेधातिथि जैसे महा बुद्धिमान गणितज्ञ ने 10 की घात 12 तक की गिनती विश्व को लोगों को बताई। मेधातिथि के माध्यम से संपूर्ण संसार के गणितज्ञ गणित के क्षेत्र में भारत के ऋणी हैं।

गणित के क्षेत्र में हमें आर्किमिडीज को उसका जनक नहीं मानना चाहिए। इसके स्थान पर हमें मेधातिथि और आर्यभट्ट जैसे विद्वानों को ही गणितीय आविष्कारों और अनुसंधानों का श्रेय निसंदेह और निसंकोच देना चाहिए।

❐

अध्याय-14

व्याकरण के महान आचार्य पाणिनि

व्याकरण के महान आचार्य के रूप में महर्षि पाणिनि का नाम विशेष रूप से उल्लेखनीय है। व्याकरण के क्षेत्र में उन्होंने जो कीर्तिमान स्थापित किया है उसे आज तक कोई लांघ नहीं पाया है। उनकी वैज्ञानिक व्याकरण क्षमता के चलते यह बात भी पूर्णतया सिद्ध हो जाती है कि संसार की एकमात्र वैज्ञानिक भाषा संस्कृत है। जैसे सृष्टि का निर्माता एक है, वैसे ही इस सृष्टि में मानव मात्र के लिए भाषा भी एक है और वह वैज्ञानिक भाषा संस्कृत ही है। अपनी इस वैज्ञानिक क्षमता के कारण महर्षि पाणिनि भारतीय वांग्मय के आकाश में एक दैदीप्यमान नक्षत्र की भांति सदा अपनी छटा बिखेरते रहेंगे।

छटा अनोखी दीखती, अद्भुत बुद्धि रूप।
देख तेज का सूर्य, शीश नवाते भूप।।

वाणी के वैखरी रूप को संजोने और संवारने का महत्वपूर्ण कार्य करके उन्होंने मानव की भाषा की वैज्ञानिकता को स्पष्ट करने में अपना महान योगदान दिया है। यही कारण है कि वर्तमान विश्व के सभी भाषाविदों को व्याकरण का ककहरा सीखने के लिए आज भी भारत के इस महान भाषा वैज्ञानिक ऋषि की शरण में जाना पड़ता है। जो व्यक्ति अपने आपको भाषाविद तो मानता है पर महर्षि पाणिनि के विषय में कुछ नहीं जानता, समझो कि वह भाषा के साथ खिलवाड़ तो कर सकता है पर उसके वैज्ञानिक स्वरूप के बारे में कोई ज्ञान नहीं रखता।

महर्षि पाणिनि के जन्म के बारे में मैक्समूलर जैसे पश्चिमी विद्वानों की मान्यता है कि वह इस धरती पर 350 ईसा पूर्व के लगभग विचरते थे। इसके अतिरिक्त सत्यव्रत सामश्रमी जी जैसे विद्वानों की मान्यता है कि वह ईसा से लगभग 2400 वर्ष पहले अवतरित हुए थे। विद्वानों की मान्यता है कि वह भारत भूमि के गांधार नामक प्रदेश के रहने वाले थे। यह वही क्षेत्र है जहां

कौरव वंशी धृतराष्ट्र की ससुराल थी। इस प्रदेश के शालातुर गांव में उनका जन्म होने के कारण उन्हें शालातुरीय के नाम से भी पुकारा जाता है।

शालातुरीय नाम से इतिहास करे वंदन जिनका,
मानवता का पोषक सौम्य सुन्दर चिंतन जिनका।
जिनके मानस की वीणा से भाषा को नवसंगीत मिला,
शब्द सागर गंभीर बहुत है और कठिन मंथन जिसका।।

कथासरित्सागर से उनके बारे में जानकारी मिलती है कि वह कात्यायन और इंद्रदत्त जैसे व्याकरण आचार्यों के समकालीन और सहपाठी थे। यह भी कहा जाता है कि उनकी बुद्धि व्याकरण के क्षेत्र में प्रारंभ में बहुत ही मंद थी, परंतु अपने परिश्रम और पुरुषार्थ के बल पर वह आगे बढ़ते रहे और उत्कृष्ट साधना के द्वारा महानता को प्राप्त किया। प्रारंभ में उन्हें शास्त्रार्थ में अपने कात्यायन और व्याडि जैसे जिन सहपाठियों से पराजित होना पड़ा, बाद में उन्होंने उन्हीं पर विजय प्राप्त की। 'पंचतंत्र' की एक कहानी के अनुसार पाणिनी की मृत्यु वन में एक शेर के द्वारा किए गए आक्रमण से हुई थी। यद्यपि आधुनिक शोधों से यह स्पष्ट हो चुका है कि कात्यायन और व्याडि पाणिनि के समकालीन नहीं ठहरते। विद्वानों की मान्यता है कि ये दोनों विद्वान ही उनके बाद हुए हैं। अतः जहां जहां पर कात्यायन और व्याडि जैसे व्याकरण आचार्यों को ऋषि पाणिनि का समकालीन लिखा गया है, वह निराधार ही सिद्ध होता है।

महर्षि पाणिनि ने भाषा के क्षेत्र में विज्ञान की उपस्थिति को दर्ज कराते हुए जिस 'अष्टाध्यायी' ग्रंथ की रचना की वह युग-युगों तक संसार के भाषाविदों का मार्गदर्शन करता रहेगा। इस महान ग्रंथ में 8 अध्याय हैं, इसीलिए इसका नाम 'अष्टाध्यायी' रखा गया है।

व्याकरण के क्षेत्र में संसार का कोई भी भाषा वैज्ञानिक इस ग्रंथ की बराबरी नहीं कर पाया है। अपनी महानता को चोरी-छिपे संसार पर थोपने का प्रयास करने वाले पश्चिम के भाषा वैज्ञानिकों ने भी गाहे-बगाहे कहीं ना कहीं इसी ग्रंथ से ऊर्जा प्राप्त की है।

हमारे प्रत्येक वैदिक विद्वान अथवा ऋषि की यह विशेषता रही है कि उन्होंने संसार के लिए महानता का कोई भी काम करने से पहले उस क्षेत्र में अपने आपसे पहले काम करने वाले ऐसे ही महापुरुषों का उल्लेख करने में कंजूसी नहीं की है। उन्होंने इस बात को बड़ी प्रसन्नता के साथ स्वीकार किया है कि मुझ से पूर्व भी इस क्षेत्र में अमुक-अमुक महान व्यक्तित्वों ने अपना प्रेरणास्पद कार्य किया है। मैं तो उनकी परंपरा को आगे बढ़ाने मात्र का कार्य कर रहा हूं।

महर्षि पाणिनि ने भी व्याकरण के क्षेत्र में अपने से पूर्व काम करने वाले ऐसे ही ऋषि पूर्वजों को नमन किया है। जिनमें शाकटायन, आपिशालि, गार्ग्य, काश्यप, गालव आदि का नाम विशेष रूप से उल्लेखनीय है। वैसे भी यह कैसे संभव हो सकता है कि जिस देश के पास वेदों की पवित्र

भाषा सृष्टि के प्रारंभ से रही हो, उसके पास व्याकरण के आचार्य ना हों? यह संभव है कि उन ऋषियों का वह परिश्रम और पुरुषार्थ कहीं संकलित न किया गया हो। या किसी भी कारण से केवल श्रुति परंपरा के रूप में उपलब्ध हो। फिर भी उस सारे परिश्रम और पुरुषार्थ को संकलित कर एक स्थान पर लाना और अपनी पूर्ण बौद्धिक क्षमताओं के आधार पर व्याकरण का ग्रंथ तैयार करना, महर्षि पाणिनि को महानता के उच्चतम शिखर पर स्थापित करने के लिए पर्याप्त है।

हमें यह ध्यान रखना चाहिए कि सृष्टि प्रारंभ में ऋषियों की संतान के रूप में सृष्टि की प्रथम पीढ़ी के लोग महान विद्वान रहे होंगे। उसके पश्चात निरंतर क्षरण की प्रक्रिया आरंभ होने लगी। धीरे-धीरे बहुत काल पश्चात वह समय भी आया होगा जब लोगों को वेदों के अर्थ करने में असुविधा अनुभव होने लगी होगी। तब उन्हें वेदों के वैज्ञानिक अर्थ करने वाले ऋषि निश्चय ही रहे होंगे।

तभी तो भाषा की वैज्ञानिक परंपरा करोड़ों वर्ष तक यथावत बनी रही। महर्षि पाणिनि की महानता और सफलता का इससे अधिक स्पष्ट प्रमाण कोई नहीं हो सकता कि उनके पश्चात भी व्याकरण के क्षेत्र में सैकड़ों आचार्य आए और उन्होंने अपने अपने ग्रंथ भी लिखे, परंतु वे सभी "अष्टाध्यायी" के अधीन ही रहे। कोई भी आचार्य व्याकरण की वैज्ञानिकता के क्षेत्र में महर्षि पाणिनि के इस ग्रंथ से आगे नहीं निकल पाया। महर्षि पाणिनि के बाद जन्मे व्याकरण आचार्यों ने उन्हीं के कार्य को उलटफेर करके उसमें थोड़ा बहुत परिवर्धन या संशोधन करने का कार्य किया।

महर्षि पाणिनि की "अष्टाध्यायी" में समकालीन भारत के भौगोलिक विस्तार, राजनीतिक परिस्थितियों, सामाजिक धार्मिक व्यवहार, लोगों के आर्थिक जीवन, कला उद्योग आदि के संबंध में भी हमें बहुत कुछ जानकारी मिलती है। इस प्रकार यह ग्रंथ इतिहास का एक महत्वपूर्ण स्रोत भी बन जाता है। जिससे तत्कालीन भारत के विषय में हमें बड़ी महत्वपूर्ण सामग्री उपलब्ध हो जाती है। हमारे ऋषियों की यह विशेषता रही है कि वह जिस विषय पर लिख रहे होते हैं उसमें भी समकालीन समाज और राष्ट्र के विषय में कुछ न कुछ ऐसा डाल देते हैं जो बहुत ही महत्वपूर्ण होता है।

शैलेंद्र सिंह इस संबंध में अपने एक शोध पूर्ण लेख में स्पष्ट करते हैं कि पाणिनि सूत्रों में पठित निश्चित स्थान नामों की सहायता से पाणिनि कालीन भौगोलिक विस्तार का परिचय मिलता है। उत्तर पश्चिम में कापिषी(4/2/69) का उल्लेख मिलता है। यह नगरी प्राचीन काल में अतिप्रसिद्ध राजधानी थी। काबुल से लगभग 50 मील उत्तर इसके प्राचीन अवशेष मिलते हैं। यहाँ से प्राप्त एक शिलालेख में इसे कपिषा कहा गया है। आजकल इसका नाम बेग्राम है। कापिषि से भी और उत्तर में कम्बोज (4/1/175 पा० सूत्र) जनपद था। जहाँ इस समय मध्य एशिया का पामीर पठार है। कम्बोज के पूर्व में तारिम नदी के समीप कूचा प्रदेश था, जो सम्भवत: वहीं है। जिसे पाणिनि ने कुच वार

(4/3/94) में कहा है। तक्षशिला के दक्षिण पूर्व में मद्र जनपद (4/2/131) था, जिसकी राजधानी शाकल (बर्तमान) स्यालकोट थी। मद्र के दक्षिण में उशीनर (4/2/118) और शिबि जनपद थे। वर्तमान पंजाब का उत्तर पूर्वी भाग जो चंबा से कांगड़ा तक फैला हुआ है प्राचीन त्रिगर्त देश था। सतलुज,व्यास,और रावी, इन तीन नदियों की घाटियों के कारण इसका नाम त्रिगर्त पड़ा (पा० सूत्र 5/3/116)।

दक्षिण पूर्व पंजाब में थानेश्वर कैथल करनाल पानीपत का भूभाग भरत जनपद था। इसी का दूसरा नाम प्राच्य भरत (पा० सूत्र 4/2/112) भी था। क्योंकि यहीं से देश के उदीच्य और प्राच्य इन दो खण्डों की सीमाएं बंट जाती थीं। दिल्ली मेरठ का प्रदेश कुरु जनपद (4/1/172) कहलाता था। उसकी राजधानी हस्तिनापुर थी।

प्रकार भारत के प्राचीन गौरव पूर्ण इतिहास पर ऐतिहासिक स्थलों का बोध हमें 'अष्टाध्यायी' से भली प्रकार होता है। जिन इतिहास लेखकों की दृष्टि केवल मुगल, तुर्क या विदेशी आक्रमणकारियों के आक्रमण तक सीमित होकर रह जाती है, उनकी आंखें खोलने के लिए महर्षि पाणिनि का यह ग्रंथ बहुत महत्वपूर्ण है।

❒

अध्याय-15

महर्षि मनु

हमारे प्राचीन ऋषि प्रकृति की गोद में दूर जंगल में जाकर शान्त और एकांत स्थान पर अपना आश्रम बनाया करते थे। आश्रमों में बैठकर वह चराचर जगत के रहस्यों को खोजा करते थे। जीवन और जगत की समस्याओं पर गहन शोध किया करते थे। इसके साथ ही आत्मिक उन्नति करते हुए मानव किस प्रकार जीवन मरण के चक्र से कैसे छूट सकता है? इस पर भी गहन मंथन किया करते थे। इस प्रकार दूर जंगल में बनाए गए इन आश्रमों पर जब गुरुकुल विकसित होते थे तो उनसे निकलने वाले विद्यार्थी संसार के कल्याण के लिए निर्मित किए गए उत्कृष्ट मानव हुआ करते थे। इन आश्रमों को या गुरुकुलों को जीवन निर्माण की शाला कहा जा सकता है। इन्हें ध्यानशाला भी कहा जा सकता है और विज्ञान के साथ-साथ उत्कृष्ट विचारों का उत्पादन केंद्र भी कहा जा सकता है। हमारे महान ऋषियों के द्वारा स्थापित किए गए इन गुरुकुलों के माध्यम से जीवन बड़ा सहज और सरल होकर आगे बढ़ता था। कहीं किसी के अधिकारों का अतिक्रमण करने की बात कोई भी व्यक्ति सोच भी नहीं सकता था। सब सबका साथ लेकर और सबका हाथ लेकर चलने में विश्वास रखते थे।

यही वह स्थिति थी जिसके लिए व्यास जी ने कहा है कि :-

न राज्यं न च राजासीत् न दण्डो न च दाण्डिकः।
स्वयमेव प्रजाः सर्वा रक्षन्ति स्म परस्परम्।।

अर्थात उस समय जब न तो राज्य था, न ही राजा और न ही दण्ड विधान था, न कोई दण्ड देने वाला। सारी प्रजा धर्म के प्रभाव से परस्पर एक दूसरे की रक्षा करती थी।

धर्म एक ऐसी पवित्र व्यवस्था थी जिसमें कर्तव्य निर्वाह पर सब लोग स्वाभाविक रुप से ध्यान देते थे और सभी आत्मदीपो भवः की स्थिति को प्राप्त कर उसी के ज्ञान प्रकाश में अपने कार्यों का संपादन करते थे।

फिर एक स्थिति ऐसी आई जब लोगों ने एक दूसरे के अधिकारों का अतिक्रमण करना आरंभ किया। ऋषियों के पास दंड की कोई व्यवस्था नहीं थी। उनके पास आध्यात्मिक ज्ञान था। उसी के आधार पर वह संसार की गति को सुव्यवस्थित बनाए रखने का प्रयास कर रहे थे, परंतु एक वर्ग ऐसा तैयार होता जा रहा था जो ऋषियों की इस वैज्ञानिक व्यवस्था को भंग कर देना चाहता था। तेजी से पनपते इस वर्ग की इस प्रकार की गतिविधियों को देखकर ऋषि मंडल चिंतित था। तब उन्होंने निर्णय लिया कि इस प्रकार के उत्पाती लोगों पर नियंत्रण रखने के लिए राजा की और राज्य की व्यवस्था होनी चाहिए। तब हमारे ऋषियों का ध्यान हमारे तत्कालीन समाज के तेजस्वी पुरुष और सृष्टि के पहले राजा बने महर्षि मनु की ओर गया।

ऋषियों ने सामूहिक रूप से महर्षि मनु से यह प्रार्थना की कि वह संसार का पहला राजा बनने के उनके प्रस्ताव को स्वीकार करें।

महर्षि मनु मोक्ष की जीवन साधना में लगे हुए थे। उससे हटकर वह संसार की इस नई व्यवस्था में राजा के पद को स्वीकार करने को तैयार नहीं थे। उन्हें यह भली प्रकार ज्ञात था कि राजा बनने का अर्थ होगा जीवन को अधोगामी करना, जीवन की साधना को ठहराव की गतिशून्यता में स्थापित करना। पर ऋषियों के अनुरोध को वह टाल नहीं सके। उन्हें इस बात में संसार का भला दिखाई दिया कि यदि वह राजा बनते हैं तो अनेक प्रजाजनों को सहज और स्वाभाविक जीवन जीने का अवसर प्राप्त होगा। उन्होंने इस बात को गहराई से समझा कि उनके राजा बनने का अर्थ अराजकता को समाप्त करना होगा। जिसे उन्होंने ईश्वरीय कार्य समझा।

हमारे ऐसे मनु सृष्टि के पहले राजा बने। उन्होंने मनुस्मृति के रूप में जिस ग्रंथ की रचना की वह संसार का पहला संविधान है। जिसे राजनीतिक व्यवस्था में काम कर रहे लोगों ने अपने लिए भी उतना ही कठोर बनाया, जितना जनसाधारण के लिए बनाया गया था। महर्षि मनु के द्वारा राजनीतिक व्यवस्था के माध्यम से अराजकता को दूर कर जनसाधारण के लिए सहज और सरल स्थिति परिस्थिति निर्मित करने के उनके संकल्प को कारगर बनाने में तत्कालीन समाज के लोगों ने भी अपना सहयोग देने का वचन दिया। राजा के साथ-साथ प्रजाजनों ने भी यह संकल्प लिया कि हममें से जो कोई भी पाप कर्म करेगा वह दंड का अधिकारी होगा। इसके साथ- साथ राज्यकोष के लिए प्रत्येक व्यक्ति ने अपने पशुधन और स्वर्ण का 50 वाँ तथा अन्न की उपज का दसवां भाग कर के रूप में राजा को देने का भी वचन दिया। उसके पश्चात महातेजस्वी मनु ने पापाचरण का दमन कर सब नागरिकों को अपने-अपने धर्म-कर्म में प्रतिष्ठित करने का महान कार्य संपादित किया। इस प्रकार महर्षि मनु अर्थात सृष्टि के पहले राजा और तत्कालीन समाज के लोगों के सामूहिक प्रयास और प्रतिज्ञा के फलस्वरूप अराजक लोगों पर नियंत्रण स्थापित करने में सफलता प्राप्त हुई।

इस प्रकार की व्यवस्था से आज के लोगों को भी शिक्षा लेने की आवश्यकता है। हमें यह ध्यान रखना चाहिए कि सामाजिक और राष्ट्रीय परिवेश में शांति तभी स्थापित हो सकती है जब

राजा न्यायप्रिय होकर सही दिशा में सोचता हो और जनता जनार्दन सामूहिक वचन के माध्यम से उसके साथ काम करने के लिए तैयार हो। यदि राजा न्याय प्रिय होकर भी जनता जनार्दन के सामूहिक वचन को प्राप्त करने में असफल रहता है या जनता ऐसा वचन देने में आनाकानी करती है तो समाज में कभी भी शांति स्थापित नहीं हो सकती।

महर्षि मनु सृष्टि की ज्ञात जलप्लावन की घटना के पश्चात राष्ट्र निर्माण के इस महान कार्य में लगे हुए थे। इस प्रकार वह वर्तमान संसार के आदि पूर्वज हैं। यही कारण है कि उन्हें 'बाबा आदम' के नाम से जहां इस्लाम के लोग पुकारते हैं, वहीं 'नोहा' के नाम से भी एक वर्ग (यहूदी) उनको जानता है। मनु को जिस प्रकार हमारे तत्कालीन समाज के ऋषिमंडल ने चुनाव करके अपना राजा बनाया था, उससे यह भी स्पष्ट होता है कि भारतवर्ष ही लोकतंत्र की जन्म स्थली है। जहां पर सृष्टि के पहले राजा को ही चुनाव के माध्यम से राजा बनाया गया था। पश्चिमी जगत और अरब के लोग जहां आज तक भी यह कहते चले आ रहे हैं कि प्राचीन काल में जब कभी राजा के पद का निर्माण हुआ होगा तो किसी मजबूत और शक्तिशाली व्यक्ति ने अन्य कबीलों पर अपनी शक्ति के बल पर अधिकार स्थापित किया होगा। उन्हें जबरन अपने अधिकार में लेकर राजा पद को प्राप्त कर लिया होगा। मनु के राजा पद को प्राप्त करने की इस प्रक्रिया को जान व समझकर हम इस भ्रम से भी बाहर निकल जाते हैं कि भारत ने राजा पद का निर्माण समाज के लोगों पर किसी व्यक्ति को जबरन शासन करने और उनकी स्वतंत्रता का हनन करने के लिए नहीं किया था। इसके विपरीत भारत ने जनसाधारण के अधिकारों को संकट में डालने वाले लोगों पर नियंत्रण स्थापित करने के लिए राजा पद का निर्माण किया था। इस प्रकार मनु को सृष्टि के आदि लोकतांत्रिक राजकीय व्यक्तित्व के रूप में स्वीकार किया जाने चाहिए।

मनुस्मृति के टीकाकार मेधातिथि ने मनु महाराज के विषय में कहा है कि मनु "वेदों के ज्ञान और अनुष्ठान विधि के पूर्ण ज्ञाता एवं परंपरागत लोक अनुश्रुति में प्रख्यात व्यक्ति विशेष थे।"

महर्षि मनु ने संसार की पहली राजधानी अवध अर्थात अयोध्या को बनाया था। भारत के इतिहास में जिस सूर्यवंशी और चंद्रवंशी राजवंशीय परंपरा का उल्लेख बार-बार होता है, उसके मूल स्रोत मनु महाराज ही हैं। उनके द्वारा लिखा गया मनुस्मृति नामक ग्रंथ वास्तव में मानव धर्म शास्त्र ही है, जैसी कि इस धर्मशास्त्र के विषय में अनेक विद्वानों की सम्मति भी है।

वैदिक धर्म में मनुस्मृति का विशेष और सम्मानजनक स्थान है। भारतीय साहित्य में मनुस्मृति का मनु संहिता, मानव धर्मशास्त्र, मानव शास्त्र जैसे कई नामों से भी उल्लेख किया गया है। यह प्राचीन काल से ही हमारे भारतीय साहित्य में सबसे अधिक चर्चित धर्मशास्त्र के रूप में मान्यता प्राप्त ग्रंथ रहा है। वास्तव में जितनी भी स्मृतियां प्राचीन काल में भारतवर्ष में लिखी गईं उन सब में ऊंचा स्थान मनुस्मृति का है। यही कारण है कि वैदिक विद्वानों ने अपने द्वारा लिखित अनेकों ग्रंथों में मनुस्मृति द्वारा प्रतिपादित मानव धर्म का स्थान-स्थान पर उल्लेख कर इस ग्रंथ

की प्रमाणिकता को स्वीकार किया है। मनुस्मृति को शंकराचार्य और शबर स्वामी जैसे अनेक दार्शनिक विद्वानों ने भी प्रमाण के रूप में अपने ग्रंथों में उद्धृत किया है। आर्य समाज के प्रवर्तक महर्षि दयानंद ने भी महर्षि मनु को अपने अमर ग्रन्थ 'सत्यार्थ प्रकाश' व अन्य ग्रंथों में बहुत ही महत्वपूर्ण स्थान दिया है।

मनुस्मृति वास्तव में एक विधानात्मक शास्त्र है। इसमें मानव समाज के लिए वर्णाश्रम व्यवस्था को तो स्पष्ट किया ही गया है, साथ ही व्यक्ति और समाज के लिए हितकारी धर्म, नैतिक कर्तव्य व मर्यादाओं और उन आचरणों का उल्लेख भी किया गया है, जिससे सामाजिक, राष्ट्रीय और वैश्विक व्यवस्था को मर्यादित व संतुलित रखने और बनाने में सहायता मिल सकती है।

'मनुस्मृति' के बारे में यह सत्य है कि आज के जितने भर भी कानून संसार के देशों में चल रहे हैं, उन सबको इसी ग्रंथ से प्रेरणा मिलती है। चाहे आज के कानूनों को लोगों ने कहीं से भी ले लिया हो, परंतु मूल सबका इसी मनुस्मृति से निकला हुआ दिखाई पड़ता है। इसके उपरांत भी कानून की स्थिति अपने आप में इतनी उत्कृष्ट नहीं है, जितनी मनु के द्वारा प्रतिपादित किए गए विधान की है। हमारा मानना है कि वर्तमान कानून अपने आप में नकारात्मक प्रक्रिया का नाम है, जबकि विधान से भरपूर मनुस्मृति की व्यवस्था विधेयात्मक अर्थात सृजनात्मकता से भरी हुई है।

भारतवर्ष में वैदिक विद्वानों की मान्यता है कि यह स्मृति (हमारे वैदिक ऋषियों के द्वारा 14 मनु माने गए हैं। जिनके नाम इस प्रकार हैं:- **1.** स्वायम्भुव, **2.** स्वरोचिष, **3.** औत्तमी, **4.** तामस मनु, **5.** रैवत, **6.** चाक्षुष, **7.** वैवस्वत, **8.** सावर्णि, **9.** दक्ष सावर्णि, **10.** ब्रह्म सावर्णि, **11.** धर्म सावर्णि, **12.** रुद्र सावर्णि, **13.** रौच्य या देव सावर्णि और **14.** भौत या इन्द्र सावर्णि)

स्वायंभुव मनु के द्वारा रचित है, न कि स्वरोचिष या वैवस्वत मनु (अब सातवें मन्वंतर के मनु वैवस्वत हैं) के द्वारा रची गई है। मनुस्मृति से हमें यह भी पता चलता है कि स्वायंभुव मनु के मूल शास्त्र का आश्रय लेकर भृगु ऋषि ने भार्गवीया मनुस्मृति की रचना की थी।

भारत के कई ऐसे धर्मशास्त्र या धर्म ग्रंथ हैं, जिनकी मान्यता आज भी विदेशों में है। उनमें से एक मनुस्मृति भी है। जिसको आधार बनाकर न केवल भारत वर्ष में अपितु भारतवर्ष के बाहर विदेशों में भी न्याय निर्णय होते रहे हैं। इसका अभिप्राय है कि मनुस्मृति में प्रतिपादित न्यायिक सिद्धांतों को लोगों ने आदर्श के रूप में लिया और यह अनुभव किया कि उनके आधार पर हम न्याय निर्णय करने में सक्षम और सफल हो सकते हैं।

आर्यावर्तकालीन भारत वर्ष में मनुस्मृति के आधार पर जब शासन कार्य होता था और न्याय निर्णय दिए जाते थे तो उस समय निसंदेह यह धर्मशास्त्र हमारे लिए संविधान का कार्य करता था। आज जब आर्यावर्त की सीमाएं सिमटकर बहुत छोटी हो गई हैं, तब विदेशों में जहां-जहां भी मनुस्मृति के आधार पर शासन चलता हुआ दिखाई देता है, या शासन पर मनुस्मृति की छाप दिखाई

देती है तो समझना चाहिए कि यह वही देश हैं जो कभी आर्यावर्त्त के अंग हुआ करते थे।

मनुस्मृति में चारों वर्णों के धर्मों का सविस्तार उल्लेख किया गया है। इसके अतिरिक्त चारों आश्रमों, सोलह संस्कारों तथा सृष्टि उत्पत्ति के प्रकरण सहित राज्य की व्यवस्था, राजा के कर्तव्य, विभिन्न प्रकार के विवादों में न्याय निर्णय करने के विधान, सेना का प्रबंध आदि उन सभी विषयों पर प्रकाश डाला गया है जो कि मानवमात्र के जीवन में प्रतिदिन घटित होते हुए देखे जाते हैं या जिनका मानव जीवन से सीधा संबंध है। इस प्रकार मनुस्मृति हमारे जीवन के प्रत्येक क्षेत्र को प्रभावित करने वाला ग्रंथ है। इस ग्रंथ के माध्यम से राजकीय व्यवस्था तो विकसित और मर्यादित होती ही है, साथ ही सामाजिक व्यवस्था भी सुव्यवस्थित रहकर मानव जीवन और अन्य प्राणियों के जीवन को भी सुरक्षा और संरक्षा प्रदान करती है।

महर्षि मनु की मनुस्मृति में सृष्टि की उत्पत्ति, मन्वंतर, युग और काल विभाजन का संक्षिप्त विवरण दिया गया है। इसी प्रकार ब्राह्मण, क्षत्रिय, वैश्य और शूद्र चारों वर्ण और ब्रह्मचर्य, गृहस्थ, वानप्रस्थ, संन्यास-चार आश्रम, देव ऋण, ऋषि ऋण, पितृ ऋण-3 ऋण, धर्म, अर्थ, काम और मोक्ष-चार पुरुषार्थ, ब्रह्मयज्ञ, देवयज्ञ, बलिवैश्वदेव यज्ञ, अतिथि जाय-पंच यज्ञ, एवं 16 संस्कारों की योजना पर विस्तृत प्रकाश डाला गया है।

प्राचीन काल में भारतीय समाज व्यवस्था का सुंदर चित्रण भी इस ग्रंथ में मिलता है। इसी प्रकार भारतीय राजधर्म और दंड नीति का बहुत ही सुंदर विवेचन महर्षि मनु ने अपने इस ग्रंथ में किया है। स्त्री पुरुष के कर्तव्यों और अधिकारों का निरूपण करते हुए सत, रज, तम आदि गुणों की मीमांसा के साथ-साथ त्रिविध कर्म, जीव गति मोक्ष साधन आदि का विशद विवेचन भी किया गया है।

❐

अध्याय 16

महर्षि याज्ञवल्क्य

हमारे उपनिषद हमारे महान ऋषियों की मेधा शक्ति और उनकी आध्यात्मिक शक्ति के प्रदर्शन का एक अकाट्य प्रमाण हैं। उपनिषदों के गूढ़ रहस्यों को समझकर हमें यह पता चलता है कि हमारे देश में प्राचीन काल से ही बौद्धिक जागृति की हलचल रही है। साधना की अमोघ शक्ति की घुट्टी पीकर हमारे ऋषियों ने प्रकृति और परमपिता परमेश्वर के साथ अद्भुत समन्वय स्थापित कर अपनी महामेधा को जागतिक कल्याण में प्रकट किया। उनकी साधना और भक्ति की पराकाष्ठा को देखकर पता चलता है कि जैसे ओ३म में जीव के अस्तित्व का प्रतीक "उ" अक्षर अखिल परमपिता परमेश्वर और प्रकृति के बीच खड़ा होकर दोनों ओर का आनंद लेता है, वैसे ही हमारे ऋषियों ने प्रकृति और परमपिता परमेश्वर के बीच खड़े होकर दोनों ओर के अद्भुत नजारों को अपनी नजरों में कैद किया और उस का आनंद उठाया। इसके उपरांत भी उन्होंने प्रकृति की ओर उतना ही देखा जितना मानव जीवन को आगे बढ़ाने के लिए आवश्यक होता है। अपेक्षा से अधिक प्रकृति में रमना उन्होंने उचित नहीं माना। उन्होंने परमपिता परमेश्वर की ओर देखा और उस ओर बढ़ते- बढ़ते लंबी दूरी तय कर मोक्ष का आनंद प्राप्त किया। भारत के सांस्कृतिक राष्ट्रवाद की यह अनूठी विरासत है। जिस पर हमें गर्व है।

विरासत पर हमें गर्व है, है गौरवपूर्ण अतीत।
बखान नहीं कोई कर सके, ऐसा वर्णनातीत।।

हमारे अनेक सम्राट भी ऐसे हुए हैं जिन्होंने अपने ज्ञान की महत्ता का लोहा संसार से मनवाया। राजकाज के कार्यों को करने के पश्चात भी परमपिता परमेश्वर से उनका गहन संवाद जारी रहता था। संसार में रहकर भी संसार से अलग रहने की उनकी अनूठी साधना सचमुच भारत की ऐसी धरोहर है जिसके सामने संसार की सारी धरोहर नाशवान सिद्ध होती हैं। शायद भारत इसीलिए सनातन है कि उसकी विरासत भी सनातन और अक्षुण्ण के रूप में उसका मार्गदर्शन

करती है। विदेहराज जनक हमारे उन सम्राटों के प्रतिनिधि हैं, जिन्होंने राज्य कार्य में व्यस्त रहकर भी परमपिता परमेश्वर की भक्ति की मस्ती का आनंद लिया।

एक बार उन्होंने यज्ञ मंडप पर अनेक तत्त्ववेत्ताओं को एकत्र किया। उन्होंने एक हजार गायों के सींगों पर 10-10 स्वर्ण मुद्राएं बांध दीं। राजा ने घोषणा कर दी कि जो कोई भी ब्रह्म को सबसे अधिक जानने की बात कहता हो, वह इन गायों को हांक कर ले जा सकता है। राजा की इस प्रकार की शर्त को सुनकर सारे ऋषि मंडल में सन्नाटा छा गया। कोई भी इस बात का साहस नहीं कर पा रहा था कि वह ब्रह्म को सबसे अधिक जानता है। तब उस सन्नाटे को चीरती हुई एक आवाज अचानक फूट पड़ी। याज्ञवल्क्य ऋषि ने कड़कती हुई आवाज में कहा कि "सौम्य सामश्रवा! इन गायों को ले चलो।" ऋषि याज्ञवल्क्य को जनक के ऋत्विज अश्वल ने चुनौती देते हुए कहा कि **"याज्ञवल्क्य! क्या सचमुच तुम अपने आपको हम सबसे अधिक ब्रह्म का सर्वश्रेष्ठ ज्ञाता मानते हो?"**

उन्होंने ऋषि याज्ञवल्क्य को रोकते हुए कहा कि याज्ञवल्क्य! सब कुछ मृत्यु से आच्छादित है। तब वह मृत्युपाश से यजेता किस साधन के माध्यम से मुक्ति प्राप्त कर सकता है?

इस प्रश्न के उत्तर में ऋषि याज्ञवल्क्य ने कहा कि "यजेता ऋत्विक रूप अग्नि एवं वाक द्वारा उसका अतिक्रमण कर सकता है। वाक ही यज्ञ का होता कहा जाता है। वही अग्नि है। वही मुक्ति है। महर्षि याज्ञवल्क्य ने अश्वल के पश्चात भुज्यू जैसे ऋषियों को भी अपनी मेधा शक्ति से निरुत्तर कर दिया। तदुपरांत विदुषी गार्गी ने मैदान संभाला। उन्होंने महर्षि याज्ञवल्क्य से पूछा कि काशी या विदेह के राजन्य धनुष पर प्रत्यंचा चढ़ा कर शत्रु के लिए कराल बाण लिए हुए जिस प्रकार आगे बढ़ते हैं मैं भी उसी प्रकार से इन दो प्रश्नों को सधाने हेतु तुम्हारी ओर अग्रसर होती हूं। इनका उत्तर दो!"

मेधा शक्ति से हुई, सब की बोलती बंद।
मैदान में आई गार्गी, छिड़ा दोनों में द्वंद्व।।

ऋषि याज्ञवल्क्य की अनुमति स्वीकृति मिलने के पश्चात गार्गी ने पूछा कि "हे ऋषिवर! क्या आप अपने आपको सबसे बड़ा ब्रह्मज्ञानी मानते हैं?"

इस पर ऋषि याज्ञवल्क्य बोले, "हे देवी! मैं स्वयं को ज्ञानी नहीं मानता, परन्तु इन गायों को देख मेरे मन में 'मोह' उत्पन्न हो गया है।"

एक ऋषि के मुंह से 'मोह' जैसे शब्द को सुनकर गार्गी को मानो अपने शास्त्रार्थ को आगे बढ़ाने का एक उचित कारण और माध्यम मिल गया। वैसे महर्षि याज्ञवल्क्य ने भी 'मोह' जैसे शब्द को वहां जानबूझकर ही व्यक्त किया था, क्योंकि वह भी यही चाहते थे कि उनसे कोई

चर्चा करें और चर्चा या शास्त्रार्थ प्रारंभ करने के लिए कोई ऐसी बात होनी ही चाहिए जो शास्त्रार्थ को आगे बढ़ाने का माध्यम बने। एक ऋषि के मुंह से मोह जैसा शब्द सुनकर गार्गी ने ऋषि को चुनौती दी तब उन्होंने महर्षि याज्ञवल्क्य पर और भी करारा प्रहार करते हुए और अपने प्रश्न को धार देते हुए कहा 'आप को 'मोह' हुआ, यह उपहार प्राप्त करने के लिए योग्य कारण नहीं है। ऋषिवर! ऐसे में तो आप को यह सिद्ध करना ही होगा कि आप इस उपहार के योग्य हैं। यदि सर्वसम्मति हो तो मैं आपसे कुछ प्रश्न पूछना चाहूंगी, यदि आप इनके संतोषजनक उत्तर प्रस्तुत करेंगे तो ही आप इस पुरस्कार के अधिकारी होंगे।

ऋषि याज्ञवल्क्य ने विदुषी गार्गी को स्वयं से प्रश्न पूछने की अनुमति प्रदान की। तब विदुषी गार्गी ने ऋषि याज्ञवल्क्य से बड़ा सरल सा प्रश्न पूछ लिया कि- "हे ऋषिवर! जल में हर पदार्थ बड़ी सरलता से घुलमिल जाता है, परंतु मैं आपसे पूछना चाहती हूँ कि यह जल किसमें जाकर मिल जाता है?"

तब ऋषि याज्ञवल्क्य ने गार्गी के इस प्रश्न का वैज्ञानिक और तार्किक उत्तर देते हुए कहा कि "जल अन्तत: वायु में ओतप्रोत हो जाता है।" हम देखते ही हैं कि समुद्र से अतुलित जल मानसूनी प्रक्रिया के अंतर्गत वायु में मिल जाता है।

इसके पश्चात गार्गी का अगला प्रश्न था कि "वायु किसमें जाकर मिल जाती है?"

याज्ञवल्क्य का उत्तर था कि "अंतरिक्ष लोक में।"

जब गार्गी ने प्रश्नों की झड़ी लगा दी तो गार्गी को लगभग डांटते हुए याज्ञवक्ल्य ने कहा- "गार्गी, इतने प्रश्न मत करो, कहीं ऐसा न हो कि इससे तुम्हारा माथा ही फट जाए।"

वास्तव में अब गार्गी ने सृष्टि के संबंध में रहस्य भरे प्रश्न पूछने आरंभ कर दिए थे। जिससे ब्रह्मज्ञानी ऋषि याज्ञवल्क्य स्वयं हतप्रभ रह गए। ऋषि याज्ञवल्क्य के मुंह से कुछ कठोर शब्द सुनने के पश्चात गार्गी ने उनके अहम की तुष्टि के लिए अपने आपको कुछ क्षणों के लिए मौन कर लिया। परंतु इसके पश्चात वह फिर प्रश्न करने की मुद्रा में आ गई। गार्गी ने ऋषि के सम्मान और अहम का पूरा ध्यान रखते हुए बड़ी सधी सधायी शैली में पूछ लिया कि- "ऋषिवर! सुनो, जिस प्रकार काशी या विदेह का राजा अपने धनुष की डोरी पर एक साथ दो अचूक बाणों को चढ़ाकर अपने शत्रु पर सन्धान करता है, वैसे ही मैं आपसे दो प्रश्न पूछती हूं।"

याज्ञवल्क्य ने अपने आप को संभालते हुए अर्थात कुछ संतुलित सा करते हुए कहा- "हे गार्गी, पूछो।"

तब गार्गी ने पूछा- "स्वर्गलोक से ऊपर जो कुछ भी है और पृथ्वी से नीचे जो कुछ भी है और इन दोनों के मध्य जो कुछ भी है, और जो हो चुका है और जो अभी होना है, ये दोनों किसमें ओतप्रोत हैं?"

आधुनिक वैज्ञानिक भाषा में यदि गार्गी के इस प्रश्न का रूपांतरण या शब्दांतरण किया जाए तो गार्गी ने ऋषि याज्ञवल्क्य से सीधे-सीधे स्पेस और टाइम के बारे में प्रश्न किया था। उसका प्रश्न

यही था कि स्पेस और टाइम के बाहर भी कुछ है या नहीं है?

गार्गी के प्रश्नों का अभिप्राय था कि सारा ब्रह्मांड किसकी सत्ता के अधीन है अर्थात किसके शासन, प्रशासन या अनुशासन में यह सारा ब्रह्मांड कार्य कर रहा है या गतिशील है?

किसका शासन-प्रशासन है और किसका है अनुशासन?
ब्रह्मांड किसके अधीन है भगवन! कहां स्थित उसका आसन?

गार्गी के तीखी धार वाले इन प्रश्नों पर अपना ध्यान केंद्रित करते हुए ऋषि याज्ञवल्क्य ने बड़े प्रेम से उत्तर देते हुए कहा- "एतस्य वा अक्षरस्य प्रशासने गार्गी।" अर्थात हे गार्गी! यह सारा ब्रह्मांड एक अक्षर अविनाशी तत्व के शासन, प्रशासन और अनुशासन में गतिशील है अर्थात कार्य कर रहा है।

अन्त में उन्होंने पूछा कि "हे याज्ञवल्क्य! यह सारा ब्रह्माण्ड किसके अधीन है?"

गार्गी के इस प्रश्न पर याज्ञवल्क्य का उत्तर था- "हे गार्गी! अक्षर तत्व के अधीन यह सारा ब्रह्मांड कार्य कर रहा है!" इतना कहने के पश्चात ऋषि याज्ञवल्क्य ने अक्षर तत्व के बारे में अपना गंभीर चिंतन सभी ऋषियों के मध्य प्रस्तुत किया। जिससे राजा जनक सहित सभी ऋषिगण गदगद हो उठे। वे अन्तत: बोले, "गार्गी इस अक्षर तत्व को जाने बिना यज्ञ और तप सब कुछ व्यर्थ है। ब्राह्मण वही है जो इस रहस्य को जानकर ही इस लोक से विदा होता है।"

ऋषि याज्ञवल्क्य के द्वारा अब तक अपने अपनी सर्वश्रेष्ठता और उत्कृष्टता को इस प्रकार प्रस्तुत कर दिया गया था कि सारा दरबार और राजा जनक सहित सारे ऋषिगण उनकी सर्वोत्कृष्टता को स्वीकार कर चुके थे। जिसे देखकर गार्गी भीअत्यंत हर्षित हो रही थीं। अब वह ऋषि याज्ञवल्क्य को अपने प्रश्नों से और अधिक उग्र या उत्तेजित करना नहीं चाहती थीं। फलस्वरूप गार्गी ने अपने प्रश्नों को समेटते हुए महाराज जनक की राजसभा में याज्ञवल्क्य को परम ब्रह्मज्ञानी मान लिया। इतने तीखे प्रश्न पूछने के उपरांत गार्गी ने जिस तरह याज्ञवल्क्य की प्रशंसा कर अपनी बात समाप्त की तो उसने वाचक्नवी होने का एक और गुण भी दिखा दिया कि उसमें अहंकार का लेशमात्र भी नहीं था। गार्गी ने याज्ञवल्क्य को प्रणाम किया और सभा से विदा ली।

याज्ञवल्क्य विजेता थे- **गायों का धन अब उनका था। याज्ञवल्क्य ने नम्रता से राजा जनक को कहा- 'राजन! यह धन प्राप्त कर मेरा 'मोह' नष्ट हुआ है। यह धन ब्रह्म का है और ब्रह्म के उपयोग में लाया जाए, यह मेरी विनम्र विनती है। इस प्रकार राजा जनक की सभा के द्वारा सभी ज्ञानियों को एक महान पाठ और श्रेष्ठ विचारों की प्राप्ति हुई।'**

महर्षि याज्ञवल्क्य का ज्ञान गांभीर्य 'वृहदारण्यक उपनिषद' में देखने को मिलता है। उस उपनिषद में वह कहीं राजा जनक के साथ गहरी ज्ञान चर्चा में लीन हैं तो कहीं अपनी धर्मपत्नी मैत्रेयी को ब्रह्म ज्ञान का उपदेश देते हुए दिखाई देते हैं। राजा जनक महर्षि याज्ञवल्क्य की विद्वत्ता

के प्रति बहुत अधिक श्रद्धाभाव रखते थे। एक बार तो वह अपना सारा राजपाट उनके श्री चरणों में रखने तक के लिए तैयार हो गए थे।

अज्ञानी लोगों ने ऋषियों के प्रति राजा की इस प्रकार की समर्पण भावना को उपहास के दृष्टिकोण से देखा है। उन्होंने इसे उनका कोरा अज्ञान माना है। परंतु सच यह है कि यह हमारे राजाओं का अज्ञान न होकर ज्ञानी और तपस्वी लोगों के प्रति उनकी समर्पण की भावना का प्रतीक है। हमारे राजा भी पूर्ण विवेकी और ज्ञानी होते थे। जब वह अपने से अधिक ऊंचे तपस्वी किसी ऋषि साधक को देखते थे तो वह भावविभोर होकर यह नहीं समझ पाते थे कि वह उन्हें क्या अर्पित कर दें? तब उन्हें यही उचित लगता था कि जो भी कुछ उनके पास है, उसे ही ऐसे तपस्वी, ज्ञानी साधक के श्री चरणों में समर्पित कर दें।

हमने यहां पर महर्षि याज्ञवल्क्य के ज्ञान की गंभीरता की बानगी मात्र प्रस्तुत की है। जिसने उपनिषद और शतपथ ब्राह्मण, याज्ञवल्क्य स्मृति जैसे कई ग्रंथों की रचना की हो, उसकी विद्वत्ता को छोटे से आलेख में समाविष्ट करना संभव नहीं।

महर्षि याज्ञवल्क्य ने भुज्यु नामक ऋषि को उसके प्रश्न के उत्तर में यह भी बताया था कि सूर्य के रथ की गति से एक दिन में जितना भाग नापा जाए उससे 32 गुणा इस लोक का विस्तार है। उस से दोगुने क्षेत्र को पृथ्वी गिरे हुए है। पृथ्वी को उससे भी दोगुने विस्तार का समुद्र घेरे हुए है। जितनी बारीक छुरे की धार होती है अथवा मक्खी का पंख जितना सूक्ष्म होता है, उतना ही इन अंडकपालों के बीच के आकाश का व्यवधान है।

महर्षि याज्ञवल्क्य ने यहां बहुत ही पते की बात कही है। उन्होंने यह स्पष्ट कर दिया है कि पृथ्वी से दोगुना समुद्र है। इसका अभिप्राय हुआ कि हमारे पूर्वजों को पश्चिम के तथाकथित वैज्ञानिकों की खोजों से युगों पूर्व इस तथ्य का ज्ञान था कि पृथ्वी और समुद्र का अनुपात क्या है?

❐

अध्याय-17

नचिकेता और कठोपनिषद का आख्यान

कठोपनिषद में एक बहुत सुंदर आख्यान आया है। वहां पर उल्लेखित किया गया है कि एक बार वाजश्रवा के पुत्र उद्दालक आरुणि ने एक विशाल यज्ञ का आयोजन किया। बताया गया है कि ऋषि उद्दालक ने उस यज्ञ में अपना सारा धन दान में दे दिया था। ऋषि उद्दालक आरुणि के पुत्र का नाम नचिकेता था। सुयोग्य पिता की सुयोग्य संतान के रूप में नचिकेता बचपन से ही अत्यंत जिज्ञासु प्रवृत्ति का था। वह अत्यंत विचारशील था।

बालक नचिकेता ने देखा कि उनके पिता उस यज्ञ में जिन गायों को दान में दे रहे थे, वह बहुत ही वृद्ध हो चुकी थीं। अपने पिता को उन अनुपयोगी गायों को इस प्रकार दान में देते देखकर बालक नचिकेता को अच्छा नहीं लगा। इस समय बालक नचिकेता के मन में यह विचार भी आया कि इन गायों को दान में देने के स्थान पर यदि उसके पिताजी उसे ही दान में दे दें तो कहीं अधिक अच्छा रहेगा। तब उस बालक नचिकेता ने साहस करके बड़ी स्पष्टता के साथ अपने पिता से पूछ ही लिया कि पिताजी! आप इस यज्ञ में मुझे किसको देंगे?

सहज सरल सा सवाल पिताजी! मुझको किसको देंगे आप।
इन अनुपयोगी गायों का देना, सच में मुझे पहुंचाता संताप।।

जब बालक नचिकेता ने पहली बार अपने पिता से इस प्रकार का प्रश्न किया तो उन्होंने बालक के इस प्रकार के प्रश्न को अनसुना कर दिया। परंतु बालक के बार-बार के आग्रह के पश्चात पिता क्रोधित हो उठे। तब उन्होंने क्रोधावेश में आकर बालक को कह दिया कि "जा, मैं तुझे मृत्यु को देता हूं!"

यद्यपि अपने कहे गए इन शब्दों पर पिता को कुछ देर पश्चात ही पश्चाताप होने लगा, पर अब तो तीर कमान से छूट चुका था। मानो बालक नचिकेता पिता के इस प्रकार के वचनों को सुनने

के लिए तैयार ही बैठा था। उसने तनिक सी भी देर किए बिना बोरिया बिस्तर उठाया और जा पहुंचा यम के द्वार। जिस समय बालक नचिकेता यम के द्वार पर पहुंचा, उस समय संयोगावशात यम वहां पर नहीं थे। फलस्वरूप बालक नचिकेता ने वहीं पर अपना आसन लगा लिया। वह यम के द्वार पर अन्न जल ग्रहण किए बिना 3 दिन तक उनकी प्रतीक्षा में खड़ा रहा। बालक के भीतर गहरी जिज्ञासा थी और वह चाहता था कि यम के दर्शन किए बिना वह यहां से नहीं लौटेगा। जिनके भीतर लक्ष्य सिद्धि की गहरी अभिलाषा होती है, उनके लक्षण इसी प्रकार के होते हैं।

लक्ष्यसिद्धि की अभिलाषा ले, नचिकेता आया यम के द्वार।
आत्मतत्व की खोज करूंगा, चाहे आवें कष्ट अपार।।

लक्ष्य के प्रति पूर्ण समर्पण ही व्यक्ति को महान बनाता है और इतिहास ऐसे महामानव का अभिनंदन करता है।

3 दिन बाद यम आए तो बालक की इस प्रकार की भक्ति भावना और लक्ष्य के प्रति समर्पण को देखकर वह अत्यंत प्रभावित हुए। यम ने अत्यंत हर्षित होकर उस बालक से कहा कि वह चाहे तो उनसे तीन वर प्राप्त कर सकता है। तब नचिकेता ने अत्यंत विनम्रभाव से यम से अनुरोध करते हुए कहा कि मैं चाहता हूं कि जब मैं यहां से अपने घर के लिए लौटूं तो मेरे पिताजी का क्रोध शांत हो जाए और वह प्रसन्न होकर मुझे प्राप्त करें। नचिकेता ने यम से कहा कि यदि वह वास्तव में ही उन पर प्रसन्न हैं तो वह उसे स्वर्ग प्राप्ति के साधन रूप अग्नि विद्या का ज्ञान देने का कष्ट करें।

यम ने छोटे से बालक के मुंह से निकले इन शब्दों को स्वीकार करते हुए 2 वर प्रदान कर दिये। अब तीसरे वर की बारी थी। इस बार नचिकेता ने कुछ ऐसा कह दिया जिसकी अपेक्षा स्वयं यम को भी नहीं थी। नचिकेता बोला :- "भगवन! मृत्यु होने पर मनुष्य की क्या स्थिति हुआ करती है? इस संबंध में संसार में कई प्रकार की भ्रांतियां मिलती हैं। कुछ का मानना है कि मृत्यु के पश्चात यह आत्मा रहता है और कुछ कहते हैं कि नहीं रहता। इसके संबंध में मुझे यथार्थ जानकारी कराइए। मैं आपसे यही मांगता हूं।"

बालक नचिकेता के मुंह से ऐसे शब्द सुनकर यमाचार्य भी एक बार तो हिल गए। वह नहीं समझते थे कि यह बालक इतनी विलक्षण प्रतिभा का धनी होगा कि वह उनसे इस प्रकार के गूढ़ प्रश्न को पूछ लेगा। यम ने स्पष्ट कर दिया कि इस विषय में देवताओं ने भी पहले संदेह व्यक्त किया था। निश्चित रूप से यह तत्व बहुत ही सूक्ष्म है। यह गूढ़ विषय बड़ी सहजता से समझ में नहीं आ पाता। यम ने बालक नचिकेता की परीक्षा लेने के दृष्टिकोण से उसे घुमाने का प्रयास किया। वे यह देखना चाहते थे कि बालक के भीतर वास्तविक जिज्ञासा है या वह बालकपन में ऐसा प्रश्न कर बैठा है। तब उन्होंने कहा कि नचिकेता! तू इस प्रकार के प्रश्न मत कर। इस वर के स्थान पर तू कोई अन्य वर मांग ले।

नचिकेता! मत पूछ प्रश्न यह वर कोई और मांग प्यारे।
मृत्यु की बात मुझसे मत कर, जग के दूं वैभव सारे।।

अपनी बात पर दृढ़ता के साथ खड़े रहकर बालक नचिकेता ने यमाचार्य से स्पष्ट कर दिया कि प्रभु! आपने जो यह कहा कि इस विषय पर देवता तक भ्रम में पड़कर चिंतनमग्न हो गए थे, और यह सहज ही समझ में आने वाला तत्व नहीं है, तब तो मैं यही कहूंगा कि इसके समान पूछने योग्य दूसरा प्रश्न हो ही नहीं सकता। इसके समाधान से बढ़कर दूसरा कोई समाधान भी मुझे दिखाई नहीं देता। इसके अतिरिक्त यह बात भी विचारणीय है कि इस विषय का समाधान करने वाला आपसे उत्तम कोई आचार्य भी नहीं हो सकता। मेरा मानना है कि आप ही मुझे तीसरे वर के रूप में इस प्रश्न का उत्तर दें तो अच्छा रहेगा।

यम ने प्रश्नकर्त्ता नचिकेता को अपने प्रश्न से भटकाने के लिए और उसकी मानसिक शक्तियों की परीक्षा लेने के दृष्टिकोण से उससे कहा कि नचिकेता! तू दीर्घायु मांग ले। जितनी चाहे उतनी गाय मांग ले। हाथी, घोड़े स्वर्णराशि, रथ और सवारियां, अलभ्य सुंदरियां,पृथ्वी का साम्राज्य, पुत्र पौत्र आदि जितनी भी इस मृत्युलोक की दुर्लभ कामनाएं हैं वह सब मांग ले, पर इस प्रश्न को छोड़ दे। नचिकेता भी अपनी बात पर अड़ा रहा। उसने समझ लिया कि यदि आचार्य इस प्रश्न की एवज में इतने सांसारिक सुख ऐश्वर्य प्रदान करने को उद्यत हैं तो निश्चय ही उसके प्रश्न का बहुत अधिक मूल्य है।

नचिकेता ने यमाचार्य से कह दिया कि मुझे यह सब सांसारिक ऐश्वर्य नहीं चाहिए। आपने जिन सांसारिक ऐश्वर्यों को मुझे प्रदान करने का प्रलोभन दिया है उन सभी ऐश्वर्यों को आप अपने पास रखें। मैं जानता हूं कि भोगों से मनुष्य की कभी तृप्ति नहीं हो सकती। उनसे तो उसकी तृष्णा लगातार बढ़ती ही जाती है। आप यदि कुछ देना ही चाहते हैं तो मेरे प्रश्न का उत्तर दीजिए। यही मेरा तीसरा वर है। क्योंकि मांगने योग्य वर तो केवल आत्मज्ञान का वर ही है।

यम ने समझ लिया कि नचिकेता के भीतर सचमुच गहरी जिज्ञासा है। उन्होंने नचिकेता को ब्रह्मज्ञान का सच्चा अधिकारी समझकर उसे आत्मतत्व का रहस्य समझाना आरंभ किया। यमाचार्य ने नचिकेता को बताया कि नित्यज्ञानस्वरूप यह आत्मा न तो जन्मता है और नहीं मरता है, यह न तो स्वयं किसी से पैदा हुआ है और न इससे ही कोई उपजा है। अजन्मा, नित्य, शाश्वत क्षय और वृद्धि से सर्वथा रहित आत्मा शरीर का नाश होने पर भी नष्ट नहीं किया जा सकता।

नचिकेता! यदि कोई अपने को मारने में समर्थ मानता है और कोई अपने को मारा गया समझता है तो दोनों ही नहीं जानते। यह आत्मा न तो मारता है न मारा जाता है। जीवात्मा ही हृदयरूपी कंदरा में निवास करने वाला परमात्मा सूक्ष्म से भी सूक्ष्म और महान से भी महान है, उस परब्रह्म की महिमा कोई बिरला वीतराग निष्काम योगी ही देख पाता है।

वह परमात्मा न तो प्रवचन से, न बुद्धि से, न सुनने से ही प्राप्त होता है। वह तो केवल उसके ही द्वारा प्राप्त किया जाता है जिसे वह प्रभु स्वीकार कर लेता है। उसी को वह परमात्मा अपना यथार्थ स्वरूप प्रकट कर देता है।

नचिकेता! इस जीवात्मा को तुम रथ का स्वामी समझो और शरीर को रथ। बुद्धि को सारथी तथा मन को लगाम मानो। ज्ञानी जन इंद्रियों को इस रथ के घोड़े बतलाते हैं और विषयों को उन घोड़ों के विचरने के मार्ग के रूप में कल्पित करते हैं। उनका कथन है कि शरीर इंद्रियों और मन के साथ रहने वाला आत्मा ही उनका भोक्ता है।

जो व्यक्ति ज्ञान सारथि से संपन्न है एवं मन की लगाम जिसके वश में है, वह इस मार्ग के पार पहुंचकर उस परमपद को अवश्य प्राप्त कर लेता है। जो नित्यों में भी नित्य, चेतनों में भी चेतन और एक होते हुए भी अनेक की पूर्ति करने वाला है, उस अंतर्यामी परमात्मा को जो ज्ञानी देखते हैं, उन्हें शाश्वत शांति प्राप्त होती है, दूसरों को नहीं।

वैदिक धर्म शास्त्रों के अतिरिक्त अन्य किसी भी मत के धर्म शास्त्र में इतनी गहरी चर्चा सुनने को या पढ़ने को नहीं मिलती। सारा पश्चिमी जगत और इस्लामिक जगत अभी भी शरीर साधना में ही लगा हुआ है। शरीर साधना से आगे आत्म साधना और उससे आगे जाकर अध्यात्म साधना या और भी आगे जाकर ब्रह्म साधना की तो उनके यहां पर अभी कल्पना भी नहीं की जा सकती। सचमुच हम बड़े सौभाग्यशाली हैं कि हमारे लिए उपनिषद आदि ग्रंथों के माध्यम से ज्ञान की इतनी गहरी चर्चाएं उपलब्ध हैं जो हमारे जीवन में क्रांतिकारी परिवर्तन ला सकती हैं।

❐

अध्याय-18

ऋषि चिकित्सक : वाग्भट

राजीव दीक्षित जी अपने वचनों में जिस ऋषि चिकित्सक का सबसे अधिक नाम लेते रहे हैं वे वाग्भट्ट (वाग्भट) रहे हैं। ऋषि वाग्भट्ट का मानना था कि मनुष्य शरीर में जितने भी रोग होते हैं उनमें से 85% ऐसे होते हैं जो बिना चिकित्सक के ही नष्ट हो सकते हैं। केवल 15% रोग ही ऐसे होते हैं जिनमें हमें किसी योग्य चिकित्सक के पास जाना पड़ सकता है। कहने का अभिप्राय है कि व्यक्ति को अपना चिकित्सक अपने आप होना चाहिए। यह तभी संभव है जब व्यक्ति अपने आहार-विहार और आचार विचार पर एक चिकित्सक की भांति अपने आप ध्यान रखना आरंभ करे। आज के भौतिकवादी युग में लोग इसलिए अधिक बीमार हैं कि उन्होंने अपने शरीर को रोगों का घर मान लिया है। लोग स्वयं अपने आहार-विहार और आचार विचार पर ध्यान नहीं रखते हैं। वे यह मानकर चलते हैं कि शरीर में रोग हैं और उनको दूर करने के लिए हमारे पास डॉक्टर है।

आहार विहार यदि अच्छा है, आचार विचार भी अच्छे हैं।
ना रोग कोई लग पाएगा, मन में भरे अमृत के लच्छे हैं।।

ऋषि वाग्भट्ट आयुर्वेद के सबसे प्रभावशाली लेखकों और वैज्ञानिकों में से एक हैं। मानव स्वास्थ्य को लेकर उन्होंने भी अपने काल में बहुत ही उल्लेखनीय कार्य किया। उन्होंने कई पुस्तकों की रचना की। उनके द्वारा लिखी गई पुस्तकों में अष्टांगसंग्रह (अष्टाङ्गसंग्रह) और अष्टांगहृदयसंहिता (अष्टाङ्गहृदयसंहिता) का नाम विशेष रूप से उल्लेखनीय है।

ऋषि वाग्भट का जन्म कब और कहां पर हुआ? इस पर अभी तक भी स्थिति स्पष्ट नहीं है। विद्वानों का मानना है कि उनका जन्म सिंधु नदी के तटवर्ती किसी जनपद में हुआ था। उनके पिता का नाम सिंहगुप्त था, जो कि एक वैदिक ब्राह्मण थे। जबकि उनके गुरु का नाम अवलोकिता था, जो कि बौद्ध धर्म के अनुयायी थे। यही कारण है कि उनके विचारों पर बौद्ध धर्म के सिद्धांतों की

छाया स्पष्ट दिखाई देती है। बौद्ध धर्म के प्रति अपने विशेष आकर्षण को प्रकट करते हुए उन्होंने अपनी पुस्तक 'अष्टांग हृदय संहिता' के प्रारंभ में बौद्ध प्रार्थना को स्थान दिया है।

चिकित्सा संबंधी अपने इस ग्रंथ में वाग्भट ने आयुर्वैदिक औषधियों, चिकित्सा विज्ञान के विद्यार्थियों के लिए विशेष निर्देश, दैनिक व मौसमी निरीक्षण, रोगों की उत्पत्ति, विभिन्न प्रकार के खाद्य पदार्थों के गुण-दोष, विषैले खाद्य पदार्थों की पहचान व उपचार, व्यक्तिगत स्वच्छता, औषधियाँ, उनके विभाग, उनके लाभों का वर्णन इस ग्रंथ के पहले भाग में किया है। जबकि दूसरे भाग में मानव शरीर की रचना, विभिन्न अंगों, मनुष्य की प्रकृति, मनुष्य के विभिन्न रूप व आचरण आदि का वर्णन है।

तीसरे भाग में ज्वर, मिरगी, उल्टी, दमा, चर्म-रोग जैसी बीमारियों व उपचार का वर्णन किया है। ग्रंथ के चौथे भाग में उन्होंने वमन व स्वच्छता, पाँचवाँ, जोकि अंतिम भाग है, में बच्चों व उनके रोगों, पागलपन, आँख, कान, नाक, मुख आदि के रोगों व घावों के उपचार, विभिन्न जानवरों व कीड़ों के काटने के उपचार का वर्णन किया गया है। वाग्भट्ट ने अपने पूर्ववर्ती चिकित्सकों के विषय में भी आदरपूर्वक वर्णन किया है। उनके जन्म की तरह मृत्यु के बारे में भी जानकारी नहीं है।

विद्वानों की यह भी मान्यता है कि वाग्भट आचार्य चरक के शिष्य थे। उनकी इन दोनों पुस्तकों में लगभग 8000 ऐसे सूत्र दिए गए हैं जिनसे मानव शरीर स्वस्थ रह सकता है।

ऋषि वाग्भट ने अष्टांग आयुर्वेद के माध्यम से आयुर्वेद के आठ अंग स्पष्ट किए हैं। इनमें से पहला कायचिकित्सा का है। जिसमें ज्वर, अतिसार, रक्तपित्त, सूखापन, कोढ़, पागलपन और मिर्गी जैसे रोगों का उपचार करने के सूत्र बताए गए हैं। उनके अनुसार आयुर्वेद का दूसरा अंग बालरोग है। जिसमें उन्होंने बालकों के रोग और उनके उपचार को स्पष्ट किया है। बालरोगों में उन्होंने बालकों के विकास, उनके पोषण व उनके रोगों की चिकित्सा की पूरी विधि बताई है।

किसी बालक के विकास में रह न पावे खोट।
सुकोमल मन आगे बढ़े, अनुभव ना हो चोट।।

अष्टांग आयुर्वेद का तीसरा अंग भूतविद्या है। ऋषि वागभट्ट के अनुसार भूत विद्या में शरीर की ऊर्जा बिगड़ जाती है। इसे सही अर्थ में न लेकर लोगों ने गलत ढंग से लिया है। परिणाम स्वरूप कई ठगों ने लोगों को भूतों के नाम पर ठगने का काम भी आरंभ कर दिया। भूत विद्या संबंधी ऋषि वागभट्ट के सूत्रों को बहुत समझदारी के साथ पढ़ने की आवश्यकता है। अष्टांग आयुर्वेद का चौथा शालाक्य तंत्र है। इस अंग में मस्तिष्क आदि की चिकित्सा का उल्लेख किया गया है। इसे ऊर्ध्व अंग चिकित्सा भी कहते हैं।

अष्टांग आयुर्वेद का पांचवा अंग शल्य तंत्र माना गया है। इसमें किसी दुर्घटना आदि में चोट लगने, किसी तेज हथियार से लगी चोट, आग से जलने आदि के उपचार किए जाते हैं। कुछ ऐसे

रोग भी होते हैं जिनमें अंगों को निकालना पड़ता है। यह शरीर को किसी स्थान विशेष पर काटकर या खोलकर उस विकृति को शल्य चिकित्सा के माध्यम से दूर किया जाता है। आयुर्वेद का छठा अंग अगद तंत्र है। किसी विषधर जीव के डसने या काटने पर फैलने वाले विष को प्रभावहीन करने की इस प्रक्रिया का भी ऋषि वागभट्ट ने विशेष उल्लेख किया है और इसके विशेष सूत्र हमें दिए हैं।

आयुर्वेद का सातवां अंग ऋषि वागभट्ट ने जरा तंत्र को माना है। बुढापे के आने या आयु के बढ़ने से आने वाली बीमारियों को जरा तंत्र में दिए गए सूत्रों के माध्यम से ठीक किया जा सकता है। इसे रसायन तंत्र भी कहते हैं। रसायन अर्थात बिना रोग के भी जो चिकित्सा की जा सके या जो औषधि बिना रोग के भी ली जा सके। इस प्रकार की औषधि केवल इसलिए दी जाती है कि शरीर की रोग प्रतिरोधक क्षमता मजबूत बनी रहे और शरीर में जवानी का आभास देर तक होता रहे। अष्टांग आयुर्वेद का आठवां अंग वाजीकरण तंत्र माना गया है। वाजीकरण तंत्र अर्थात जिनका वीर्य कमजोर है और जिनको वीर्य संबंधी किसी भी प्रकार की बीमारी आ घेरती है, उनके ऐसे सभी रोगों की चिकित्सा को वाजीकरण तंत्र कहा जाता है।

इस प्रकार इन 8 अंगों के माध्यम से ऋषि वाग्भट्ट ने मानव शरीर की प्रत्येक बीमारी को समाप्त करने के सूत्र दिए हैं। ऋषि वाग्भट द्वारा रचित वाग्भट्ट निघंटु का वर्णन यद्यपि कई ग्रंथों में मिलता है, परंतु अब यह ग्रंथ उपलब्ध नहीं है। इसी प्रकार उनके द्वारा रचित वाग्भट्ट संग्रह नामक ग्रंथ भी अब अनुपलब्ध है। विद्वानों का अनुमान है कि जब हूणों के आक्रमण तक्षशिला विश्वविद्यालय पर हुए तो उस समय ऋषि वाग्भट के इन ग्रंथों को भी जला दिया गया था।

वाग्भट के द्वारा किए गए महान कार्य को अरुण दत्त द्वारा 'सर्वांगसुंदरा' में संग्रहित किया गया है। वाग्भट्ट के संबंध में इस पुस्तक को सबसे अधिक प्रमाणित माना जाता है। इसमें दिए गए सूत्रों के अनुसार यदि व्यक्ति अपनी दिनचर्या को बना लेता है तो वह कभी भी रोगी नहीं हो सकता। जैझट्ट और इंदु वाग्भट्ट के शिष्य थे। उन्होंने अपने गुरु की परंपरा को आगे बढ़ाया। वाग्भट के पुत्र का नाम तसीटाचार्य था। उन्होंने भी 'चिकित्सा कलिका' नामक एक ग्रंथ की रचना की थी। दुर्भाग्य से यह ग्रंथ भी अब उपलब्ध नहीं है। इस ग्रंथ में फूलों से चिकित्सा करने के बारे में बताया गया है। स्पष्ट किया गया है कि किस फूल की क्या विशेषता होती है और उसका क्या उपयोग किया जा सकता है?

होम्योपैथी में बहुत उपयोग किया गया है। वाग्भट के ग्रंथों का अरबी भाषा में अलबरूनी ने अनुवाद किया था।

ऋषि वाग्भट ने 'अष्टांग हृदयम' की रचना अपने समकालीन धन्वंतरि जी के आशीर्वाद से की थी। 'अष्टांग हृदयम' की रचना वाग्भट्ट जी ने उसी चिंतन शैली में की है जो हमारे अन्य आयुर्वेदाचार्यों की चिंतन शैली मानी जाती रही है। एलोपैथी में हम देखते हैं कि बहुत सी दवाओं का प्रयोग पशुओं पर किया जाता है और फिर वह मनुष्य मात्र के लिए उपयोगी मान ली जाती हैं।

इस प्रकार की मान्यता प्रारंभ से ही मूर्खतापूर्ण है। पशुओं की और मनुष्यों की कोई तुलना नहीं की जा सकती। परमपिता परमेश्वर ने जितने भी मनुष्य बनाए हैं उन सबकी प्रकृति अलग-अलग है। किसी के शरीर में कफ की प्रवृत्ति अधिक है तो किसी के शरीर में वायु या पित्त की अधिकता है। जैसी- जैसी जिसकी प्रकृति होती है उसे वैसे-वैसे ही उपचार की आवश्यकता होती है। आयुर्वेद वनस्पतियों में औषधीय तत्व खोजता है। कोई भी आयुर्वेदाचार्य एक ही औषधि को सब मनुष्यों पर लागू नहीं कर सकता विराम उसे पता है कि सबके शरीरों की प्रकृति अलग-अलग है। अतः जैसी-जैसी जिसकी प्रकृति होती है उसे वैसी-वैसी औषधि दी जाती है। यही कारण है कि आयुर्वेदाचार्यों के द्वारा दी जाने वाली कोई भी औषधि शरीर में कोई नई व्याधि उत्पन्न नहीं करती। जबकि हम देखते हैं कि एलोपैथी में जितनी भी दवाइयां हैं वे सब लोगों पर समान रूप से लागू कर दी जाती हैं। एलोपैथिक दवाइयों को लेने के पश्चात अक्सर यह देखा गया है कि शरीर में कोई नई व्याधि उत्पन्न हो जाती है।

यह अच्छी बात है कि वाग्भट और उन जैसे अन्य आयुर्वेदाचार्यों के द्वारा डाली गई चिकित्सा प्रणाली को दक्षिण भारत के कई विद्यालयों में आज भी पढ़ाया जाता है। इसके अतिरिक्त आयुर्वेद से संबंधित कई ग्रंथों को आर्य समाज के गुरुकुलों में भी विद्यार्थियों को पढ़ाया जाता है। जिससे आयुर्वेद की विद्या को सुरक्षित रखने में सफलता प्राप्त हो रही है। आजकल जिस प्रकार लोग भारत की वैदिक परंपराओं की ओर लौट रहे हैं और अपने खानपान, आचार-विचार, आहार-विहार पर ध्यान देने की का प्रयास कर रहे हैं, उससे यह कहा जा सकता है कि आने वाला समय भारत का होगा। जिसमें ऋषि वाग्भट और उन जैसे सभी आयुर्वेदाचार्यों के पीछे-पीछे सारा विश्व समाज चलेगा। निश्चित रूप से वह समय भारत के विश्व गुरु बनने का समय होगा।

विद्वानों की इस मान्यता को हमें स्वीकार करना ही चाहिए कि **"आयुर्वेद सनातन नित्यनूतन शास्त्र है। ऋषियों ने सभी प्रकृति के मानवों, पशु-पक्षियों, जीव-जंतुओं में अनेकानेक औषधों के प्रयोग-ज्ञान को जाना है और उसे सभी जीवों के हित के लिए संकलित किया है। आयु व आरोग्य के लिए केवल आयुर्वेद ही पूर्ण उपाय है।"**

❐

अध्याय-19

महान आयुर्वेदाचार्य ऋषि जीवक

महात्मा बुद्ध के जीवन काल में जीवक नाम के एक महात्मा रहते थे। आयुर्वेद के महान ज्ञाता जीवक उस समय के एक महान चिकित्सक माने जाते थे। अनेक असाध्य रोगों की चिकित्सा उनके पास उपलब्ध थी। इसके उपरांत भी बड़ी बात यह थी कि धन, कोठी, कार, बंगला की उन्हें कोई किसी प्रकार की इच्छा नहीं थी। चिकित्सा को सेवा का एक माध्यम मानकर बड़ी सादगी और विनम्रता के साथ लोगों का उपचार करते थे- जीवक। अपने व्यवसाय के प्रति समर्पण के इस पवित्र भाव ने ही उन्हें यश और कीर्ति से मालामाल कर दिया था। इसी में उन्हें संतोष था।

यह भी एक संयोग ही था कि जीवक की माता उस समय पाटलिपुत्र की एक प्रमुख गणिका हुआ करती थीं। उस समय भारत वर्ष में जातिवादी प्रथा नहीं थी। कर्म के आधार पर लोग व्यक्ति का मूल्यांकन किया करते थे। यही कारण था कि जीवक की माता क्या करती थी? इस पर लोगों ने कभी ध्यान नहीं दिया। उन्होंने जीवक की विद्वता और अपने कर्म के प्रति समर्पण के उनके भाव को सदा सम्मान दिया।

सत्कर्म करो, सत्कर्म करो-कर्म ही प्रबल है जग में।।
कर्म के कारण पूजा जाता जो भी जन जन्मा जग में।

कहा जाता है कि जीवक की माता ने उन्हें जन्म लेते ही कूड़ेदान में फेंक दिया था। इसका कारण यही रहा होगा कि माता को लोक लाज का डर सताया होगा। एक नवजात शिशु के इस प्रकार कहीं कूड़े के ढेर में पड़े होने का समाचार लोगों ने राजकुमार अभय को दिया। राजकुमार अभय बहुत ही धर्म प्रेमी थे। उन्हें जैसे ही किसी नवजात शिशु के इस प्रकार कूड़ेदान में पड़े होने का समाचार मिला तो उन्होंने उस शिशु को अपने राजगृह में मंगवा लिया। राजकुमार ने उस शिशु का नाम जीवक रखा और उसके लालन-पालन का पूर्ण ध्यान रखते हुए उसे वे सभी

सुविधाएं उपलब्ध कराई गईं जो एक शिशु के लिए अपेक्षित होती हैं। राजकुमार अभय ने जीवक नाम के बालक के लालन-पालन में किसी प्रकार की कमी नहीं छोड़ी।

बालक जीवक को जब अपने जन्म के विषय में जानकारी हुई कि वह किसी गणिका के पुत्र हैं और उन्हें जन्म के समय उनकी मां ने किसी कूड़ेदान में फेंक दिया था तो उन्हें राजगृह में रहते हुए लज्जा अनुभव होने लगी। यद्यपि राजकुमार की ओर से उनका भली प्रकार लालन-पालन किया जा रहा था, पर जीवक को वहां रुकना उचित नहीं लग रहा था। यही कारण था कि एक दिन वह बिना किसी को बताए राजमहल को छोड़कर चले गए।

उस समय तक्षशिला ज्ञान विज्ञान के केंद्र के रूप में अपना कीर्तिमान स्थापित कर रहा था। बालक जीवक ने भी तक्षशिला विश्वविद्यालय के बारे में बहुत कुछ सुन रखा था। उसके भीतर ज्ञान पिपासा थी, जिज्ञासा थी और कुछ कर गुजरने की विशेष प्रतिभा थी। ज्ञान पिपासा, जिज्ञासा और प्रतिभा-ये किसी भी व्यक्ति को चैन से नहीं बैठने देती हैं। ये व्यक्ति को पंख लगाती हैं और उसे ऊंची उड़ान भरने के लिए प्रेरित करती हैं।

बालक जीवक प्रतिभा की उड़ान भर चुका था और अब उसे उसकी प्रतिभा की उड़ान के पंख तक्षशिला विश्वविद्यालय तक ले आए थे। वहां पर रहते हुए जीवक ने कई वर्षों तक निरंतर आयुर्वेद की शिक्षा ग्रहण की और गहन अनुसंधान करते हुए वे आयुर्वेद में पारंगत हो गये। निरंतर कई वर्ष तक विद्याध्ययन करते हुए अब जीवक की परीक्षा की घड़ी आ चुकी थी। उनके गुरु जी ने जीवक की परीक्षा के लिए एक विशेष शर्त रखी। गुरुजी ने कहा कि तक्षशिला के आसपास के जंगल में उगने वाली वनस्पतियों में से कोई ऐसी वनस्पति खोज कर लाओ जो किसी रोग की औषधि ना हो। गुरुजी की आज्ञा को शिरोधार्य कर जीवक ने एक योजन तक तक्षशिला के आसपास के जंगल को छान मारा। पर उन्हें कोई भी ऐसी वनस्पति नहीं मिली जो कि किसी रोग की औषधि ना हो या जो औषधीय गुणों से भरपूर ना हो।

वास्तव में प्राचीन काल में हमारे गुरुकुलों में दी जाने वाली शिक्षा में परीक्षा का यही आधार हुआ करता था। विद्यार्थियों के भीतर की प्रतिभा की जानकारी लेने के लिए गुरुजन कोई ना कोई ऐसी ही शर्त लगाया करते थे जिससे बच्चे के भीतर की पूर्ण प्रतिभा मुखरित होकर बाहर आए, अथवा उसकी जानकारी प्राप्त की जा सके। किसी भी विषय में 33% न्यूनतम अंक लेने के पश्चात उसे अगली कक्षा के लिए भेज देना परीक्षा का कोई उचित आधार नहीं है।

परीक्षा का आधार उचित है पड़ताल करो गहरी-गहरी।
मत बहको और मत बहकाओ बन बुद्धिमता के प्रहरी।।

जीवक ने लौटकर अपने गुरु जी को स्पष्ट शब्दों में बता दिया कि "गुरुजी! उन्हें पूरे जंगल में कहीं पर भी कोई ऐसी वनस्पति नहीं मिली जिसमें कोई न कोई औषधीय गुण ना हो।" गुरुजी

भी अपने इस मेधावी छात्र से यही सुनना चाहते थे। उन्हें अपने छात्र के मुख से ऐसे शब्द सुनकर असीम प्रसन्नता की अनुभूति हुई।

इसके पश्चात गुरु जी ने उन्हें परीक्षा में उत्तीर्ण घोषित किया। तत्पश्चात जीवक अपने गुरु जी से विदा लेकर साकेत अर्थात आधुनिक अयोध्या पहुंचे। तत्कालीन अयोध्या के एक सुप्रसिद्ध व्यापारी की पत्नी पिछले 7 वर्ष से असाध्य रोग से पीड़ित थी। जब उस व्यापारी को यह जानकारी हुई कि एक आयुर्वेदाचार्य इस नगर में पधारे हैं तो उन्होंने जीवक से अपनी पत्नी के उपचार के लिए निवेदन किया। जिसे उन्होंने सहर्ष स्वीकार कर लिया। उस व्यापारी की पत्नी का इससे पहले कई चिकित्सकों के द्वारा उपचार किया जा चुका था, पर किसी को भी उनके रोग पर विजय प्राप्त नहीं हुई थी। इसके विपरीत उसकी स्थिति और अधिक गंभीर होती जा रही थी। व्यापारी भी निराश हो चुका था।

जीवक ने उसने महिला का उपचार करना आरंभ किया और उसे शीघ्र ही पूर्णतया स्वस्थ कर दिया। उस समय जीवक के पास यात्रा के लिए न तो कोई साधन था और नहीं भोजन पानी आदि की व्यवस्था के लिए धन की व्यवस्था थी। उस व्यापारी ने अपनी पत्नी के सफल उपचार से प्रसन्न होकर जीवक को पर्याप्त धनराशि पुरस्कार के रूप में प्रदान की। व्यापारी ने जीवक को यात्रा के लिए रथ, दास और दासी देकर अपने यहां से पूर्ण सम्मान के साथ विदा किया।

अब जीवक ने अपने रथ को सीधे राजगृह की ओर दौड़ा दिया।

उन्हें राजकुमार अभय की दयालुता और उपकार भावना का रह रहकर स्मरण आता था। यही कारण था कि वह अब अपने प्राणदाता राजकुमार अभय से मिलकर उसके प्रति कृतज्ञता ज्ञापित करना चाहते थे। उन्होंने व्यापारी से प्राप्त सारे धन को राजकुमार अभय को सौंप दिया। उस समय राजकुमार अभय के पिता राजा बिंबसार भी गंभीर रोग से पीड़ित थे। उन्हें भी किसी योग्य चिकित्सक की आवश्यकता थी। यह एक शुभ संयोग ही था कि जिस समय राजा उस रोग से पीड़ित होकर जीवन की निराशा निशा में प्रवेश कर चुके थे उसी समय आशा की एक गहरी किरण के रूप में जीवक का राजगृह में प्रवेश हुआ। राजकुमार अभय ने जीवक को अपने पिता की भगंदर जैसी गंभीर बीमारी के विषय में बताया तो जीवक ने राजा बिंबसार का भी उपचार करना आरंभ कर दिया।

कहा जाता है कि जीवक ने राजा की गंभीर बीमारी का पता लगाकर उसके लिए एक लेप तैयार किया और राजा एक बार के लेप करने से ही स्वस्थ हो गए। राजा अपने आप को स्वस्थ देखकर अत्यंत प्रसन्न हुए। वह इस बात को लेकर आश्चर्यचकित भी थे कि जिस बीमारी को वह और उनके राजवैद्य तक असाध्य मान चुके थे, उसका सफल उपचार जीवक ने कर दिया था। राजा ने प्रसन्न होकर जीवक को उपहार में कई प्रकार के रत्न और आभूषण प्रदान किए। इसके साथ-साथ उन्हें अपना राजवैद्य और महात्मा बुद्ध का चिकित्सक भी नियुक्त कर दिया।

जीवक द्वारा जब राजा बिंबसार की सफल चिकित्सा की गई तो उनका यश दूर-दूर तक फैल गया। सर्वत्र उनकी कार्यनिष्ठा की चर्चा होती थी और आयुर्वेद के माध्यम से जिस प्रकार वह नि:स्वार्थ भाव से लोगों का उपचार कर रहे थे उसकी भी प्रशंसा सर्वत्र होने लगी थी। एक बार की बात है कि उज्जैन के राजा भी किसी अज्ञात और गंभीर बीमारी की चपेट में आ गए। तब उन्होंने भी अपनी इस गंभीर बीमारी के उपचार के लिए जीवक को बुला लिया। बताया जाता है कि उस राजा को घी से बहुत घृणा थी। जब जीवक ने राजा का उपचार करना आरंभ किया तो उन्होंने उनकी औषधि में घी का भी प्रयोग किया। स्वस्थ होने पर जब राजा को यह पता चला कि उन्हें औषधि में घी दिया गया है तो वह अत्यंत क्रुद्ध हुए। तब तक जीवक उस राजा के राजभवन से बाहर निकल चुके थे।

राजा ने अपने सैनिक भेजकर जीवक को बंदी बनाकर अपने समक्ष उपस्थित करने का आदेश दिया। सैनिकों ने राजभवन से दूर निकल चुके जीवक का पीछा किया और उसे पकड़कर बंदी बनाने में सफल हो गए। जिस समय सैनिकों ने जीवक को गिरफ्तार किया था उस समय वह बहेड़ा खा रहे थे। उन्होंने राजा के द्वारा भेजे गए सैनिकों को संकेत से बैठने का निर्देश दिया। सैनिकों को भी यह विश्वास था कि जीवक अब उनकी गिरफ्त से भागने वाला नहीं है। फलस्वरूप वे इस आशा से बैठ गए कि जैसे ही जीवक बहेड़ा खा लेगा तो वे उसे गिरफ्तार कर लेंगे। तब जीवक ने राजा के उन सैनिकों को भी बहेड़ा खाने के लिए दिया।

जीवक द्वारा दिया गया बहेड़ा खा लेने के पश्चात राजा के उन सैनिकों की स्थिति बिगड़ने लगी। सैनिकों को दस्त होने लगे और भयंकर पेट-दर्द से वह अत्यंत व्याकुल हो गए। उन्होंने आचार्य जीवक से प्राण-रक्षा की अपील करनी आरंभ की। सैनिकों को यह लग रहा था कि यदि उन्हें सही उपचार नहीं मिला तो उनके प्राण भी जा सकते हैं। जीवक ने उनकी बिगड़ी हुई स्थिति को सुधारने के लिए एक शर्त लगा दी।

जीवक ने कहा कि वे उन्हें स्वस्थ तो कर देंगे पर सैनिकों को उन्हें बिना गिरफ्तार किए ही अपने राजा के पास लौटना होगा। राजा के उन सैनिकों ने अपनी प्राण रक्षा के लिए जीवक की इस शर्त को सहर्ष स्वीकार कर लिया। जब जीवक ने यह समझ लिया कि अब यह सैनिक उसे गिरफ्तार नहीं करेंगे और चुपचाप अपने राजा के पास लौट जाएंगे तो उन्होंने उन सैनिकों को एक ऐसी औषधि प्रदान की, जिसके लेने से वे सैनिक तुरंत स्वस्थ हो गए।

उधर उज्जैन-नरेश जीवक की औषधि से पूर्ण स्वस्थ हो चुके थे। अब राजा को यह भी पता चल गया था कि उसने जीवक को गिरफ्तार करने के लिए सैनिकों को भेजकर अच्छा नहीं किया।

जब सैनिक राजा के पास लौटे तो उन्होंने भी राजा को अपने साथ बीती हुई घटना का सारा सच यथावत बता दिया। राजा को सैनिकों के साथ हुई घटना के बारे में सुनकर और भी अधिक

आश्चर्य मिश्रित प्रसन्नता हुई। सैनिकों से उनकी आपबीती सुनकर राजा को और भी अधिक पश्चात्ताप हुआ। तब प्रायश्चित के सागर में डूबे राजा ने उस अवस्था से उबरने के लिए बहुमूल्य वस्तुएँ जीवक को उपहारस्वरूप भेजीं। जीवक साधु स्वभाव के थे। उन्हें अपेक्षा से अधिक किसी भी वस्तु की आवश्यकता नहीं होती थी। एक वीतराग योगी की भांति वह जीवन जी रहे थे। जिसके चलते सांसारिक ऐश्वर्य और भोग सामग्री उन्हें अपनी ओर आकर्षित नहीं कर पाते थे।

वीतराग योगी जैसा जीवन जीवक जीता था।
अनुकूल पदारथ को ही खाता और पीता था।।

जीवक का यह सिद्धांत था कि वह पास कुछ नहीं रखते थे। यही कारण था कि उज्जैन के राजा ने जितने भर भी उपहार उनके लिए भेजे थे उन्होंने वे सभी उपहार महात्मा बुद्ध को भेंट कर दिए। महात्मा बुद्ध उस समय लोकोपकार का कार्य कर रहे थे। ऋषि जीवक ने उनके लिए यह सारे उपहार इसीलिए भेजे थे कि उनके पास जाने से इन सब का सदुपयोग हो जाना संभव था।

वे जानते थे कि अपेक्षा से अधिक वस्तुओं के संग्रह से उनमें मोह बढ़ता है जो कि विनाश का कारण बनता है।

ऋषि जीवक औषधीय चिकित्सा के साथ शल्य चिकित्सा में भी पारंगत थे। कहा जाता है कि एक बार महात्मा बुद्ध भी उदर रोग से गंभीर रूप से बीमार हो गए थे। तब इस महान आयुर्वेदाचार्य ने महात्मा बुद्ध के उदर रोग का भी उपचार किया था। उनके उपचार के उपरांत महात्मा बुद्ध भी पूर्णतया स्वस्थ हो गए थे। ऋषि जीवन की यह विशेषता थी कि वे निर्धन लोगों का निशुल्क उपचार किया करते थे और धनिक लोगों से प्राप्त धनराशि को वेब लोक कल्याण के लिए बांट दिया करते थे। राजा बिंबसार के पश्चात वे अजातशत्रु के भी राजवैद्य बने थे। यह भी मान्यता है कि आयुर्वेदाचार्य जीवक के प्रभाव में अजातशत्रु ने बौद्ध धर्म ग्रहण किया था। बौद्ध ग्रंथों और समकालीन साहित्य से यह भी पता चलता है कि जीवक बाल रोग चिकित्सा में भी निपुण थे।

निश्चय ही हमको अपने प्राचीन ऋषियों के जीवन से बहुत कुछ सीखने की आवश्यकता है।

❐

अध्याय-20

संसार के महान मनोचिकित्सक : पतंजलि

तन के साथ-साथ मन की चिकित्सा करना सचमुच बहुत बड़ी साधना का परिणाम होता है। भारतीय ऋषियों ने इस सत्य को बड़ी गहराई से समझा कि तन तभी रोग ग्रस्त होता है जब मन रोग ग्रस्त हो चुका होता है। **'मन के हारे हार है, मन के जीते जीत'**-इस सूक्ति के बड़े गहरे अर्थ हैं। मन की प्रसन्नता से तन मुखरित होता है, प्रफुल्लित और हर्षित होता है और मन में भरे हुए अनेक प्रकार के क्लेशों के कारण तन मुरझा-मुरझा सा रहता है। मन की पीड़ा या मन का हर्ष चेहरे पर दिखाई दे जाता है। यही कारण है कि हमारे देश के पतंजलि जैसे महान ऋषियों ने तन से पहले मन को स्वस्थ रखने और उसे कभी रोग ग्रस्त ना होने देने की दिशा में इतना बड़ा पुरुषार्थ किया कि उसकी ऊंचाई को संसार का कोई दूसरा 'पतंजलि' आज तक लांघ नहीं पाया है। यही कारण है कि राजा भोज जैसे परम विद्वान राजा ने महर्षि पतंजलि को तन के साथ-साथ मनो चिकित्सक की उपाधि से सम्मानित किया था।

मनोचिकित्सक पहले थे, ऋषि पतंजलि भारत के।
दुनिया के कोने-कोने में परचम लहराए भारत के।।

अष्टांग योग के जनक महर्षि पतंजलि एक प्रख्यात चिकित्सक और रसायन शास्त्र के आचार्य थे। उनके पिता का नाम अंगीरा और माता का नाम गोणिका था। महर्षि पतंजलि का जन्म 250 ईसा पूर्व माना जाता है, यद्यपि यह तिथि निर्विवाद नहीं है।

रसायन विज्ञान के क्षेत्र में अभ्रक, धातुयोग और लोग शास्त्र का परिचय कराने का श्रेय पतंजलि को जाता है। महर्षि पतंजलि का योग दर्शन 6 दर्शनों में से एक है। जिसे हिंदू समाज का प्रत्येक व्यक्ति बड़ी श्रद्धा से देखता है। मुसलमानों और अंग्रेजों के शासनकाल में भारतीय दर्शनों

की घोर उपेक्षा की गई। यही कारण है कि देश की बहुत बड़ी जनसंख्या अपने दर्शनों के अद्भुत ज्ञान विज्ञान से दूर हो गई। यद्यपि इस सबके उपरांत भी भारतीय जनमानस का विश्वास और श्रद्धा दर्शनों में निरंतर बनी रही। योग के जिन सूत्रों को महर्षि पतंजलि ने स्थापित किया है, वह सारे के सारे योग दर्शन के आधार स्तंभ हैं। मन की आंखों को खोलने और उन्हें तरोताजा रखने के लिए महर्षि पतंजलि का योग दर्शन बहुत महत्वपूर्ण भूमिका निभाता है। यही कारण है कि बड़े-बड़े विद्वानों ने मोक्ष की प्राप्ति के लिए महर्षि पतंजलि द्वारा निर्धारित योग दर्शन के अष्टांग योग को अपनाने पर बल दिया है। योग दर्शन के अष्टांग योग को अपनाने से जीवन स्वस्थ रहता है। व्यक्ति की दिनचर्या और जीवनचर्या सात्विक बनी रहती है और उसके मन में सात्विकता के भाव चौबीसों घंटे प्रवाहित होते रहते हैं। उन सात्विक भावों की सात्विक ऊर्जा से मनुष्य सतत ऊर्जावान बना रहता है।

महर्षि पतंजलि ने अष्टांग योग को मानव जीवन की उन्नति व प्रगति के लिए आवश्यक माना है। उसमें यम, नियम, आसन, प्राणायाम, प्रत्याहार, ध्यान, धारणा, समाधि का नाम सम्मिलित है। यह बहुत ही दुःखद है कि वर्तमान समाज में अष्टांग योग की इस प्रक्रिया की प्रारंभिक सीढ़ी अर्थात यम और नियम को लोगों ने पूर्णतया भुला दिया है। उसी का परिणाम है कि संसार में सर्वत्र अस्त व्यस्तता फैली हुई है। महर्षि पतंजलि के इस अष्टांग योग के मार्ग में से वर्तमान संसार ने आसन और प्राणायाम को कुछ सीमा तक ग्रहण किया है। कुछ लोग ध्यान को भी अपना रहे हैं। इसका परिणाम यह हुआ है कि संसार के लगभग 200 देशों में महर्षि पतंजलि के योग के माध्यम से लोग स्वास्थ्य लाभ ले रहे हैं। इसी से यह अनुमान लगाया जा सकता है कि यदि केवल योगासन और थोड़े से प्राणायाम को अपनाकर ही विश्व के लोग इतना बड़ा लाभ ले रहे हैं तो अष्टांग योग को पूर्णतया अंगीकृत करने से विश्व को कितना लाभ हो सकता है? योग के क्षेत्र में भारत की यह बहुत बड़ी क्रांति है। जिसका बहुत अधिक श्रेय बाबा रामदेव जी को जाता है। यह और भी सुखद बात है कि लोगों ने महर्षि पतंजलि के योग को अपने-अपने संप्रदायों की सीमाओं को तोड़कर अपनाया है। इससे पता चलता है कि हमारे ऋषि मनीषियों का चिंतन कितना सार्वकालिक और किस प्रकार सबको लाभ पहुंचाने वाला था?

योग क्षेत्र में क्रांति करके भारत ने लहराया परचम।
सर्वत्र धूम मची भारत की आभारी हुआ सारा जग।।

महर्षि पतंजलि ने जिन ग्रंथों की रचना की उनमें योग दर्शन विशेष रूप से उल्लेखनीय है। इसके अतिरिक्त उन्होंने महर्षि पाणिनि की 'अष्टाध्यायी' पर भी विशेष कार्य किया और उस पर टीका लिखी। जिसे महाभाष्य के नाम से जाना जाता है। पतंजलि का यह ग्रंथ व्याकरण से संबंधित है। इसे वर्तमान समाज का विश्वकोश कहकर भी संबोधित किया जाता है। इस ग्रंथ

के माध्यम से व्याकरण की जटिलताओं को समझने और उनके रहस्यों को सुलझाने में बड़ी सहायता मिलती है। महर्षि पतंजलि के योगसूत्र का अनुवाद भारत से बाहर भी कई भाषाओं में किया जा चुका है।

विश्वभर के लोग महामेधासंपन्न और अध्यात्म शक्ति के महानायक महर्षि पतंजलि की शिक्षाओं का लाभ उठा रहे हैं, निश्चय ही इससे हर भारतीय का सीना गर्व से चौड़ा हो जाता है। हिंसा तनाव और मानसिक स्तर पर बीमारी को झेल रहे विश्व समाज के लिए भारत के महान ऋषि पतंजलि के योग सूत्र पर आज के संपूर्ण भूमंडल पर सर्वाधिक शोध कार्य हो रहे हैं। लोगों ने मजहब के बंधन ढीले किए हैं और ऋषि पतंजलि की शरण में जाकर स्वास्थ्य लाभ लेते हुए वे भारतीयता की ओर मुड़ने के लिए प्रेरित हुए हैं। भौतिकवाद में डूब कर लोगों ने देख लिया है और इस डूबने का स्वाभाविक परिणाम अर्थात रोग शोक को भी उन्होंने गहराई से अनुभव कर लिया है। अब उन्हें अपने बिगड़े दिमागों को सुधारने की आवश्यकता अनुभव हो रही है। इन बिगड़े दिमागों को सुधारने की क्रिया प्रक्रिया यदि किसी व्यक्ति ने बताई है तो वह भारत के महर्षि पतंजलि ही हैं।

चित्त की वृत्तियों के निरोध करने से मानव मन प्रसन्नता अनुभव कर सकता है। इस संबंध में महर्षि पतंजलि योगसूत्र के समाधिपाद में कहते हैं-

अभ्यासवैराग्याभ्यां तन्निरोधः

(योगसूत्र- 1/12)

अर्थात- "अभ्यास और वैराग्य के द्वारा उन चित्तवृत्तियों का निरोध होता है।"

चित्तवृत्तियों का प्रवाह यद्यपि संसार के भूगोल से विपरीत दिशा में होना चाहिए अर्थात मनुष्य की आध्यात्मिक उन्नति की ओर होना चाहिए। पर संसार का सच यह है कि चित्त वृत्तियों का प्रवाह सांसारिक भोगों की ओर चल रहा है। इसी का परिणाम है कि संसार में सर्वत्र अशांति और कोलाहल है। इस प्रकार की भीतरी अशांति को और चित्त की वृत्तियों के इस प्रवाह को रोकने का नाम महर्षि पतंजलि की भाषा में 'वैराग्य' है। इसके लिए अभ्यास की आवश्यकता है। निरंतर अभ्यास करने से चित्त शांत होने लगता है। उसमें स्थिरता आने लगती है और मन एकाग्र होने लगता है। असंभव को भी संभव बनाने की शक्ति इसी अभ्यास में है। महर्षि पतंजलि कहते हैं-

तत्रस्थितौ यत्नोऽभ्यासः

(योगसूत्र- 1/13)

"चित्त की स्थिरता के लिए जो प्रयत्न करना है वह अभ्यास है।" चित्त (मन) जो स्वभाव से ही चंचल है उस चित्त को किसी एक ध्येय में स्थिर करने के लिये बारम्बार प्रयत्न करते रहने का नाम अभ्यास है।

कई उतावले लोग अभ्यास को 10-5 दिन की बात समझते हैं। 10-5 दिन में जब उन्हें कोई लाभ नहीं होता तो मन के पीछे भागते ऐसे लोग ध्यान को करने से पहले ही छोड़ देते हैं। हर व्यक्ति को आजकल एलोपैथिक ट्रीटमेंट चाहिए। अर्थात इस हाथ दवा लेना और उस हाथ सुधार होते देखना। इसके विपरीत आयुर्वेद और अष्टांग योग की साधना मन की बिगड़ी हुई दशा को धीरे-धीरे सुधारते हैं। जिसके लिए धैर्य की आवश्यकता होती है। कहने का अभिप्राय है कि अभ्यास में निरंतर श्रद्धा बनी रहनी चाहिए और धीरे-धीरे मन को शांत करने का यत्न करना चाहिए।

महर्षि पतंजलि ने कहा है-

स तु दीर्घकालनैरन्तर्यसत्काराऽसेवितो दृढ़भूमिः

(योगसूत्र- 1/14)

अर्थात- "वह अभ्यास दीर्घकाल तक निरन्तर। श्रद्धा पूर्वक सेवन अर्थात अभ्यास करते रहने पर ही दृढ़ अवस्था वाला होता है।"

अभ्यास के विषय में हमें यह ध्यान रखना चाहिए कि अभ्यास मानव के अंतः करण में पड़े करोड़ों जन्मों के संस्कारों को धोने की प्रक्रिया का नाम है। जहां करोड़ों-करोड़ों जन्मों का कीचड़ जमा हो, वहां कुछ दिनों में सफाई अभियान पूर्ण हो जाए, यह संभव नहीं है। इसके लिए दीर्घकालिक तैयारी करनी चाहिए और पूर्ण मनोयोग से श्रद्धा के साथ इस सफाई अभियान में जुट जाना चाहिए। नए संस्कार ना बनें अर्थात नई गंदगी जाकर इस हमारे अंत:करण को मलीन न करें, इस बात का पूरा ध्यान रखना चाहिए। यही कारण है कि हमारे ऋषि मनीषियों ने इस साधना के काल में ब्रह्मचर्य का पालन करने पर भी विशेष रूप से ध्यान दिया जोड़ दिया है।

यदि बात वैराग्य की करें तो महर्षि पतंजलि इस विषय में हमारा मार्गदर्शन करते हुए कहते हैं-

दृष्टानुश्रविकविषयवितृष्णस्य वशीकारसंज्ञा वैराग्यम्

(योगसूत्र- 1/15)

अर्थात- "देखे गये और सुने हुए विषयों में सर्वथा तृष्णा रहित चित्त की जो वशीकार नामक अवस्था है वह वैराग्य है।"

जब हम अपनी आँखों से इस संसार की भौतिक वस्तुओं जैसे धन, वैभव, एश्वर्य, कार, मकान, जमीन, राज, नौकरी इत्यादि के प्रति आसक्ति रहित हो जाते हैं और इसी प्रकार जब हम वेदों, उपनिषदों, प्राचीन आर्ष ग्रन्थों से स्वर्ग प्राप्ति, मोक्ष प्राप्ति, दिव्य लोकों का सुख इत्यादि सुने गए विषयों के प्रति कोई आसक्ति नहीं रखते हैं तब वैराग्य की स्थिति मुखरित होती है।

कहने का अभिप्राय है कि महर्षि पतंजलि ने वैराग्य और अभ्यास के माध्यम से मानव को जितेंद्रिय बनने की प्रेरणा दी है। यही वह अवस्था है जो भारत की सांस्कृतिक विरासत की सबसे मूल्यवान वस्तु है। यदि आज का संसार भारत की सांस्कृतिक विरासत की इस मूल्यवान वस्तु को अपना ले तो भारत के इस अनुपम ज्ञान को पाकर संपूर्ण संसार शांति प्राप्त कर सकता है।

हम कितने सौभाग्यशाली हैं कि जहां हमारे महर्षि पतंजलि ने इस आत्मिक विज्ञान को बहुत पहले समझ लिया था, वहीं उसे शेष संसार आज भी भारत से ही सीखने को लालायित है?

❑

अध्याय 21

आचार्य कपिल

भारत के 6 दर्शनों में सांख्य दर्शन का विशिष्ट स्थान है। इसके रचनाकार कपिल मुनि जी हैं। सांख्य दर्शन का अध्ययन करने से इस महान ऋषि के चिंतन और चिंतन की पवित्रता का सही-सही पता चल जाता है। महाभारत जैसे ग्रंथ में इस महान ऋषि को सांख्य के वक्ता के रूप में स्थान दिया गया है। इनकी महानता और महत्व को स्पष्ट करते हुए पुराणों में इन्हें अग्नि का अवतार और ब्रह्मा का मानस पुत्र भी कहा गया है। श्रीमद्भगवत के अनुसार कपिल विष्णु के पंचम अवतार माने गए हैं। मानस पुत्र होने का अभिप्राय है कि वे ब्रह्मा के समान मेधा संपन्न थे।

कपिल मुनि ने भारत की वैदिक संस्कृति के अनुसार चिंतन प्रकट करते हुए संसार का उपकार किया। कहा यह भी जाता है कि कपिलवस्तु का नाम कपिल मुनि जी के नाम पर ही रखा गया। इससे यह भी अनुमान लगाया जाता है कि कपिल ऋषि का जन्म स्थान कपिलवस्तु ही था। कुछ विद्वानों ने इतिहास के साथ अत्याचार करते हुए तिथि क्रम को बिगाड़ने का प्रयास किया है। जिसके फलस्वरूप कपिल ऋषि का जन्म ईसा से 700 वर्ष पहले लिखा गया है। हमारा मानना है कि यदि कपिल ऋषि के बारे में महाभारत में भी उल्लेख मिलता है तो उनका महाभारत युद्ध से अर्थात अब से सवा 5 हजार वर्ष पूर्व ही जन्म होना निश्चित होता है।

कपिल मुनि के नाम से, बसा कपिला धाम।
कपिलवस्तु कहते जिसे, दुनिया भर में नाम।।

सांख्य दर्शन तत्वज्ञान के द्वारा मोक्ष प्राप्ति करने का विधान करता है। यह दर्शन कर्मकांड के विपरीत ज्ञान कांड को महत्व देता है। श्वेताश्वर उपनिषद में सांख्य दर्शन के सिद्धांतों को लेकर ही विषय को प्रस्तुत किया गया है। सांख्य दर्शन में प्रकृति और पुरुष के बारे में स्पष्ट किया गया है कि प्रकृति सत, रज, तम-इन तीन गुणों से निर्मित होती है। त्रिगुण की साम्यावस्था को प्रकृति माना जाता है और इनके वैषम्य को सृष्टि कहा जाता है।

सत्यव्रत सिद्धान्तालंकार जी लिखते हैं- "गुण-गुणों में बरतते हैं-इसका क्या अर्थ है? शास्त्र के अनुसार जड़ प्रकृति में तीन गुण हैं- सत्व, रज और तम। इसी प्रकार चेतन मनुष्य में भी तीन गुण हैं- सत्व, रज और तम। हमारी सत्वगुणी प्रवृत्ति प्रकृति के सत्वगुणी विषयों में बरतती है, हमारी रजोगुणी प्रवृत्ति प्रकृति के रजोगुणी विषयों में बरतती है। हमारी तमोगुणी प्रवृत्ति प्रकृति के तमोगुणी विषयों में बरतती है। इस प्रकार हमारे गुण प्रकृति के गुणों में बरतते हैं, प्रकृति ही प्रकृति से खेलती है, मैं 'आत्मा' कर्त्ता रूप में कुछ नहीं करता, सब कुछ करने वाली प्रकृति है, वही करती है।"

प्रकृति का यह खेल बरबस चल रहा है, हम चाहें या न चाहें प्रकृति हम से जो चाहती है वही करवा रही है। स्वभाव अत्यन्त प्रबल है, वही सब कुछ कराता है मैं-आत्मा कुछ नहीं करता। जब यह ज्ञान हो जाता है जब मैं अपने को कर्म का करने वाला ही मानना छोड़ देता है, तब कर्म के फल में आसक्ति का प्रश्न ही जाता रहता है। मनवा मूर्ख है जो अपने आपको कर्त्ता मानकर व्यर्थ की घुड़दौड़ में लगा है।

मैं कुछ करता हूं नहीं, करता है कोई और।
मेरो मन मूरख भयो, मचा रहा घुड़ दौड़।।

सातवलेकरजी ने गीता की अपनी 'पुरूषार्थ बोधिनी' टीका में लिखा है- "कुम्हार मिट्टी से घड़ा बनाता है, रेता से क्यों नहीं बनाता? क्योंकि मिट्टी में घड़ा बनाने का गुण है, रेता में नहीं, कुम्हार ही घड़ा बनाता है, डॉक्टर क्यों नहीं बनाता? क्योंकि कुम्हार में घड़ा बना सकने का गुण है, डॉक्टर में यह गुण नहीं है। मिट्टी का गुण और कुम्हार का गुण मिलकर घड़ा बनता है, न सिर्फ मिट्टी के गुण से और न सिर्फ कुम्हार के गुण से घड़ा बन सकता है। इससे यह स्पष्ट होता है कि एक के गुण दूसरे के गुणों के साथ मिलकर यह संसार चल रहा है, इसमें मिट्टी कहे कि मैंने घड़ा बनाया या कुम्हार कहे कि मैंने बनाया-दोनों का यह अहंकार मिथ्या है। इसलिए समझदारी इसी में है कि कोई अपने को 'कर्त्ता' न समझे, कर्तव्य का घमण्ड त्याग दे और गुणों द्वारा गुणों के हेलमेल से यह सब हो रहा है- ऐसा माने और 'मैं' कर रहा हूं-ऐसा कहकर आसक्त न होवे।"

महर्षि कपिल यह स्पष्ट करते हैं कि हमें जो कुछ दिखाई दे रहा है वह सृष्टि में नया नहीं है। यह सब कुछ प्रकृति के पांच तत्वों से ही निर्मित है। जब तक प्रकृति अपनी साम्यावस्था में रहती है, तब तक यह सृष्टि शून्य में रहती है,जैसे ही प्रकृति में वैषम्य उत्पन्न होता है वैसे ही सृष्टि का निर्माण आरंभ हो जाता है। जब हम ईश्वर को सच्चिदानंद स्वरूप कहते हैं तो उसमें सत,चित, आनंद-यह तीन शब्द समाविष्ट होते हैं। 'सत' का अभिप्राय जड़ प्रकृति से है, 'चित' का अभिप्राय चेतन जीव से है और 'आनंद' का अभिप्राय ईश्वर से है। सत् के पास चेतन और आनंद नहीं हैं। जीव के पास सत् है पर आनंद नहीं है। इस प्रकार चेतन जीव में सच्चिदानंद का

एक गुण है दूसरा नहीं है, इसीलिए वह बीच में अटक और लटक रहा है। जबकि परमपिता परमेश्वर में सत, चित और आनंद तीनों हैं। इसीलिए उसको सच्चिदानंद स्वरूप कहा जाता है।

यजुर्वेद ने इसका वर्णन एक मंत्र में बड़े रोचक ढंग से किया है।

वहां पर कहा गया है कि :-

द्वा सुपर्णा सयुजा सखाया समान वृक्षम परिषष्वजाते।
तयोरन्य पिप्पलम स्वादवत्तनश्नन्नन्य अभिचाकशीति

(ऋग्वेद 1/164/20)

भावार्थ- 'दो पक्षी हैं। साथ साथ रहते हैं। परस्पर मित्रता भी है। एक ही वृक्ष पर दोनों का निवास है। उनमें से एक उस वृक्ष के फलों को भोग करता है। दूसरा फलों को न खाता हुआ अपने मित्र को अच्छी प्रकार देखता रहता है।'

इसलिए जीव जगत में आकर फंसता है, क्योंकि वह प्रकृति के भोग में पड़ जाता है। इसी कारण से जीव ईश्वर को भूल जाता है। रजस और तमस के कारण अंधकार में भटक जाता है।

इस मंत्र में जिन दो पक्षियों को बताया गया है, वह जीवात्मा और परमात्मा रूपी ही दो पक्षी है। जीवात्मा प्रकृति रूपी वृक्ष के फलों को भोगा करता है। परंतु परमात्मा भोक्ता नहीं है।वह सर्व दृष्टा रूप में हम सब को देख रहा है। जीव ही पाप पुण्य करता है। जीव ही पाप और पुण्य का कर्म भोग भोक्ता है। इसलिए जीव आत्मा साक्षी नहीं बल्कि परमात्मा साक्षी है। यद्यपि आचार्य कपिल अपने सांख्य दर्शन में ईश्वर को स्वीकार नहीं करते।

सांख्य दर्शन के आचार्य कपिल का कहना है कि प्रकृति जड़ है, पुरुष चेतन, प्रकृति कर्ता है, पुरुष निष्क्रिय। प्रकृति के मोहजाल में फंस कर मनुष्य यह अहंकार पाल लेता है कि जो कुछ हो रहा है उसे मैं कर रहा हूं। इसी से उस पर कर्म का बंधन अपना शिकंजा कस लेता है। पुरुष अपना बिंब प्रकृति में देखने का अभ्यासी हो जाता है। फलस्वरूप वह दुख भोगता है। संसार के इस मोह बंधन से और प्रकृति के मोहजाल से निकल जाना मनुष्य मात्र के जीवन का उद्देश्य है। इसके लिए आवश्यक है कि पुरुष निर्लिप्त भाव से रहने और जीवन जीने की कला में पारंगत हो। इसी को अज्ञान जनित कर्म बंधन से छूट जाना कहा जाता है। अपने आपको खोजना और अपने आप को पा लेना ही कैवल्य या मोक्ष है।

खोजो अपने रूप को, जपो नाम दिन रैन।
पालोगे निज रूप को, पड़ेगा मन को चैन।।

आज के संसार के लोग अज्ञान जनित कर्म बंधन में फंसे हुए मारामार कर रहे हैं।मोक्ष के बारे में सोचने तक का समय उनके पास नहीं है। इतने बड़े संसार में जब भौतिकवाद के कर्म बंधन में

फंसे हुए लोग पथभ्रष्ट और धर्म भ्रष्ट हुए दु:खों की एक अंधेरी सुरंग में जा रहे हों, और इसी को जीवन की सबसे बड़ी उपलब्धि मान रहे हो, तब पता चलता है कि आचार्य कपिल का ज्ञान इनके लिए कितना मूल्यवान हो सकता है?

आचार्य कपिल के अनुसार मोक्ष देने वाली शक्ति पुरुषोत्तम है।

इस पुरुषोत्तम को वैदिक वांग्मय में अन्यत्र परम पुरुष या ईश्वर कहा गया है।

सांख्य के विषय में हमें यह समझना चाहिए कि त्रिगुणात्मिका प्रकृति, पुरुष (परमात्मा और जीवात्मा) से भिन्न है, यह ज्ञान अथवा विचार ही 'संख्या' है। सांख्यशास्त्र के अनुसार पच्चीस तत्त्व हैं- प्रकृति, महत्तत्त्व, अहङ्कार, पञ्चतन्मात्र, ग्यारह इन्द्रियाँ, पञ्चमहाभूत और पुरुष। वास्तव में यह 25 तत्व ऐसे बीज हैं जिन्हें लेकर एक-एक शब्द पर ही एक विस्तृत लेख लिखा जा सकता है, कहिए कि पूरा ग्रंथ लिखा जा सकता है। इन सब तथ्यों को एक ग्रंथ में समाविष्ट करने वाले आचार्य कपिल को बारंबार नमन। हमें इस बात पर गर्व करना चाहिए कि ऐसा महान ऋषि हमारा पूर्वज है।

बीज में बरगद है, बस यही तो दर्शन है।
बीज नहीं तो कुछ नहीं, यह वेद का चिंतन है।।

❐

अध्याय 22

संसार के पहले कवि महर्षि वाल्मीकि

संसार के सबसे पहले कवि महर्षि वाल्मीकि हैं। जिन्होंने रामायण जैसा ग्रंथ लिखकर अपने नाम को अमर किया। वैसे तो परमपिता परमेश्वर की वेद वाणी भी काव्यमय है, पर उस काव्यात्मक धारा को संसार में सबसे पहले आगे बढ़ाने का कार्य महर्षि वाल्मीकि ने किया। उन्हें किसी जाति विशेष से सिद्ध करके देखना उनके साथ अन्याय करना होगा। वह एक ऋषि थे और ऋषि के रूप में ही उन्होंने अपने जीवन के सभी महान कार्य संपादित किए। उनकी विद्वत्ता और आध्यात्मिक ऊंचाई हम सबके लिए नमनीय और वंदनीय है। उनके द्वारा रचित 'रामायण' एक ऐसा ग्रंथ है जिसमें मानवता के समस्त आधारभूत तत्व केंद्रित हो साकार हो उठे हैं। इस ग्रंथ ने मानवता को जीवंत कर दिया है। अपने एक पात्र के माध्यम से उन्होंने संसार का मार्गदर्शन कर इस ग्रंथ को अमर बना दिया। क्योंकि जब तक मानव जाति है, तब तक रामायण के भीतर समाविष्ट किए गए मानवता के आधारभूत तत्व संसार का मार्गदर्शन करते रहेंगे।

तपस्वी बाल्मीकि ने उस समय नारद से पूछा था कि :-

कोन्वसमिन्साम्प्रतं लोके गुणवान्कश्च वीर्यवान्।
धर्मज्ञश्च कृतज्ञ सत्यवाक्यो दृढव्रत:।।1.1.2।।

"इस संसार में आज कौन ऐसा महान व्यक्तित्व है जो श्रेष्ठ गुणों, पराक्रम, धर्म, कृतज्ञता, सत्यता और व्रतों की दृढ़ता से युक्त रहता है?"

चारित्रेण च को युक्तस्वभूतेषु को हित:।
विद्वान: कस्मर्थश्च कश्चैकप्रियदर्शन:।।1.1.3।।

वह कौन है जो अच्छे आचरण से संपन्न है, सभी जीवित प्राणियों की भलाई के लिए दिया गया है, विद्या में सीखा है (सभी ज्ञात चीजों का ज्ञान), जो दूसरों को नहीं कर सकते हैं और विलक्षण रूप से सुंदर हैं?

आत्मवान्को जितक्रोधो द्युतिमान्कोऽनसूयकः।
कस्य बिभ्यति देवाश्च जातरोषस्य संयुगे॥1.1.4॥

कौन (पुरुषों में) आत्मसंयमित है? क्रोध को किसने जीता है? कौन प्रतिभा से संपन्न है और ईर्ष्या से मुक्त है? वह कौन है जिसके क्रोध करने पर शत्रु तो क्या देवता भी भयभीत हो जाते हैं?

इस वर्णन से स्पष्ट है कि महर्षि बाल्मीकि की कविता फूटना तो चाहती थी, पर वह किसी ऐसे पात्र को खोज रही थी जो उस समय लोक में यथार्थ में गुणी हो, वीर्यवान हो, धर्म के तत्व को जानने वाला हो, कृतज्ञ हो, सत्यवादी, दृढ़व्रती, चरित्र से युक्त हो, सबका हितकारी, विद्वान, समर्थ, सुंदर, आत्मवान, क्रोध पर विजय पाने वाला हो, इसके अतिरिक्त तेजस्वी और अच्छिद्रान्वेषी हो। उसे एक ऐसे पात्र की आवश्यकता थी जो जिसके युद्ध क्षेत्र में रोष से शत्रु तो क्या देवता भी भय खा जाएं?

महर्षि वाल्मीकि की खोज भारत की उस चिरंतन वैदिक संस्कृति के उस उच्चादर्श की ओर हमारा ध्यान आकृष्ट करती है जिसमें शस्त्र और शास्त्र के समन्वय के प्रतीक महान व्यक्तित्व को ही राष्ट्रनायक माना जा सकता है। मानवता का नेतृत्व करने के लिए जिन उच्चतम गुणों की आवश्यकता होती है, उनको महर्षि वाल्मीकि की इस जिज्ञासा में पढ़ा जा सकता है। हमारे ऋषियों के वैदिक दृष्टिकोण से यदि देखा जाए तो कोई भी मुस्लिम सुल्तान या बादशाह या अंग्रेज गवर्नर जनरल या वायसराय भारत के किसी वाल्मीकि का आदर्श नहीं हो सकता।

क्योंकि इनके भीतर एक भी ऐसा गुण नहीं है, जिसे किसी कवि के आदर्श पात्र में स्थापित करके देखा जा सकता हो।

जिन लोगों ने आदर्श गुणों से हीन किसी भी विदेशी सुल्तान या बादशाह या गवर्नर जनरल पर कविता लिखी है, उसने कविता की ऊंचाई का अपमान किया है। भारत के इस महान ऋषि के उस उच्च आदर्श को मिट्टी में मिलाने का प्रयास किया है जिसमें किसी भी गुणहीन व्यक्ति को कविता का पात्र नहीं माना जा सकता।

कोई भी राजा हो नहीं सकता राम समान इस दुनिया में।
राम अनोखे दिव्य पुरुष हैं, इस भूमंडल की बगिया में॥

महर्षि वाल्मीकि को आज के कवियों का आदर्श बनाने की आवश्यकता है। विशेष रूप से उन कवियों का जो रस श्रंगार में डूब कर समाज के युवा वर्ग को पथभ्रष्ट कर रहे हैं या जाति, क्षेत्र, वर्ग, संप्रदाय या भाषा आदि को लेकर लोगों में विखंडन और विभाजन को बल देने वाले किसी भी समाज विरोधी व्यक्ति पर जिनकी कविता फूटती है। महर्षि वाल्मीकि जी द्वारा श्री रामचंद्र जी को अपनी कविता का आदर्श पात्र बनाने की घोषणा करना इस बात का संकेत है कि यदि आपने किसी भी दृष्टिकोण से हीन, गुणहीन, मतिहीन और दिशाहीन व्यक्ति को अपनी कविता

का पात्र बनाया या माध्यम बनाया तो उसके ऐसे ही चिंतन का प्रभाव समाज पर पड़ेगा। जिससे समाज में अयोग्य लोगों का सम्मान होने लगेगा और योग्य लोग दुत्कार दिए जाएंगे।

... और आज यही हो रहा है।

महर्षि वाल्मीकि के बारे में किंवदंति है कि वह कभी अपने जीवन के आरंभिक काल में एक क्रूर डाकू हुआ करते थे और उस समय उनका नाम रत्नाकर था। अपने इसी कर्म में रत रहे रत्नाकर का एक दिन कतिपय प्रज्ञाचक्षु ऋषियों से साक्षात्कार हुआ। ऋषियों के उस साक्षात्कार से रत्नाकर के जीवन में आमूलचूल परिवर्तन आया और वे एक क्रूर डाकू से मानवता के हित चिंतक ऋषि बन गए। यद्यपि अब इस धारणा को भी बदलने का प्रयास किया जा रहा है कि महर्षि वाल्मीकि अपने जीवन के प्रारंभिक काल में एक रत्नाकर नाम के डाकू हुआ करते थे। ओमप्रकाश वाल्मीकि जैसे लेखक प्रमाणिक आधार पर यह स्पष्ट करने का प्रयास कर चुके हैं कि महर्षि वाल्मीकि अपने जीवन के प्रारंभिक काल में रत्नाकर नाम के डाकू नहीं थे।

मिथ्या धारणा बदल दीजिए, रत्नाकर नहीं डाकू थे।
सुसंस्कृत, दिव्यात्मा के स्वामी वेद ज्ञान के जादू थे।।

महर्षि वाल्मीकि जी ने रामचंद्र जी महाराज पर जितना लिखा है उसकी चर्चाएं तो अक्सर आज भी हमारे भारतीय समाज में होती रहती हैं और लोग उनके जीवन से प्रेरणा लेते रहते हैं। पर भरत का चरित्र भी अपने आप में बहुत ही अनुकरणीय है। उनके बारे में हमें विशेष जानकारी आर्यसमाज के उच्च कोटि के विद्वान स्वामी ब्रह्ममुनि जी की पुस्तक 'रामायण की विशेष शिक्षाएं' से मिलती है। वाल्मीकि जी ने भरत के शब्दों और उनके चरित्र को इतनी सजीवता प्रदान की है कि उन्हें पढ़ते हुए आंखों से अश्रुधारा बह चलती है। रामचंद्र जी महाराज जितने मर्यादित, धार्मिक और अपने से बड़ों के प्रति आदर व स्नेह से भरे हुए हैं उतने ही भरत भी इन गुणों से भरपूर हैं।

भरत को रामचंद्र जी के वनवास के पश्चात उनके मातुल गृह अर्थात ननिहाल से यह कहकर नहीं बुलाया गया कि उनके पिता का देहांत हो गया है और उनके भाई श्रीराम को वनवास मिल गया है अपितु उन्हें इन सारी बातों को गोपनीय रखकर किसी बहाने से बुलाया जाता है। जब भरत अयोध्या पहुंच जाते हैं तब उनके मंत्री गण उन्हें वस्तु स्थिति से अवगत कराते हैं और उनसे राज्यभार ग्रहण करने का निवेदन करते हैं। इस पर भरत प्रसन्न नहीं होते बल्कि इतने दुखी होते हैं कि अचेत होकर भूमि पर ही गिर जाते हैं।

महर्षि वाल्मीकि ने लिखा है-

'अभिषेक्ष्यति रामं तु राजा यज्ञं नु यक्ष्यते।
इत्यहं कृतसंकल्पो हृष्टो यात्रामयासिषम्।।'

अर्थात् मेरा पिता राजा दशरथ राम का राज्याभिषेक करने के हेतु राजसूय यज्ञ करेगा यह संकल्प मन में रखकर प्रसन्न होकर मैं अपने मातुल गृह से चला था। हाय! यह क्या हुआ?

यह है भरत की मर्यादा, विनम्रता और भाई के प्रति भक्ति भावना का प्रथम दृश्य। उन्होंने जिस प्रकार अपनी माता के प्रति कठोर शब्दों का प्रयोग किया, दासी मंथरा को भी कठोर शब्दों में लताड़ा, उनके उन शब्दों को सुनकर भी उनके प्रति हृदय श्रद्धा से भर जाता है। भाई के प्रति ऐसी ही भक्ति भावना और श्रद्धा का अभिप्रकटन भरत जीवन भर करते रहे। 'भाई भाई के प्रति द्वेष भावना रखने वाला न हो', वेद के इस आदेश को यदि किसी ने हृदय से स्वीकार किया है तो वह भरत हैं। जो संसार के हर उस भाई को भाई के प्रति यह संदेश देते हैं जो छोटी-छोटी बातों पर भाई से लड़ता झगड़ता है या भाई के अधिकार को छीनकर उस पर अपना अधिकार करने की चेष्टा करता है।

भरत ने अपने भाई श्री राम की अनुपस्थिति में उनकी खड़ाउओं को राज्य सिंहासन पर रखकर 14 वर्ष तक शासन किया। इन 14 वर्षों में एक पल भी ऐसा नहीं आया, जब उन्हें अयोध्या के राज्य का मोह आ गया हो। भाई का भाई के प्रति ऐसा गहरा अनुराग और समर्पण संसार के इतिहास में अन्यत्र मिलना दुर्लभ है। इस अनुराग, श्रद्धा और समर्पण को काव्यात्मक शैली में जिस उत्कृष्टता के साथ महर्षि वाल्मीकि ने प्रस्तुत किया है उससे उनकी योग्यता, हृदय की पवित्रता, निश्छलता और आध्यात्मिक क्षेत्र की उन्नति की चरमावस्था का बोध होता है।

ऐसा नहीं है कि महर्षि वाल्मीकि ने भरत को लेकर ही अपनी निश्छल भावाभिव्यक्ति दी है अपितु उन्होंने इस भावाभिव्यक्ति को हर उस स्थान पर पूरी विद्वत्ता के साथ प्रकट किया है जहां-जहां भी इसकी आवश्यकता अनुभव हुई है। रामायण के प्रत्येक पात्र को उसकी गरिमा के अनुसार शब्द देने में महर्षि वाल्मीकि सफल सिद्ध हुए हैं। उसी का परिणाम है कि रामायण एक इतिहास संबंधी ग्रंथ होकर भी हमारे लिए इतना पूजनीय बन गया कि उसे भारतवर्ष का प्रत्येक वैदिक सनातन धर्मी अपने घर में रखना गौरव की बात समझता है।

महर्षि वाल्मीकि ने संपूर्ण संसार को और संपूर्ण वसुधा के सभी लोगों को एक परिवार समझकर प्रेमपूर्ण संबंधों को सींचते रहने का अनुपम संदेश अपने 'रामायण' ग्रंथ के माध्यम से दिया है। उन्होंने यह भी स्पष्ट किया है कि जो व्यक्ति संसार के पवित्र संबंधों में आग लगाता है या उन्हें नष्ट करने का प्रयास करता है, या उन्हें कलंकित करता है या दूसरों के अधिकारों का हनन करके उस पर अपना अवैध कब्जा करता है, वह संसार के लिए रावण बन जाता है। इसके विपरीत जो व्यक्ति दूसरों के अधिकारों को दिलाने का काम करते हुए उनका रक्षक बन जाता है, वह भगवान श्रीराम बन जाता है। इस अनुपम संदेश के कारण बाल्मीकि जी हमारे लिए श्रद्धा के पात्र हैं। समाज के क्षेत्र में उनका यह वैज्ञानिक दृष्टिकोण हमारे लिए कल भी लाभप्रद था, आज भी लाभप्रद है और आगे भी उस समय तक लाभप्रद रहेगा जब तक यह सृष्टि चल रही है।

❑

अध्याय-23

संसार के सबसे पहले संपादक व्यास

संसार के सबसे पहले ग्रंथ संपादक, धर्म के मर्मज्ञ, महान राजनीतिज्ञ और महान कवि के रूप में व्यास जी का नाम अग्रगण्य है। उनकी विलक्षण प्रतिभा भारत की विरासत है।

भारत के इतिहास लेखकों ने 'भारत को समझो' के स्थान पर 'भारत को भुलाओ' अभियान चलाकर उनकी पूर्णतया उपेक्षा की गई है। व्यास जी ने अपनी गहरी साधना और तपस्या से वेदों का व्यास निकाला और समझा अर्थात उन्होंने वेद विद्या को हृदयंगम किया और उसी के अनुसार संसार की व्यवस्था को बनाने का अथक परिश्रम किया। उस समय संपूर्ण भूमंडल पर उनकी विद्वत्ता की धाक जमी हुई थी। वेदों का व्यास निकालने समझने के कारण ही उन्हें संसार का सबसे पहला संपादक कहा जा सकता है।

संसार के पहले संपादक हैं व्यास ऋषि जी भारत के।
अनुपम सेवा की मानवता की, बिना किसी स्वारथ के।।

हमें यह भी ध्यान रखना चाहिए कि व्यास जी के समय तक वेदों की रचना कहीं सुव्यवस्थित ढंग से लिखी हुई नहीं थी, श्रुति परंपरा के अनुसार वेदों का ज्ञान आगे बढ़ रहा था। श्रुति परंपरा में मंत्रों का इधर-उधर होकर बिखर जाना स्वाभाविक है। बस, इसी काम को उन्होंने अपने महान संपादन के द्वारा एक स्वरूप प्रदान किया। इसी प्रकार की अपनी ज्ञान परंपरा को बढ़ाते हुए उन्होंने विभिन्न संहिताओं का निर्माण किया। वेदों का वर्गीकरण करने का भी महान कार्य उन्होंने ही किया।

इस प्रकार भारतीय संस्कृति को सुव्यवस्थित स्वरूप प्रदान कर उसके संपूर्ण ढांचे को परिमार्जित करने का महान कार्य महर्षि वेदव्यास जी ने संपादित किया। उनके इस महान कार्य के लिए आर्य जाति ही नहीं प्रत्युत मानव जाति भी उपकृत है। वास्तव में आर्य जाति और मानव जाति दोनों एक दूसरे की पूरक हैं। आर्य होने का अभिप्राय मानव होना है और मानव होने का अभिप्राय आर्य होना है।

व्यास जी का मूल नाम कृष्ण द्वैपायन था। इनके पिता पाराशर मुनि थे। कृष्ण जी इन्हीं के समकालीन हैं। उस काल में व्यास जी और श्रीकृष्ण जी ने भारतीय सांस्कृतिक परंपराओं की

क्षरण होती हुई व्यवस्था को पुनर्स्थापित करने का महान कार्य संपादित किया था। संसार के इतिहास के बारे में हमें ध्यान रखना चाहिए कि जब कोई भी संप्रदाय अर्थात ईसाइयत और इस्लाम जैसे मजहब संसार में नहीं थे, तब भी ऐसे अनेक लोग थे जो भारतीय सांस्कृतिक मूल्यों के विपरीत आचरण करते थे। जिन्हें हमारे पूर्वज 'अनार्य' कहकर संबोधित करते थे। ये अनार्य या अनाड़ी लोग वैदिक ऋषियों और आर्य भद्र पुरुषों से ईर्ष्या और द्वेष भाव रखते थे। कुल मिलाकर भारतीय संस्कृति को मिटाने के प्रयास प्राचीन काल से होते रहे हैं। इन प्रयासों का उत्तर देने के लिए परमपिता परमेश्वर ने अनेक महापुरुषों को समय-समय पर इस धर्म-धरा पर भेजा है।

परमपिता परमेश्वर की इस पवित्र व्यवस्था के अंतर्गत ही हमें 'महाभारत' के उस काल में व्यास जी और श्रीकृष्ण जी जैसे दो महापुरुष प्राप्त हुए। इन दोनों महापुरुषों पर भारत को ही नहीं, सारे संसार को गौरवानुभूति होती है। भारत के राष्ट्र निर्माता और संस्कृति रक्षक के रूप में इन दोनों का योगदान बहुत महत्वपूर्ण है।

भारत के निर्माता थे, वेदज्ञ, गुणी, संस्कृति रक्षक।
मिटाया राक्षस लोगों को बने थे जो धर्म के भक्षक।।

ऐसी मान्यता है कि व्यास जी राजा शांतनु की रानी सत्यवती की कुमारावस्था में उत्पन्न हुए थे। हम सभी जानते हैं कि शांतनु पुत्र विचित्रवीर्य जब युवावस्था में ही निसंतान मर गया, तब व्यास जी ने माता सत्यवती के आदेश का पालन करते हुए नियोग द्वारा उसकी विधवा पत्नियों अंबिका और अंबालिका से धृतराष्ट्र और पांडु को जन्म दिया था। उसी समय एक दासी के साथ भी उनका नियोग हुआ। जिससे विदुर नाम का महामेधा संपन्न विद्वान पुत्र जन्मा। धृतराष्ट्र, पांडु और महात्मा विदुर महाभारत के बहुत ही जाने-माने पात्र हैं, जिन पर अधिक प्रकाश डालने की आवश्यकता नहीं है। धृतराष्ट्र और पांडु के साथ साथ विदुर के पिता होने के कारण उन्हें कुरूवंश के राजपरिवार में विशेष सम्मान प्राप्त था।

यही कारण था कि जब-जब भी इस राजवंश में किसी प्रकार का पारस्परिक कलह बढ़ा या किसी और प्रकार की विशेष समस्या ने इस पर अपना जाल फैलाया तो ऐसी परिस्थितियों में व्यास जी को अपने हिमालय स्थित आश्रम से निकलकर राजपरिवार में आना पड़ा था।

महर्षि व्यास के द्वारा ही 18 पुराणों की रचना की गई बताई जाती है। हमारा मानना है कि उन्होंने 18 पुराणों को इतिहास के संदर्भ में ही लिखा होगा। इसका पता इस बात से भी चलता है कि उन्होंने महाभारत को भी बहुत संक्षेप में 'जय' नाम से लिखा था। कालांतर में इस 'जय' नाम के ग्रंथ को विशाल आकार देते देते विभिन्न लेखकों, संपादकों ने अपने-अपने काल में इसमें अनर्गल बातों को प्रवेश दिलाना आरंभ किया। जिससे महाभारत का आकार बढ़ता चला गया। इसी प्रकार व्यास जी ने वैज्ञानिक, तार्किक, बुद्धि संगत और सृष्टि नियमों के अनुकूल पुराणों की रचना की होगी। जिनमें उनकी मूल अवधारणा को समझाने के दृष्टिकोण से अवैज्ञानिक और अवैदिक बातों का प्रसार होता चला गया, जिससे पुराण भी विस्तार पा गए।

आज स्थिति यह है कि पुराणों को पढ़ते समय महर्षि व्यास जी के मूल आशय को समझने के लिए बहुत ही बौद्धिक परिश्रम की आवश्यकता है। यह भी संभव है कि ऋषि व्यास जी ने इन पुराणों का अपने काल में मात्र बीजारोपण ही किया हो। जिन पर उनके पश्चात लोगों ने अपने-अपने काल में नए-नए ढंग से विचार भवन बनाते बनाते उन्हें वर्तमान स्वरूप दिया है। ऐसे में वर्तमान पुराणों को व्यास द्वारा लिखित मानना उचित प्रतीत नहीं होता।

व्यास जी के द्वारा ही ऋग्वेद, यजुर्वेद, सामवेद और अथर्ववेद नामक 4 संहिताएं बनाकर उन्हें अपने पैल, वैशंपायन, जैमिनी और सुमंतु नामक चार शिष्यों में बांट दिया गया था। पुराणों में अनेक प्रकार के अवैज्ञानिक कथन,उपकथन आने के उपरांत भी हम सब भारतवासियों के लिए और विशेष रूप से सनातन की परंपरा में विश्वास रखने वाले लोगों के लिए व्यास जी का नाम बहुत ही सम्मानित है। इसका कारण केवल एक है कि वैशंपायन जी शुद्ध सनातन वैदिक वैज्ञानिक परंपरा के संवाहक थे। उन्होंने जहां वेदों का सत्य प्रकाश किया, वहीं अपने द्वारा लिखित अन्य ग्रंथों में भी वैदिक मत के अनुसार ही अपना चिंतन प्रस्तुत किया। उनके चिंतन से न केवल आज का भारत प्रत्युत उनके समय का वृहत्तर भारत लाभान्वित हुआ था, इसे यदि यह भी कहा जाए कि संपूर्ण संसार को उनकी चिंतनधारा से लाभ प्राप्त हुआ था तो भी कोई अतिशयोक्ति ना होगी।

उनके द्वारा लिखित महाभारत को पांचवा वेद कहा जाता है। महाभारत को दिए गए इस सम्मान से ही स्पष्ट हो जाता है कि मूल रूप में व्यास जी ने महाभारत को वैदिक दृष्टिकोण से लिखा। इसका अभिप्राय है कि उसमें ऐसा कोई भी चिंतन उन्होंने प्रस्तुत नहीं किया जो वेद विरुद्ध हो या सृष्टि नियमों के प्रतिकूल हो। वेद किसी भी प्रकार के पाखंड, अंधविश्वास या अवैज्ञानिकता को प्रोत्साहित नहीं करता। तब मूल रूप में व्यास कृत महाभारत भी इसी प्रकार का वेदसंगत ग्रंथ था। इस ग्रंथ के बारे में कहा जाता है कि "जो कुछ महाभारत में नहीं है, वह भारतवर्ष में कहीं नहीं पाया जा सकता।"

इस कथन से इस ग्रंथ के पावन चरित्र और इसके रचयिता वेदव्यास जी के विराट व्यक्तित्व का भली प्रकार पता चल जाता है। कृष्ण बल्लभ द्विवेदी जी इस ग्रंथ और ग्रंथ के रचयिता व्यास जी के बारे में लिखते हैं "वह अपने मानसाकाश की पृष्ठभूमि में विराट भाव से छाए हुए धर्म तत्व की निष्पत्ति के लिए यह उपयुक्त आधार की खोज में थे! इस कथा के रूप में वह मानो घर बैठे ही अपने कुल-परिवार में उन्हें मिल गया। तत्क्षण ही उनकी दृष्टि के आगे मृत्युंजय भीष्म, धर्म मूर्ति युधिष्ठिर,योगावतार श्रीकृष्ण, महावीर अर्जुन, परम त्यागी कर्ण, शक्ति मूर्ति भीम, कुलांगार दुर्योधन आदि आदि की रूप रेखाएं थिरक उठीं। फलस्वरुप उनकी प्रकांड प्रतिभा के स्पर्श से कौरव पांडवों की वह कलह कथा विराट महाकाव्य का उपादान बन गई, यही है- "महाभारत"।"

❐

अध्याय-24

एक अद्भुत शब्दशास्त्री : यास्काचार्य

'निरुक्त' और **'निघंटु'** के रचयिता महर्षि यास्क भारत के ही नहीं विश्व के एक अद्भुत शब्दशास्त्री के रूप में प्रसिद्ध हैं। आजकल विद्यालयों के पाठ्यक्रम से यास्क आचार्य जैसे विद्वानों को बहुत दूर कर दिया गया है और भाषा को केवल अभिव्यक्ति का माध्यम मान लिया गया है। फिर चाहे वह कितनी ही गरिमाहीन और टूटी फूटी क्यों ना हो? आजकल के तथाकथित शिक्षा शास्त्रियों के द्वारा किए जा रहे इस प्रकार के आचरण से भाषा की गरिमा को ठेस पहुंची है। इसके साथ-साथ भाषा की वैज्ञानिक परंपरा भी बाधित हुई है। हमारे देश में जिस प्रकार हिंदी भाषा आजकल के तथाकथित शिक्षा शास्त्रियों के इस प्रकार के अत्याचार का शिकार हुई है, वह तथ्य किसी से छुपा नहीं है।

महर्षि यास्क ने **'निरुक्त'** और **'निघंटु'** के माध्यम से शब्द की अर्थ मीमांसा को प्रकट करने का भागीरथ परिश्रम कर अपने नाम को अमर किया है। संसार की एक सामान्य धारणा है कि मनुष्य प्राचीन काल में जंगली रूप में घूमता था। उसका ज्ञान विज्ञान से किसी प्रकार का कोई परिचय नहीं था। इस प्रकार की अवधारणा को पश्चिमी जगत ने प्रमुखता से प्रतिपादित किया है। इसके विपरीत भारत की मान्यता रही है कि ईश्वरीय वाणी वेद को ग्रहण करने वाले मानव के आदि पूर्वज अर्थात अग्नि, वायु, आदित्य और अंगिरा नामक चार ऋषि ज्ञान-विज्ञान के सूर्य थे। यह परमपिता परमेश्वर द्वारा रची गई अमैथुनी सृष्टि थी। उसके पश्चात जब मैथुनी सृष्टि आरंभ हुई तो ज्ञान-विज्ञान की उस शुद्ध परंपरा को धीरे-धीरे जंग लगने लगा। इस प्रकार वेदों की परंपरा को मैथुनी सृष्टि के आरम्भ होने पर भी ऋषियों ने संभाल कर रखा, पर एक समय ऐसा आया कि वेदों के शब्दों का अर्थ लगाने के लिए उनकी व्याख्या की आवश्यकता पड़ने लगी। इसका कारण केवल एक था कि मानव का शुद्ध ज्ञान-विज्ञान तो यथावत था, परंतु उसके समझने वालों या समझाने वाला का धीरे-धीरे अभाव होने लगा। इससे पता चलता है कि मनुष्य जन्मजात ज्ञान-विज्ञान में निष्णात नहीं होता। उसे ज्ञान-विज्ञान में निष्णात होने के लिए संपर्क,संबंध और

माध्यम की आवश्यकता होती है। जिसके लिए आवश्यक है कि वह पूर्ण पारंगत गुरु का आश्रय प्राप्त करे।

जब मनुष्य जाति का ज्ञान-विज्ञान का मानसिक स्तर क्षीण होने लगा तो शब्दों के अर्थ की मीमांसा करने वाले विद्वानों की आवश्यकता अनुभव हुई। इन मीमांसाकारों ने अपनी विद्वत्ता के उत्कृष्ट प्रदर्शन के माध्यम से भारत की प्राचीन वैदिक ज्ञान परंपरा को यथावत बनाए रखने का प्रशंसनीय प्रयास किया। इसके लिए शब्दों की अर्थ मीमांसा करते हुए अनेक विद्वानों ने अलग-अलग कालखंड में अनेक **निघंटु** ग्रंथों की रचना की। **'निघंटु'** नामक इन ग्रंथों में से इस समय यास्क आचार्य जी का **'निघंटु'** ही प्राप्त होता है। महर्षि ने मानवता की अनुपम सेवा करते हुए अपने इस **'निघंटु'** नामक ग्रंथ को 5 अध्यायों में लिखकर संपन्न किया। इसमें वैदिक शब्दों की सूची प्रस्तुत की गई है। जिससे हम शब्दों का अर्थ समझने और उनका परस्पर संबंध स्थापित करने में सफल होते हैं।

निरुक्त में महर्षि यास्क के द्वारा अपनी महामेधा का परिचय दिया गया है। इस ग्रंथ के माध्यम से हमें न केवल महामेधासंपन्न भारत के अतीत के स्वर्णिम पृष्ठों को समझने का सौभाग्य प्राप्त होता है अपितु महर्षि यास्क की बौद्धिक क्षमता और उनकी वैज्ञानिक सोच व दृष्टिकोण का भी परिचय प्राप्त होता है। महर्षि यास्क द्वारा रचित **'निरुक्त'** नामक यह ग्रंथ विश्व का एक अनूठा ग्रंथ है। इस ग्रंथ के माध्यम से महर्षि यास्क ने उत्पत्ति के आधार पर वैदिक शब्दों का बहुत ही उत्तमता से और वैज्ञानिक दृष्टिकोण अपनाकर विश्लेषण करने में सफलता प्राप्त की है। इस क्षेत्र में उनके बौद्धिक स्तर को कोई छू नहीं सका है। महर्षि ने शब्दों के यथार्थ भाव और अर्थ की इतनी मनोहारी व्याख्या की है कि वह इस व्याख्या के माध्यम से अपने आप को और अपने इस ग्रंथ को भाषा विज्ञान-विषयक अनुसंधान का अनुपम ग्रंथ सिद्ध करने में सफल हुए हैं।

मनोहारी व्याख्या करी, रखा यथारथ भाव।
लिखा अनुपम ग्रंथ है, भर के मन में चाव।।

महर्षि ने अपने भाषा संबंधी ज्ञान को और भी अधिक प्रमाणिक व तार्किक बनाने के के लिए अपने से पूर्व के भाषा संबंधी आचार्यों के मत अथवा विचारों को भी प्रस्तुत किया है। जिनमें शाकटायन, गालव, शाकल्य, आग्रायण आदि के नाम विशेष रूप से उल्लेखनीय हैं।

यदि महर्षि यास्क जैसे आचार्यों की भाषा संबंधी वैज्ञानिक परंपरा को स्वतंत्रता प्राप्ति के पश्चात भी भारत के विद्यालयों के पाठ्यक्रम में स्थान दिया जाता तो भाषा में आ रहे विभिन्न प्रकार के दोषों को दूर किया जा सकता था। इस प्रकार की कार्य योजना की प्रस्तुति से भाषा और बोली का अंतर स्पष्ट करके भारत की राष्ट्रीय भाषा को वैज्ञानिक पुट दिया जाता। स्पष्ट है कि ऐसी स्थिति में हमारी राष्ट्रभाषा हिंदी के भीतर ऐसे सभी शब्दों को निकालने का भागीरथ

प्रयास किया जाता जिनका हिंदी और संस्कृत से किसी प्रकार का संबंध नहीं है, पर वह हिंदी साहित्य में अपना स्थान निरंतर बनाए हुए हैं। किसी भी नदी के प्रवाह में आए अवरोधों को स्थाई मान्यता देने का अर्थ होता है कि नदी की धारा को प्रभावित किया जा रहा है। इसी प्रकार भाषा में आए दोषों को काल प्रवाह की स्वाभाविक परिणति मानकर उसे प्रगति का प्रतीक मान लिया जाना भाषा सरिता के प्रवाह को दूषित-प्रदूषित करने का मानव का पाप पूर्ण आचरण ही माना जाना चाहिए।

अपनी भाषा में कहो, अपने मन की बात।
गर्व करो निज देश पर, मतना करियो घात।।

निश्चय ही इस प्रकार के पाप पूर्ण आचरण की एकमात्र औषधि महर्षि यास्क के **'निरुक्त'** और **'निघंटु'** को ही माना जाना चाहिए। यदि इसके उपरांत भी हम पश्चिम की किसी भाषा की व्याकरण को संसार की शुद्धतम वैज्ञानिक व्याकरण मानकर उसके आधार पर अपनी भाषा को भूलने या उसी विदेशी भाषा के शब्दों से भरने का प्रयास कर रहे हैं तो यह अपनी भाषा को मारने का आत्मघाती प्रयास ही माना जाना चाहिए। हम अपनी उदारता का प्रदर्शन करने के नाम पर किसी भी कूड़े करकट को स्वीकार करने की मूर्खता नहीं कर सकते। स्वागत कूड़े करकट का नहीं, नए और वैज्ञानिक विचारों का होना चाहिए। नए और वैज्ञानिक विचारों से पीठ फेरकर बैठना भी मूर्खता होती है। किसी भी प्रकार की रूढ़िवादिता को पकड़े रहना अज्ञानता का परिचायक है। उदारता दिखाते दिखाते हमने कूड़े करकट को तो स्थान दिया ही है, साथ ही हमने अपने महर्षि यास्क जैसे अनेक पूर्वजों को भी विस्मृति के गड्ढे में फेंक दिया है।

निश्चय ही अब इस प्रकार की प्रवृत्ति पर रोक लगाने का समय आ गया है।

❐

अध्याय-25

सुदर्शन चक्रधारी श्रीकृष्ण

जिस समय श्रीकृष्ण जी का जन्म हुआ उस समय कंस जैसा एक राक्षस इस धरती पर शासन कर रहा था। उसने अपनी बहन देवकी और उनके पति वसुदेव को ही कारागार में डाल रखा था। हम सभी जानते हैं कि कृष्ण जी के जन्म लेने से पूर्व वह कंस नाम का राक्षस कृष्ण जी के सात बहन भाइयों की हत्या कर चुका था। यह बहुत ही दुर्भाग्यपूर्ण बात थी कि श्रीकृष्ण जी के जन्म लेने से पूर्व तत्कालीन बड़े-बड़े राजाओं, वीर पुरुषों और क्षत्रियों को कंस के इस प्रकार के अत्याचार पूर्ण कृत्यों में किसी भी प्रकार का अधर्म दिखाई नहीं दिया। जबकि क्षत्रियों का जन्म धर्म की स्थापना के लिए ही होता है। जो लोग धर्म की हानि कर अधर्म के कार्यों में लगे रहते हैं, उनका विनाश करना क्षत्रियों का परम धर्म है।

परम धर्म है वीर पुत्र का, दुष्टों का संहार करे।
धर्मवीर बनकर के जग में रोशन कुल का नाम करे।।

इस प्रकार की परिस्थितियों से स्पष्ट है कि श्रीकृष्ण जी के समय क्षत्रिय लोग अपने धर्म से पतित हो चुके थे। इन्हीं परिस्थितियों को धर्मानुकूल करने के लिए श्रीकृष्ण जी ने अपने जीवन काल में महाभारत जैसा संग्राम रचवाया था। जब उन्होंने रण बीच खड़े होकर अर्जुन को गीता का उपदेश दिया और उससे कहा कि पार्थ! तू क्षत्रियों को अपने सामने खड़ा देख तो रहा है पर वास्तविकता यह है कि ये सब जीवित होकर भी मरे पड़े हैं, तू अपने क्षत्रिय धर्म का निर्वाह कर और अधर्म के पक्ष में खड़े हुए इन अधर्मी क्षत्रियों का विनाश कर धरती पर धर्म की स्थापना करने में मेरा सहायक बन, तो इसका अभिप्राय था कि अपने क्षत्रिय धर्म का यथासमय पालन न करने के कारण वे सभी क्षत्रिय अधर्मी हो जाने के कारण मर चुके थे।

मिल अधर्मी से करे, अधरम के जो काम।
मर जाए जीवित वह अपयश का लगे दाग।।

कहने का अभिप्राय है कि उनका शरीर तो चाहे बना हुआ था पर वास्तविकता यह थी कि उनका यशरूपी शरीर समाप्त हो चुका था। इसी की ओर संकेत करते हुए श्रीकृष्ण जी ने अधर्म का साथ दे रहे लोगों को जीवित होते हुए भी मृत ही कहा था।

श्रीकृष्ण जी ने राक्षसों के संहार के लिए और धर्म की स्थापना के लिए वैज्ञानिक रीति से सुदर्शन चक्र प्राप्त किया था। उन्हें योगेश्वर श्रीकृष्ण के नाम से भी जाना जाता है। इसका कारण केवल एक ही है कि उन्होंने अपनी दिव्य शक्तियों का दुरुपयोग पूरे जीवन भर कहीं भी नहीं किया। अपने सुदर्शन चक्र का प्रयोग भी उन्होंने राक्षसों के संहार के लिए ही किया। अत्यंत विषम परिस्थितियों में ही उन्होंने अस्त्र शस्त्रों के प्रयोग की बात कही थी। उनका पूरा जीवन अपने इसी आदर्श के प्रति समर्पित रहा कि धर्म की स्थापना हो, सज्जनों का कल्याण हो और दुष्टों का संहार हो। अपने इसी जीवनादर्श की प्राप्ति के लिए उन्होंने उस समय सज्जन शक्ति के कल्याण में विश्वास रखने वाली शक्तियों का संगठनीकरण किया और जो शक्तियां सज्जनों के अधिकारों का हनन करने के प्रति मौन हो चुकी थीं, उनके विनाश के लिए जीवन समर्पित किया।

मर्यादा धर्म की स्थापित हो, समूल नाश हो दुष्टों का।
सज्जन का कल्याण करो किया आवाहन मां के पुत्रों का।।

वास्तव में श्रीकृष्ण जी के पास रहने वाला सुदर्शन चक्र आज की विमान भेदी मिसाइलों या ऐसे ही उन हथियारों के जैसा था जो अपने लक्ष्य को बींधने की क्षमता रखते हैं। श्रीकृष्ण जी के सुदर्शन में इससे भी बढ़कर विशेषता थी कि वह अपने लक्ष्य पर निशाना साधकर और उसका विनाश करके ही लौटता था। जो भी लक्ष्य उसे श्रीकृष्ण जी दिया करते थे, उसे नष्ट करके ही लौटता था। इस सुदर्शन चक्र की यह विशेषता थी कि यदि लक्ष्य किसी ऐसे व्यक्ति या वस्तु के बारे में निर्धारित किया जाता था जो अपनी चलायमान अवस्था में होता था तो भी वह उसे नष्ट करके ही दम लेता था। इसके उपरांत भी इतिहास में कहीं एक भी ऐसा उदाहरण नहीं मिलता जहां श्रीकृष्ण जी ने उत्तेजित होकर किसी व्यक्ति को अपेक्षा से अधिक दंड देने का निर्णय लिया हो और अपने सुदर्शन चक्र का दुरुपयोग किया हो। वास्तव में ऐसा वही व्यक्ति कर सकता है जो शक्ति संपन्न होकर साधना संपन्न भी होता है।

जिसकी जितनी ऊंची साधना होती है वह उतना ही अधिक धीर, वीर, गंभीर होता है। शक्ति का दुरुपयोग न करना परमपिता परमेश्वर की न्यायप्रियता को प्राप्त कर लेना होता है। जैसे परमपिता परमेश्वर शक्ति संपन्न होकर भी किसी प्राणी को अनावश्यक दंड नहीं देते, वैसे ही धीर, वीर, गंभीर लोग भी छोटे-मोटे दुष्कृत्यों पर बड़ी सजा देने की बात तो छोड़िए उन्हें उनके किए का यथोचित दंड देने की परमपिता परमेश्वर की शक्ति को प्राप्त कर लेते हैं, इसीलिए लोग ऐसे महामानवों को भगवान कहने लगते हैं। श्रीकृष्ण जी को भी हमारे देश में भगवान इसीलिए कहा जाता है कि उन्होंने जीवन भर वही कार्य किए जो ईश्वर ने वेदविहित कर्मों के अंतर्गत मानव

मात्र के लिए नियत किए हैं। अपने सुदर्शन चक्र के प्रयोग से ही श्रीकृष्ण जी ने शिशुपाल का वध किया था।

श्रीकृष्ण जी के इस सुदर्शन चक्र की अद्भुत विशेषता थी कि वह देश-काल-परिस्थिति के अनुसार बड़ा या छोटा हो जाता था।

श्रीकृष्ण जी ने जयद्रथ वध के समय जब सूर्य को ढंकने का कार्य संपादित किया था, तब उन्होंने अपने सुदर्शन चक्र के माध्यम से ही यह कार्य किया था। श्रीकृष्ण जी ने यह कार्य पूर्णतया न्याय संगत ढंग से ही संपन्न किया था। उन्होंने अपने सुदर्शन चक्र का प्रयोग अदृश्य रूप में किया और ऐसी अनुकूल परिस्थिति बनाने तक ही उसका उपयोग किया कि केवल जयद्रथ को मारने में अर्जुन सफल हो जाए। जयद्रथ के अतिरिक्त अन्य किसी भी व्यक्ति को चोट न पहुंचे, इसके प्रति श्रीकृष्ण जी पूर्णतया सजग थे। इसके अतिरिक्त श्रीकृष्ण जी के पास ऐसी दिव्य शक्तियां अर्थात विज्ञान भी था, जिसके आधार पर वह समय को रोकने की शक्ति रखते थे। ऐसी शक्ति भी विज्ञान द्वारा शोधित उनके इसी दिव्य सुदर्शन चक्र में निहित थी। इसकी ओर आज के वैज्ञानिकों का ध्यान नहीं गया है।

हमारे कुछ ऋषि मनीषियों का मानना है कि सुदर्शन चक्र कोई वास्तविक भौतिक शस्त्र नहीं होता, अपितु यह एक ऐसा चक्र है जो अपने भीतर समय को बांधकर रख सकता है। योग भक्ति द्वारा ही इस प्रकार की शक्ति को कोई व्यक्ति प्राप्त कर सकता है। इस प्रकार यह अध्यात्म के द्वारा दिव्य शक्तियों के जागरण का प्रतीक है कहने का अभिप्राय है कि यह हमारी अध्यात्मिक शक्ति है जो समय को इस प्रकार बांध लेती है और बड़े-बड़े शत्रुओं को परास्त कराने में व्यक्ति की सहायता करती है। यद्यपि इस प्रकार की आध्यात्मिक विज्ञान से संपन्न शक्ति को प्राप्त करना हर किसी के वश की बात नहीं, इसे निश्चित रूप से कोई योगेश्वर श्रीकृष्ण ही प्राप्त कर सकता है। बस, अपने व्यक्तित्व की इसी अनोखी, अद्भुत और अविश्वसनीय योग्यता के कारण ही श्रीकृष्ण जी हम सबके लिए प्रातः स्मरणीय है।

भारत के इस महान सपूत और आप्त पुरुष के अतिरिक्त इस शक्ति को प्राप्त करने की क्षमता संसार के किसी अन्य व्यक्ति के पास आज तक उपलब्ध नहीं हुई।

❐

अध्याय-26

पूर्व मीमांसा के रचनाकार महर्षि जैमिनी

भारत की सांस्कृतिक विरासत में षड्दर्शनों का बहुत महत्वपूर्ण स्थान है। इनमें जिस दार्शनिक शैली में तत्व विवेचन किया गया है ज्ञान की प्रस्तुति की उस पराकाष्ठा के समक्ष संसार के अच्छे-अच्छे विद्वान पानी भर जाते हैं। इन षड्दर्शनों में सम्मिलित 'पूर्व मीमांसा' और 'उत्तर मीमांसा' को 'मीमांसा' के नाम से जाना गया है। इन दोनों दर्शनों में जिस प्रकार से वेदार्थ- विचार एवं धर्मतत्त्व-विवेचन किया गया है वह आज के प्रत्येक बुद्धिजीवी और दर्शन के जिज्ञासु विद्यार्थी को अवश्य पढ़ना चाहिए। इनके यथार्थ ज्ञान को हृदयंगम करने से अनेक प्रकार की भ्रान्तियों का निवारण होता है। महर्षि पाणिनि के अनुसार मीमांसा शब्द का अर्थ जिज्ञासा है। जिज्ञासा अर्थात् जानने की लालसा, इच्छा। वास्तव में जिज्ञासु होना जीवन की पंखुड़ियों को खिलाने की उत्कट अभिलाषा को प्रकट करता है। सर्वोत्कृष्ट को पाने के लिए सर्वोत्कृष्ट प्रयास की ही आवश्यकता होती है। हम इस बात के लिए अपने आप को बहुत अधिक सौभाग्यशाली मानते हैं कि हमारे पूर्वज अत्यंत जिज्ञासु प्रवृत्ति के थे। जिज्ञासा की उनकी इसी प्रवृत्ति के कारण उन्होंने अनेक प्रकार के आविष्कार किए और अपनी ज्ञान की पराकाष्ठा को प्राप्त कर सांसारिक उन्नति के साथ-साथ पारलौकिक उन्नति अर्थात मोक्ष भी प्राप्त किया। पूर्व-मीमांसा शब्द का अर्थ है जानने की प्रथम जिज्ञासा। इसके भीतर सोलह अध्याय समाविष्ट किए गए हैं।

जानने की इच्छा लेकर जो भी नर जग में जीता।
जीवन पंखुड़ी खिलती उसकी, वही अमृत को पीता।।

सृष्टि के प्रारंभ में जब परमपिता परमेश्वर ने मनुष्य को बनाकर धरती पर भेजा तो निश्चित रूप से उसके समक्ष सबसे पहली जिज्ञासा यही रही होगी कि अब वह क्या करे? इस प्रथम जिज्ञासा ने उसे अनंत की ऊंचाइयों को छूने के लिए प्रेरित किया। उसने अपने इस कर्तव्य (धर्म) को

पहचाना कि संसार में वह किस लिए आया है और उसे यहां आकर क्या करना है?

इस दर्शनशास्त्र का प्रथम सूत्र मनुष्य की इसी इच्छा का प्रतीक है। वैदिक धर्म में आस्था रखने वाले आर्य लोगों के अतिरिक्त संसार के जितने अन्य लोग हैं वह आज तक भी इस प्रकार की जिज्ञासा को पाल नहीं सके हैं कि यह संसार में क्यों आए और उनका यहां आकर क्या कर्तव्य (धर्म) बनता है? वे लोग कर्तव्य (धर्म) के स्थान पर किसी अपने आदर्श व्यक्तित्व को या अपने किसी मजहब विशेष को लक्ष्य बनाकर उसके लिए काम करने लगे। जिससे संसार में हिंसा और अपराध का बोलबाला हुआ।

पूर्व मीमांसा दर्शन के प्रवर्तक महर्षि जैमिनी माने गए हैं। इस ग्रन्थ में 12 अध्याय, 60 पाद और 2731 सूत्र हैं। महर्षि जैमिनि पूर्व मीमांसा दर्शन का शुभारंभ करते हुए कहा है :-

अथातो धर्मजिज्ञासा ।।

अब धर्म करणीय कर्म के जानने की जिज्ञासा है।

वेदविहित कर्म क्या हैं और वेद द्वारा निषिद्ध कर्म क्या हैं? बस, इन दोनों के बीच ही धर्म और अधर्म, कर्तव्य और अकर्तव्य का रहस्य छुपा हुआ है। वेद ने हमारे लिए जिन कर्मों को करणीय बताया है वही धर्म है और जिनको करने से निषिद्ध किया गया है, उन्हें अपनाना या करना ही अधर्म है। वेद ने हर उस कार्य को हमारे लिए करणीय माना है जो मानवता का हितसंवर्द्धन करता हो, मानवता का कल्याण करता हो और किसी भी प्राणी को कष्ट न देते हुए हमें जीवन जीने की प्रेरणा देता हो।

वेदविहित कर्मों को करना, निषिद्ध कर्म से दूर रहो।
धर्म-कर्म को करते-करते, आनंद से नित भरपूर रहो।।

विद्वानों का सुस्पष्ट मंतव्य है कि किसी विषय पर गहराई से किए गये विचार-विमर्श को मीमांसा कहते हैं। हमारे तत्वज्ञ ऋषियों का कहना है कि **मीमांसनं मीमांसा**। स्पष्ट है कि धर्म क्या है? इसको गहराई से समझना और समझाना ही पूर्व मीमांसा का मूल सार है। हमारे ऋषियों ने धर्म को हमारे जीवन का आधार बनाकर हमारे लिए स्थापित किया। ऐसा उन्होंने ईश्वर द्वारा उनके हृदय में की गई अंतः प्रेरणा के आधार पर किया। क्योंकि वह भली प्रकार जानते थे कि धर्म न केवल मनुष्य का जीवन आधार होगा अपितु वह जब तक सृष्टि रहेगी तब तक इस सृष्टि को सुव्यवस्थित करने का एक आधारभूत कारक भी होगा।

इस प्रकार धर्म सृष्टि की रीढ़ है। यदि धर्म को सृष्टि चक्र से निकाल दिया जाए तो सृष्टि एक इंच भी आगे चल नहीं पाएगी। महर्षि जैमिनी के अनुसार **"चोदनालक्षणोऽर्थो धर्मः"** अर्थात् वेद-वाक्य से लक्षित अर्थ, धर्म है। वेद धर्म ग्रंथ इसीलिए है कि वह हर पग पर धर्म की बात करता है। धर्म स्थापित रहे और सृष्टि चक्र सुव्यवस्थित ढंग से चलता रहे, सारे वेद ज्ञान का उद्देश्य यही है।

धर्म पर चलते चलते मानव, कर भगवन से प्यार।
डोर पकड़ ले, कर देगा भव से पार।।

यदि पूर्व मीमांसा में धर्म पर विचार किया गया है तो उत्तर मीमांसा में ब्रह्म पर विचार किया गया है। पूर्व मीमांसा के सूत्रों की रचना जैमिनी द्वारा की गई है। धर्म संबंधी अपने उत्कृष्ट चिंतन को अपनी मनन शक्ति के माध्यम से महर्षि जैमिनी ने जिस विद्वत्ता पूर्ण ढंग से हमारे समक्ष प्रस्तुत किया है, उनकी वह शैली वास्तव में वेद की शैली है, जो बीज रूप में बहुत बड़ी बात कह देते हैं। सृष्टि में सर्वत्र सूक्ष्म ही स्थूल का आधार है। हमारा शरीर भी देखने के लिए तो हड्डियों का ढांचा है, पर वास्तव में यह बिना हड्डियों वाले आत्मा के सहारे चलता है। यदि आत्म तत्व को इससे निकाल दिया जाए तो यह मिट्टी ही रह जाएगा। इसी तत्व दर्शन को समझकर हमारे ऋषि मनीषियों ने अपना समस्त चिंतन तत्व को केंद्र में रख कर दिया है। यही कारण है कि उनकी प्रस्तुति बहुत ही संक्षेप में अर्थात बीज रूप में प्रकट होती हुई देखी जाती है।

हमारे देश में प्राचीन काल से ही यह परंपरा रही है कि जिस ऋषि या किसी विद्वान व्यक्ति के द्वारा किसी ग्रंथ की या किन्हीं सूत्रों की रचना की गई है तो उस ग्रंथ को या उन सूत्रों को उसी ऋषि या विद्वान व्यक्ति के नाम से भी संबोधित किया जाता है। यही कारण है कि पूर्व मीमांसा दर्शन के सूत्रों के जैमिनि द्वारा रचित होने से इस दर्शन को **'जैमिनीय धर्ममीमांसा'** भी कहा जाता है। मानव जीवन को अपने परम लक्ष्य तक पहुंचाने के लिए अर्थात परम पद की प्राप्ति के लिए सीधा रास्ता दिखाने में पूर्व मीमांसा के दर्शनकार ऋषि जैमिनी का विशेष योगदान है। मीमांसा पर कुमारिल भट्ट के **'तन्त्रवार्तिक'** और **'श्लोकवार्तिक'** भी प्रसिद्ध हैं। मध्वाचार्य ने भी 'जैमिनीय न्यायमाला विस्तार' नामक एक भाष्य की रचना की है। मीमांसा शास्त्र में यज्ञों का भी विस्तृत विवेचन किया गया है। इसी विशिष्टता के कारण दर्शन को 'यज्ञविद्या' भी कहते हैं।

दर्शनकार ऋषि जैमिनी ने अपने इस शास्त्र को बारह अध्यायों में विभक्त किया है। जिस कारण यह मीमांसा 'द्वादशलक्षणी' भी कहलाता है। विद्वानों के दृष्टिकोण से यहां यह बात भी स्पष्ट कर देनी आवश्यक है कि "इस शास्त्र का 'पूर्वमीमांसा' नाम इस अभिप्राय से नहीं रखा गया है कि यह उत्तरमीमांसा से पहले बना। 'पूर्व' कहने का तात्पर्य यह है कि कर्मकांड मनुष्य का प्रथम धर्म है ज्ञानकांड का अधिकार उसके उपरान्त आता है।"

जहां तक विभिन्न यज्ञों की बात है तो हमें इसे इस प्रकार समझना चाहिए कि जब कोई बढ़ई किसी वृक्ष की लकड़ी को काटकर उसका सदुपयोग करते हुए घरेलू फर्नीचर कुर्सी, मेज आदि या दरवाजे-खिड़की आदि का निर्माण करता है तो वह अपने इस कार्य के माध्यम से एक प्रकार का यज्ञ ही करता है। इसी प्रकार कच्चे लोहे को लेकर योग्य वैज्ञानिक और शिल्पकार एक सुंदर सा कपड़ा सीने की मशीन तैयार कर देते हैं। इस मशीन के माध्यम से भी लोगों का कल्याण होता है। इस प्रकार लोहे से मशीन बनाना भी यज्ञ का ही एक रूप है।

❑

अध्याय-27

उत्तर मीमांसा के रचनाकार बादरायण व्यास

उत्तर मीमांसा या वेदांत दर्शन का प्रवर्तक महर्षि व्यास को माना जाता है। धर्म जिज्ञासा के उपरांत मनुष्य की दूसरी जिज्ञासा ब्रह्म जिज्ञासा की होती है। ब्रह्मसूत्र का प्रथम सूत्र इसी जिज्ञासा की ओर संकेत करता है-

अथातो ब्रह्मजिज्ञासा ।।

ब्रह्म के जानने की लालसा। ब्रह्म जिज्ञासा का अभिप्राय है कि इस जगत का कारण क्या है? हम कहां से उत्पन्न हुए हैं? कहां स्थित हैं? इस संसार में रहकर हमें सुख दुःख की अनुभूति क्यों होती है? जगत में जो कुछ भी दिखाई दे रहा है यह सब क्या है, और क्यों है? **'श्वेताश्वरोपनिषद्'** में भी इसी प्रकार की जिज्ञासा व्यक्त की गई है।

जगत का कारण क्या है जड़ में? हम क्यों आए हैं जग में?
दुःख की अनुभूति क्यों होती? भाव उठें जब ये मन में।
तब समझो ब्रह्म जिज्ञासा है, है उसे जानने की इच्छा,
क्या, क्यों, कैसे ये सारे, जिज्ञासा की तपन बढ़ाते हैं मन में।।

संसार में रहकर क्या करना है और क्या नहीं करना है? यह मनुष्य की पहली जिज्ञासा है। ब्रह्म जिज्ञासा को लक्ष्य में रखकर रचे गए इस वेदांत दर्शन में कुल 4 अध्याय हैं। इसके कुल सूत्रों की संख्या 555 है। मनुष्य को संसार की कीचड़ से निकालकर परमानंद के सागर में गोते लगाने की ओर खींचकर ले जाना और ब्रह्म का साक्षात्कार कराकर शांति अर्थात मोक्ष प्राप्त करा देना ही ब्रह्म जिज्ञासा का अंतिम उद्देश्य है। जब हमको यह अनुभव होने लगता है कि हम कीचड़ के प्राणी नहीं हैं, हम तो आनंदलोक के वासी हैं तो विवेक जागृत होने लगता है। इसके पश्चात

संसार रूपी कीचड़ से विरक्ति होने लगती है। मल, विक्षेप, आवरण समाप्त होने लगते हैं। सारे क्लेश मिटने लगते हैं। उनका संक्षेप होते-होते प्रक्षेप होकर विक्षेप हो जाता है। तब हमारे अंतर में बैठा हुआ ब्रह्म हमें स्वयं ही दिखाई देने लगता है। कहीं इसी को यक्ष कहा गया है तो कहीं इसी प्रकार के दूसरे नाम से संबोधित किया गया है।

कहने के लिए तो ब्रह्म का मिलना बड़ा सरल सा दिखाई देता है, पर व्यवहार में सच यही है कि इसे पाने के लिए अर्थात आत्मसाक्षात्कार करने के लिए बड़ी गहन साधना की आवश्यकता होती है। वेद का परम और अंतिम तात्पर्य इसी ब्रह्म की प्राप्ति कराना है, मोक्ष की प्राप्ति कराना है, यही कारण है कि उत्तर मीमांसा को हम वेदांत दर्शन के नाम से भी जानते हैं।

वेदस्य अन्त: अन्तिमो भाग इति वेदान्त:।। यह वेद के अन्तिम ध्येय और कार्य क्षेत्र की शिक्षा देता है।

वेदांत दर्शन को भारतीय अध्यात्मशास्त्र का मुकुट मणि माना गया है। हमारी सारी बाह्य प्रवृत्तियों को अंतर्मुखी करने की क्षमता हमें वेदांत से ही प्राप्त होती है। वेदान्त दर्शन के माध्यम से ही हमें प्रकृति, जीवात्मा और परमात्मा तीनों के अनादि होने का भेद पता चलता है। इनका ना कोई आदि है और ना कोई अंत है। इन तीनों को ही ब्रह्म भी कहा जाता है। जिसमें यह तीनों ब्रह्म समाविष्ट हैं, उसे परम ब्रह्म कहते हैं। वेदांत दर्शन में ईश्वर, जीव और प्रकृति तीनों का परस्पर संबंध क्या है और इन तीनों का स्वरूप क्या है? इस पर गहन चिंतन बीज रूप में व्यक्त किया गया है। ब्रह्म के शुद्ध स्वरूप को इस दर्शन के माध्यम से **'नेति नेति'** कहकर स्पष्ट किया गया है। बौद्धिक अंधकार और जड़ता को समाप्त कर मनुष्य को शुद्ध वैज्ञानिक दृष्टिकोण अपनाकर तत्वदर्शी बनाने की ओर आगे चलने का काम वेदांत दर्शन करता है।

ईश्वर, जीव और प्रकृति तीनों को ही अनादि माना है।
ना आदि इनका मिलता है ना अंत का कोई ठिकाना है।।

प्रकृति सतोगुण, रजोगुण, तमोगुण वाली है। इसीलिये इसे त्रिगुणात्मिका भी कहा जाता है। इसी सत, रज, तम को चिकित्सा क्षेत्र में प्रकारांतर से वायु, पित्त, कफ के नाम से जाना जाता है तो विज्ञान के क्षेत्र में इन्हें इलेक्ट्रॉन, न्यूट्रॉन और प्रोटॉन कहा जाता है। प्रकृति के सत, रज, तम तीनों गुणों का वर्णन वेदांत दर्शन में अर्थात उत्तर मीमांसा में किया गया है। वेदांत दर्शन के रचनाकार ने अपने इस दर्शन के माध्यम से हमें बताया है कि जीवात्मा जन्म-मरण के बंधन में क्यों आता है और किस प्रकार जन्म मरण के इस दु:ख भरे जंजाल से उसकी मुक्ति हो सकती है?

प्रकृति को ही हमारे यहां माया कहा जाता है। माया उसे कहते हैं जिसकी प्रतीति तो हो पर वास्तव में वह ना हो। प्रकृति अनेक रूप धारती है और हम देखते हैं कि उसके द्वारा धारण किए गए यह अनेक रूप समय आने पर नष्ट होते रहते हैं। इसके सारे रूपों की क्षणभंगुरता ही

इसे माया बनाती है। प्रकृति ही जगत का उपादान कारण है। इसे मिथ्या कहना भी उचित नहीं है। क्योंकि वास्तव में यह अपनी सत्ता बनाए रखती हैं। परमपिता परमेश्वर सच्चिदानंद स्वरूप है। सच्चिदानंद शब्द सत चित और आनंद से बना है। प्रकृति में सत् है, जीव में चेतन और सत् दोनों हैं। जबकि ईश्वर में सत्, चित और आनंद तीनों हैं। प्रकृति में चेतन और आनंद नहीं हैं, इसी प्रकार जीव में सत और चित तो हैं, पर आनंद नहीं है। जीव प्रकृति और ईश्वर के बीच में खड़ा है। अपने से हीन अर्थात प्रकृति की ओर उसे जाना ही नहीं चाहिए। इसीलिए उसका लक्ष्य परमपिता परमेश्वर की प्राप्ति है। ब्रह्म का साक्षात्कार ही ईश्वर की प्राप्ति और आनंद की प्राप्ति है।

डॉ. राधाकृष्णन ने लिखा है कि यह जगत मिथ्या नहीं है, ना ही इसका ढांचा स्वपन के समान है, यह वास्तव में अपनी विशेष सत्ता रखता है। **स्वामी दयानंद जी महाराज ने भी 'वेदांति ध्यान्तनिवारण' में लिखा है कि "जो जीव ब्रह्म हो तो जैसी ब्रह्म ने यह असंख्या सृष्टि करी है, वैसे एक मक्खी और मच्छर को भी जीव क्यों नहीं कर सकता? इससे जगत को मिथ्या और जीव ब्रह्म की एकता मानना ही मिथ्या है।"**

भारतीय दर्शन शास्त्री इस बात पर एकमत रहे हैं कि निमित्त कारण, उपादान कारण और साधारण कारण के चलते चराचर जगत का यह सब खेल चल रहा है। मिट्टी के पात्र बनाने वाला कुंभकार और मिट्टी दोनों मिलकर भी तब तक कोई नया पात्र नहीं बना सकते जब तक कि दंड और चक्र कुंभकार के पास ना हों। अतः नया घड़ा बनाने के लिए कुंभकार, मिट्टी और इनके साथ साथ दंड और चक्र का होना अनिवार्य है। नव निर्माण की इस प्रक्रिया में कुंभकार निमित्त कारण है, मिट्टी उपादान कारण है और दंड चक्र आदि साधारण कारण है। परमपिता परमेश्वर सृष्टि निर्माण में जहां निमित्त कारण है, वहीं प्रकृति उपादान कारण के रूप में जानी जाती है। जैसे बिना मिट्टी के कुंभकार कोई नया घड़ा नहीं बना सकता, वैसे ही बिना प्रकृति रूपी उपादान करण के परम पिता परमेश्वर भी सृष्टि रचना नहीं कर सकते। जो लोग यह कहते हैं कि बिना प्रकृति के ही सब कुछ बन गया, सृष्टि बिना कर्ता के बन गई, उनका यह तर्क ज्ञानी दर्शनाचार्यों की दृष्टि में निरंकुश बुद्धि का तर्क रहित दर्शन का निराधार प्रलाप मात्र है।

कुंभकार नहीं बना सकेगा बिन मिट्टी कोई पात्र।
कुंभकार बिन मिट्टी भी नहीं बन सकती है पात्र।।
कुंभकार है निमित्त यहां, और प्रकृति उपादान।
चक्र है साधारण कारण, ऐसा सही-सही जान।।

सृष्टि के संबंध में निमित्त कारण उसे माना जा सकता है जो स्वयं अदृश्य हो, अपरिवर्तनीय हो, कहीं दूर होकर भी निकट हो, छुपा होकर भी उजागर हो, जो निराकार हो, वह अपने इसी प्रकार के स्वरूप से दृश्य घटकों का निर्माण करता है। उपादान कारण उसे कहते हैं, जिससे

निर्माता किसी नवीन पदार्थ की रचना करता है, निर्माण करता है। उपादान कारण प्रकृति को माना गया है तो जीव को साधारण कारण माना गया है। इस प्रकार ईश्वर निमित्त कारण, प्रकृति उपादान कारण और जीव साधारण कारण के रूप में व्याख्यायित किया गया है।

ईश्वर, जीव और प्रकृति के इस स्वरूप की व्याख्या करने वाले वेदांत दर्शन के आचार्य बादरायण व्यास जी को शत-शत नमन।

❐

अध्याय-28

न्याय दर्शन के प्रवर्तक : महर्षि गौतम

न्याय दर्शन के प्रवर्तक ऋषि गौतम हैं। जिनका न्यायसूत्र इस दर्शन का सबसे प्राचीन एवं प्रसिद्ध ग्रन्थ है। अहिल्या इन्हीं की पत्नी का नाम था। इनके पुत्र का नाम शतानंद और पुत्री का नाम विजया था। न्याय दर्शन को सूत्रबद्ध और व्यवस्थित स्वरूप देने का श्रेय महर्षि गौतम को ही जाता है। महर्षि गौतम शस्त्र विद्या में और विशेष रूप से बाण विद्या में अत्यंत निपुण थे। माना जाता है कि उन्होंने अपने जीवन काल में धनुर्विद्या पर भी कोई ग्रंथ लिखा था।

'न्याय' को परिभाषित करते हुए कहा गया है-

नीयते विवक्षितार्थः सिद्धिरनेन इति न्यायः।

अर्थात- "जिस साधन के द्वारा हम अपने विवक्षित (ज्ञेय) तत्त्व के पास पहुँच जाते हैं, उसे जान पाते हैं, वही साधन न्याय है।"

ज्ञेय तत्व को खोजना, कहलाता है न्याय।
साधन अच्छे राखिए, पाना है यदि न्याय।।

कहने का अभिप्राय है कि जिसके द्वारा किसी प्रतिपाद्य विषय की सिद्धि की जा सके, जिसकी सहायता से किसी निश्चित सिद्धांत पर पहुंचा जा सके, दूध का दूध और पानी का पानी किया जा सके, उसी का नाम न्याय है। प्रमाणों के आधार पर किसी उचित निर्णय पर पहुंच जाना न्याय है। आज के न्याय शास्त्री भी उचित निर्णय पर पहुंचने के लिए किसी ना किसी प्रकार से महर्षि गौतम का ही अनुकरण करते देखे जाते हैं।

ऐसा नहीं है कि 'न्याय दर्शन' में हमारे महर्षि गौतम का ही मौलिक चिंतन काम करता रहा हो। उनसे पहले भी अनेक ऋषि महर्षि इस क्षेत्र में कार्य करते रहे, उनके बनाए सिद्धांतों और सूत्रों को भी महर्षि गौतम ने अपने लिए संग्रहणीय माना। कहने का अभिप्राय है कि अपने पूर्ववर्ती ऋषि महर्षियों के ज्ञान चिन्तन का लाभ लेकर महर्षि गौतम ने इस दर्शन की रचना की।

वास्तव में यह तर्कशास्त्र और ज्ञान मीमांसा है। महर्षि गौतम ने अपने समय में प्रचलित न्यायसूत्रों का प्रणयन किया। उन्होंने इस आन्वीक्षिकी को क्रमबद्ध कर शास्त्र के रूप में प्रतिष्ठित किया।

परमपिता परमेश्वर की बनाई हुई सृष्टि में जीवों के कर्मफल के आधार पर वह जिस प्रकार न्याय करते हैं, उसी को प्राकृतिक- प्रभु प्रदत्त न्याय कहा जाता है। इसे आज तक भी हम न्यायालयों में अधिवक्ता बंधुओं को कहते सुनते हैं कि प्राकृतिक न्याय के सिद्धांतों के आधार पर न्याय होना चाहिए। इसका अभिप्राय होता है कि न्याय करते समय जैसे ईश्वर तनिक भी पक्षपात नहीं करते और पक्षों के बीच न्याय करते हैं, उसी प्राकर पक्षपात शून्य स्थिति को प्राकृतिक न्याय का सिद्धांत कहा जाता है। जिसमें न्याय से इतर कुछ भी करने की संभावना ही नहीं होती।

पक्षपात शून्य हो, करो विवेक प्रयोग।
निष्कर्ष धर्म अनुकूल हो, इसको कहते योग।।

जिस प्रकार ईश्वर प्रदत्त अर्थात अपौरुषेय वेद वाणी पवित्र है उसी प्रकार न्याय दर्शन की वाणी भी पवित्र है। वेद की भांति इसमें भी कहीं दोष नहीं है। इसी से अनुमान लगाया जा सकता है कि महर्षि गौतम ने जिस समय न्याय दर्शन की रचना की होगी उस समय उन्हें इसके लिखने के लिए कितना बौद्धिक परिश्रम करना पड़ा होगा? उनका इस क्षेत्र में इतनी ऊंचाई को छूना भी किसी वैज्ञानिक की साधना से कम नहीं है। जिस प्रकार भगीरथ ने हिमालय की ऊंचाई पर अटकी-भटकी गंगा को शिव अर्थात हिमालय की जटाओं (पर्वत की ऊंची ऊंची चोटियों) से मैदान में लाकर बहाने का बड़ा भारी पुरुषार्थ किया था और उसे मैदान में लाकर आगे प्रवाहित होने के लिए स्वतंत्र छोड़ दिया था, उसी प्रकार न्याय दर्शन के सिद्धांतों को बड़े मनोयोग से सूत्रबद्ध ऋषि गौतम ने भी संसार के कल्याण के लिए आगे बढ़ने के लिए खुला छोड़ दिया। फलस्वरूप उनकी चिंतन धारा लोक कल्याण की भावना से प्रेरित होकर आगे बढ़ने लगी।

जब हम न्याय की बात करते हैं तो इसका अभिप्राय संसार भर के न्यायालयों में चल रही मुकदमेबाजी से ही नहीं होता है अपितु इसका संबंध हमारे आंतरिक जगत में चल रहे अंतर्द्वंद से भी होता है। अंतर्द्वंद, कलह-क्लेश, काम, क्रोध, मद, मोह, लोभ से मुक्ति प्राप्त करने में भी न्याय ही काम आता है। महर्षि गौतम ने न्याय दर्शन के प्रारंभ में ही स्पष्ट किया है कि 'प्रमाण, प्रमेय, संशय, प्रयोजन, दृष्टांत, सिद्धांत, अवयव, तर्क, निर्णय, वाद, जल्प, वितंडा, हेत्वाभास, छल, जाति और निग्रहस्थान-इन 16 पदार्थों के तत्व ज्ञान से मोक्ष प्राप्ति होती है।'

दुख, जन्म, प्रवृत्ति, दोष, मिथ्या ज्ञान में से उत्तर-उत्तर पदार्थों से छुटकारा पाने पर उनके पूर्व-पूर्व पदार्थों की निवृत्ति होने पर मोक्ष होता है।

जब मनुष्य तत्वदर्शी हो जाता है तो उस स्थिति में मिथ्याज्ञान नष्ट होने लगता है। अंधेरा छंटने लगता है। दूर का दिखाई देने लगता है। आंतरिक जगत में अत्यंत ही आनंददायक स्थिति की अनुभूति होने लगती है। जब मिथ्याज्ञान नष्ट होने लगता है तो दोषों से निवृत्ति होने लगती है अर्थात उनका अभाव होने लगता है।

अंधकार भगता दूर है, नष्ट हो मिथ्या ज्ञान।
भजन सफल होता तभी मिट जाता अज्ञान।।

महर्षि गौतम के न्याय दर्शन का प्रभाव महाभारत कालीन भारतीय राजनीति पर स्पष्ट दिखाई देता है। महाभारत में महर्षि गौतम के न्याय दर्शन के पंचावयव न्यायवाक्य का प्रयोग किया गया है। शान्तिपर्व में महर्षि व्यास ने युधिष्ठिर से कहा है कि प्रत्यक्ष आदि प्रमाण तथा प्रतिज्ञा आदि पञ्चावयव न्यायवाक्य प्रमेय की सिद्धि के लिए प्रयोजनीय हैं। इसी प्रकार महाराज युधिष्ठिर को जब भीष्म पितामह ने राजधर्म का उपदेश किया तो उन्होंने भी महर्षि गौतम के न्याय दर्शन के सिद्धांतों को स्पष्ट करते हुए युधिष्ठिर से कहा है कि प्रत्यक्ष, अनुमान, उपमान तथा आगम रूप न्यायदर्शन के प्रसिद्ध प्रमाणों से परीक्षित कर अपने तथा पराये की पहचान रखना आवश्यक है।

महर्षि गौतम ने अभाव से भाव की उत्पत्ति की बात कही है, इसी को बौद्धों ने शून्यवाद की संज्ञा दी है। तत्व ज्ञान की प्राप्ति में महर्षि गौतम परमाणु का विशेष स्थान होना स्वीकार करते हैं।

उन्होंने मनुष्य की भौतिक और आध्यात्मिक उन्नति के लिए भी न्याय सिद्धांतों को अनिवार्य माना है। यह सच भी है कि प्रत्येक क्षेत्र में उन्नति के इच्छुक व्यक्ति को न्यायशील होने और न्यायिक सिद्धांतों को अपनाने के प्रति गंभीर होना ही पड़ेगा। हम जितना ही अधिक अपने इतिहास के अनछुए पृष्ठों को देखने का प्रयास करते जाते हैं, उतना ही हमें एक से बड़ा एक अनमोल हीरा अपने अतीत के स्वर्णिम पृष्ठों पर बैठा हुआ और अपनी आभा से उन पृष्ठों को प्रकाशमान करता हुआ दिखाई देता है। ऐसे ही अनमोल हीरा न्याय दर्शन के प्रणेता आचार्य गौतम हैं, जिनकी कांति के समक्ष तत्कालीन समाज के सभी नैयायिक विस्मित होते दिखाई देते हैं।

उन्होंने अपने क्षेत्र में ऐसा कीर्तिमान स्थापित किया जिससे अभी तक कोई लांघ नहीं पाया है। यही कारण है कि वह विश्व पटल पर आधुनिक काल के सभी न्यायशास्त्रियों के लिए प्रेरणा का पुंज बने हुए हैं। उनकी कीर्ति अक्षुण्ण और अमर है। उनकी कृति सभी को मार्गदर्शन देने में सक्षम है। उनका व्यक्तित्व अनोखा और निराला है। जिसके समक्ष न्याय क्षेत्र में अभी तक भी कोई टिकने की क्षमता नहीं रख पाया है।

❐

अध्याय-29

संसार के सबसे पहले पत्रकार : महर्षि नारद

मन की गति को जो समझ ले और उस पर अधिकार करके जितनी तीव्रता से कहीं मन पहुंचने में सक्षम हो पाता है,उतनी तीव्रता से अपने आपको उस स्थान पर उपस्थित करा दे, उसे नारद कहते हैं। महर्षि नारद को संसार का सबसे पहला पत्रकार कहा जाता है। उन्हें पत्रकार की या नारद की उपाधि ऐसे ही नहीं मिल गई थी, इसके लिए उन्होंने घोर तपस्या की थी। सचमुच बड़ी गहन साधना के उपरांत मनुष्य को कहीं जाकर मन की गति पर अधिकार प्राप्त होता है। जिसे हमारे यहां योग दर्शन में ईश्वरप्रणिधान कहा गया है, उसे हमारे संस्कृति के महानायक राष्ट्रनिर्माता योगेश्वर श्रीकृष्ण जी द्वारा गीता में शरणागति कहा गया है। इसी को अनन्य भक्ति कहा गया है तो इसी को महर्षि दयानंद जी महाराज ने उपासना कहा है। जब किसी की अनन्य भक्ति ईश्वरप्रणिधान या शरणागति अथवा उपासना फलीभूत होती है तो उसे अनेक प्रकार के विशेषणों से लोग सम्मानित कर बोलने लगते हैं। कहने का अभिप्राय है कि अपनी अनन्य उपासना से जिस लोक में नारद जी ने जाने का आनंद उठाया उसी के फलस्वरूप लोगों ने उन्हें 'नारद' कहकर सम्मान के साथ संबोधित करना आरंभ किया।

देवर्षि नारद का नाम आते ही हमें ऐसा आभास होता है कि जैसे कोई दिव्य पुरुष की दिव्यात्मा धर्म के प्रचार और लोक कल्याण के कार्य में लगी हुई सर्वत्र भ्रमण कर रही है। सर्वत्र घूम-घूमकर यह देखना कि कहां धर्म की हानि हो रही है और कहां धर्म के अनुसार आचरण हो रहा है? यह किसी नारद का ही कार्य हो सकता है। इसके पीछे केवल घुमक्कड़ प्रवृत्ति ही कारण नहीं है, अपितु इसके पीछे लोक कल्याण की भावना धर्म के प्रचार-प्रसार की उत्तुंग हार्दिक पवित्रता और स्वसंस्कृति, स्वधर्म, स्वराष्ट्र और स्वराज्य की उपासना का डिंडिम घोष कार्य करता है। सर्वत्र सभी लोकों में निरुद्देश्य घूमना समय को नष्ट करना होता है, पर जब यह घूमना किसी उद्देश्य के साथ जुड़ जाता है तो इसके साथ सार्थकता स्वयं ही आकर खड़ी हो जाती है।

यदि कोई बच्चा भी निरुद्देश्य इधर-उधर घूमता है तो उसे भी परिवार के लोग आवारा कहने लगते हैं, इसलिए नारद जी जैसे महापुरुषों के विषय में, उनकी घुमक्कड़ी के विषय में सोचने से पहले यह समझ लेना चाहिए कि उनका घूमना किसी भी प्रकार की आवारागर्दी ना होकर संसार के कल्याण के पवित्र उद्देश्य के साथ जुड़ी हुई थी। उन्हें ऋषिराज के नाम से भी जाना जाता है क्योंकि वह मुनियों के देवता थे।

लोकसाधना होती ऊंची और लोक का ही चिंतन हो,
लोक का ही हो आराधन और पवित्र सारे साधन हो।
अनुराग धर्म से हो गहरा, संस्कृति का जो साधक हो,
नारद होता है वही जो लोकहित का सच्चा साधक हो।।

श्रीमद्भगवद्गीता के दशम अध्याय के 26 वें श्लोक में भगवान श्रीकृष्ण कहते हैं कि- "देवर्षीणाम् च नारदः। देवर्षियों में मैं नारद हूं" तो समझ लेना चाहिए कि नारद ऋषियों में कितना ऊंचा स्थान रखते हैं? अपने ज्ञानबल से नारद जी ने सब लोकों में पहुंचने की क्षमता प्राप्त की। उनके ज्ञान की ऊंचाई को समझ कर ही अनेक मनीषी ऋषि उनसे अनेक विषयों पर मंत्रणा किया करते थे। यही कारण है कि उन्हें अक्सर ऋषि मनीषियों से घिरा हुआ दिखाया जाता है।

हमारे यहां मन के विज्ञान को नापने के लिए विभिन्न कालखंडों में अनेक ऋषियों ने गहन तपस्या की है। इसलिए नारद किसी एक काल में हुए हों, यह नहीं कहा जा सकता। नारद हर वह ऋषि बन जाता था जो अपनी साधना में नारद की पात्रता को प्राप्त कर लेता था। यही कारण है कि अनेक काल खंडों में हमें कई नारद दिखाई देते हैं।

'महाभारत' के सभापर्व के पांचवें अध्याय में नारद जी के व्यक्तित्व का परिचय इस प्रकार दिया गया है- "देवर्षि नारद वेद और उपनिषदों के मर्मज्ञ, देवताओं के पूज्य, इतिहास-पुराणों के विशेषज्ञ, पूर्व कल्पों (अतीत) की बातों को जानने वाले, न्याय एवं धर्म के तत्त्वज्ञ, शिक्षा, व्याकरण, आयुर्वेद, ज्योतिष के प्रकाण्ड विद्वान, संगीत-विशारद, प्रभावशाली वक्ता, मेधावी, नीतिज्ञ, कवि, महापण्डित, बृहस्पति जैसे महाविद्वानों की शंकाओं का समाधान करने वाले, धर्म-अर्थ-काम-मोक्ष के यथार्थ के ज्ञाता, योगबल से समस्त लोकों के समाचार जान सकने में समर्थ, सांख्य एवं योग के सम्पूर्ण रहस्य को जानने वाले, देवताओं-दैत्यों को वैराग्य के उपदेशक, कर्त्तव्य-अकर्त्तव्य में भेद करने में दक्ष, समस्त शास्त्रों में प्रवीण, सद्गुणों के भण्डार, सदाचार के आधार, आनंद के सागर, परम तेजस्वी, सभी विद्याओं में निपुण, सबके हितकारी और सर्वत्र गति वाले हैं।"

दिव्य गुणों के भंडार हमारे नारद थे,
सदाचार के आधार हमारे नारद थे।
सबके हितकारी योगी और उपदेशक,
जग के पहले पत्रकार हमारे नारद थे।।

महाभारत में नारद के जिस दिव्य स्वरूप की झलक उपरोक्त विशेषणों के माध्यम से दिखाई गई है, उनसे पता चलता है कि उनका व्यक्तित्व कितना दिव्य और भव्य था? वे वेद-ज्ञान के दिव्य दिवाकर थे। वे उपनिषदों के प्रकांड पंडित थे और उनके ब्रह्म ज्ञान के प्रचारक और प्रसारक थे। उनके भीतर न्याय और धर्म के तत्व को समझने और उसका यत्र-तत्र-सर्वत्र प्रसार करने की अद्भुत क्षमता थी। वे शिक्षा, व्याकरण, आयुर्वेद, ज्योतिष के प्रकांड पंडित थे। उनकी वक्तृत्व शक्ति अत्यंत गजब की थी। उनका महा मेधावी व्यक्तित्व उन्हें एक अलग ही आभा प्रदान करता था। आज की युवा पीढ़ी के समक्ष नारद जी को एक विदूषक के रूप में प्रस्तुत किया जाता है। इससे आगे उनके दिव्य व्यक्तित्व के विषय में कुछ नहीं बताया जाता। भारत की संस्कृत और संस्कृति को मिटाने के अभियान में लगे जिन लोगों के द्वारा ऐसा किया जा रहा है, वह वास्तव में राष्ट्र के शत्रु हैं।

'नारदसंहिता' के नाम से उपलब्ध इनके एक ग्रन्थ में ज्योतिषशास्त्र पर गहनता से प्रकाश डाला गया है। देवर्षिनारद भक्ति के साथ-साथ ज्योतिष के भी प्रधान आचार्य हैं। 'छान्दोग्यपनिषद्' में नारद के बारे में बताते हुए उनका नाम सनत्कुमारों के साथ लिखा गया है। कुछ स्मृतिकारों ने नारद का नाम सर्वप्रथम स्मृतिकार के रूप में माना है।

महर्षि नारद के ग्रंथों का निचोड़ निकालते हुए विद्वानों की मान्यता है कि इनके द्वारा रचित 'नारद स्मृति' में व्यवहार मातृका अर्थात न्यायिक कार्यवाही और सभा अर्थात न्यायालय सर्वोपरि माना गया है। इसके अतिरिक्त इस स्मृति में ऋणाधान ऋण वापस प्राप्त करना, उपनिधि अर्थात जमानत, संभुय, समुत्थान या सहकारिता, दत्ताप्रदानिक अर्थात करार करके भी उसे नहीं मानने, अभ्युपेत्य-असुश्रुषा अर्थात सेवा अनुबंध को तोड़ना है।

वेतनस्य अनपाकर्म अर्थात काम करवाके भी वेतन का भुगतान नहीं करना सम्मिलित है। 'नारद स्मृति' में अस्वामी विक्रय अर्थात बिना स्वामित्व के किसी चीज का विक्रय कर देने को दंडनीय अपराध माना है। विक्रय संप्रदान अर्थात बेच कर सामान न देना भी अपराध की कोटि में है। इसके अतिरिक्त क्रितानुशय अर्थात खरीदकर भी सामान न लेना, समस्यानपाकर्म अर्थात निगम श्रेणी आदि के नियमों का भंग करना, सीमाबंद अर्थात सीमा का विवाद और स्त्रीपुंश योग अर्थात वैवाहिक संबंध के बारे में भी नियम-कायदों की चर्चा मिलती है। नारद स्मृति में दायभाग अर्थात पैतृक संपत्ति के उत्तराधिकार और विभाजन की चर्चा भी मिलती है। इसमें साहस अर्थात बल प्रयोग द्वारा अपराधी को दंडित करने का विधान भी है। 'नारद स्मृति' वाक्पारूष्य अर्थात मानहानि करने, गाली देने और दण्ड पारूष्य अर्थात चोट और क्षति पहुँचाने का वर्णन भी करती है। नारद स्मृति के प्रकीर्णक में विविध अपराधों और परिशिष्ट में चौर्य एवं दिव्य परिणाम का निरूपण किया गया है। नारद स्मृति की इन व्यवस्थाओं पर मनुस्मृति का पूर्ण प्रभाव दिखाई देता है।"

❑

अध्याय-30

प्राणाचार्य धन्वंतरि

भारत के महान ऋषियों ने संसार को प्राणशक्ति अर्थात स्वास्थ्य प्रदान किए रखने के लिए आयुर्वेद का आविष्कार करके दिया। यह बहुत संभव है कि संसार में रहते हुए व्यक्ति चौबीसों घंटे और हर दिन खाने-पीने के प्रति सतर्क नहीं रह सकता, कहीं न कहीं चूक हो सकती है। आहार-विहार और आचार-विचार को संतुलित बनाए रखने से स्वास्थ्य की रक्षा होना संभव होता है।

जिन महर्षियों ने हमारे लिए आयुर्वेद की खोज कर समय-समय पर उसमें अभिवृद्धि की, उनमें प्राणाचार्य धन्वंतरि का नाम विशेष रूप से उल्लेखनीय है।

आचार्य धन्वंतरि जी महाराज का जन्मदिवस दीपावली से 2 दिन पहले 'धन्वंतरि त्रयोदशी' के नाम से आज भी भारत वर्ष में बड़ी श्रद्धा के साथ मनाया जाता है। इसे 'धनतेरस' कहकर कुछ दूसरी अवैदिक मान्यताओं के साथ जोड़ दिया गया है, इसका वास्तविक नाम 'धन्वंतरि त्रयोदशी' ही है। आचार्य धन्वंतरि ने मनुष्य मात्र के कल्याण के लिए कार्य किया। मनुष्य स्वस्थ रहकर किस प्रकार दीर्घायु को प्राप्त कर सकता है? इस पर गहन अध्ययन, चिंतन और अनुसंधान किया। इनके चित्र में इनकी चार भुजा शंख और चक्र दिखाई जाते हैं। चारभुजा दिखाने का अधिकार है कि इन्होंने धर्म, अर्थ, काम और मोक्ष का पुरुषार्थ किया और संसार की सेवा के लिए अनेक हाथों से कार्य किया। शंख का अभिप्राय है कि जैसे परमपिता परमेश्वर के निज नाम 'ओ३म' का जप जिसे अनहद कहा जाता है, हमारे भीतरी विकारों को धो धोकर साफ कर डालता है, वैसे ही शंख परमपिता परमेश्वर के तेजबल का संकेत है। जब यह तेजबल किसी महापुरुष के पास आ जाता है तो वह भी संसार के पाप-ताप-संताप को मिटाने का कार्य करने लगता है। यही अर्थ चक्र का है। चक्र का अभिप्राय ऐसे व्यक्ति के चतुर्धरी होने का संकेतक है अर्थात चारों दिशाओं में उसके यश की पताका फहराती रही और अपने बौद्धिक बल से उसने संसार का नेतृत्व किया।

पाप, ताप मिटते सभी, और मिटे संताप।
मनुष्य जब धारण करे, ईश्वर का प्रताप।।

आचार्य धन्वंतरि दो भुजाओं में यदि शंख और चक्र है तो दो अन्य भुजाओं में से एक में जलूका और औषध तथा दूसरे में अमृत कलश लिये हुये हैं। स्पष्ट है कि यह दोनों भी उनके लोक कल्याणकारी स्वरूप को ही प्रकट करते हैं। अमृत कलश हाथ में होने का अर्थ है कि इन्होंने मानवता के कल्याण के लिए अनेक ऐसी औषधियों को खोजा जो हमारे लिए अमृत के समान थी। भारत के स्वास्थ्य विशेषज्ञ या आरोग्य विशेषज्ञों के विषय में हमें यह जानना चाहिए कि वे औषधियों को मानव कल्याण के लिए खोजते थे, उनका निर्माण मानवता के हित में करते थे। औषधियों के माध्यम से जीविका चलाना एक अलग बात है, पर लोगों को लूट लूटकर धन,कोठी, कार बंगला खड़े करना- यह हमारे आरोग्य विशेषज्ञ पूर्वजों को कदापि धर्मानुकूल नहीं लगता था। यही कारण है कि लोग ऐसे नि:स्वार्थ दिव्य पुरुषों को देवता के रूप में सम्मान देते थे। हमारे आचार्य धन्वंतरि को भी 'आरोग्य का देवता' कहकर सम्मान दिया गया है।

'आरोग्य का देवता' कह कर दिया सम्मान।
धन्वंतरि विशेषज्ञ थे, जान आयुर्विज्ञान।।

आचार्य धन्वंतरि जी का ज्ञान विज्ञान का परिश्रम उनकी आने वाली पीढ़ियों में भी निरंतर चलता रहा। इससे स्पष्ट होता है कि उनके परिवार के माध्यम से लोगों ने सदियों तक स्वास्थ्य लाभ लेने का आनंद उठाया। लोगों को स्वास्थ्य देने की इस आरोग्य परंपरा का निर्वाह करने वाले भारत के सुप्रसिद्ध वैद्य दिवोदास इन्हीं के वंश में आगे चलकर उत्पन्न हुए थे। आचार्य धन्वंतरि जी की प्रेरणा देर तक उनके वंशजों को प्रभावित करती रही। यही कारण था कि दिवोदास ने उनकी परंपरा और प्रेरणा का ध्यान रखते हुए 'शल्य चिकित्सा' के क्षेत्र में विशेष कार्य करते हुए विश्व का पहला विद्यालय काशी में स्थापित किया। उनके इस महान पुरुषार्थ से जहां काशी का नाम संसार भर में फैला, वहीं शेष संसार के सभी लोगों को इसका लाभ भी मिला। इसके पश्चात संसार के कोने-कोने से लोग यहां आकर विद्याध्ययन करने लगे। काशी में बने इस आरोग्य केंद्र अथवा विश्वविद्यालय से शिक्षा प्राप्त कर संसार के सभी कोनों में लोगों ने भारत के ऋषियों की आरोग्य परंपरा पर बड़ी श्रद्धा से कार्य किया और संसार के लोगों को उसका लाभ पहुंचाया। इस प्रकार संपूर्ण वसुधा को एक परिवार के रूप में देखने वाले हमारे महान पूर्वजों के चिंतन ने संपूर्ण भूमंडलवासियों को एक ही चिकित्सा पद्धति के झंडे तले लाकर खड़ा करने में सफलता प्राप्त की।

शिक्षा के केंद्र के रूप में विकसित किए गए इस गुरुकुल के प्रधानाचार्य सुश्रुत बनाये गए थे। सुश्रुत दिवोदास के शिष्य थे। इनके पिता ऋषि विश्वामित्र थे। कार्तिक माह में जब धन्वंतरि

त्रयोदशी आती है तो उस समय अक्सर बीमारियां फैला करती हैं। इसका कारण यह होता है कि उससे कुछ समय पहले ही बरसात का मौसम समाप्त होता है, जिसमें अनेक कीट पतंगे बरसात के कारण पानी में गल सड़कर समाप्त हो जाते हैं। जिनकी दुर्गंध हवा को दूषित प्रदूषित करती है। उसी से अनेक प्रकार के रोग उन दिनों में फैला करते हैं। उसी समय धन्वंतरि त्रयोदशी का आना और उसे हमारे पूर्वजों द्वारा विशेष सम्मान देना इस बात का प्रतीक है कि ऋषि धन्वंतरि की शिक्षाओं पर चलो। उनके दिखाए रास्ते को अपनाकर अर्थात उनकी औषधियों का सेवन कर अपने स्वास्थ्य और दीर्घायुष्य का ध्यान करो।

❒

अध्याय-31

आयुर्वेद के महान ऋषि पुनर्वसु

मानव स्वास्थ्य सुरक्षा के लिए अपने जीवन को ऊंची साधना में समर्पित करने वाले महान ऋषियों में ऋषि पुनर्वसु का नाम भी बहुत ही सम्मान के साथ लिया जाता है। उन्हें आयुर्वेद का गहरा ज्ञान था। जिसके आधार पर उन्होंने आयुर्वेद की स्वास्थ्य परंपरा को आगे बढ़ाने में अपना महत्वपूर्ण योगदान दिया।

आयुर्वेद का है ऋषि, पुनर्वसु है नाम।
व्यक्तित्व बड़ा महान है, किए बड़े सब काम।।

पुनर्वसु मात्रेय संहिता के रचयिता भी माने जाते हैं। इनके पिता अत्रि ऋषि थे। इसीलिये इन्हें पुनर्वसु आत्रेय कहा जाता है। अपने योग्य पिता की विरासत को आगे बढ़ाने का इन्होंने महत्वपूर्ण और शानदार कार्य किया। इसके साथ-साथ पिता जिस क्षेत्र में कार्यरत थे, उसी में अपनी प्रतिभा को प्रकट कर अपना विशेष स्थान बनाने में सफलता प्राप्त की। आयुर्वेद के माध्यम से मानवता की सेवा करते हुए इन्होंने इतिहास में अपना स्थान सुरक्षित किया।

इनके पिता अत्रि ऋषि स्वयं आयुर्वेदाचार्य थे। उन्होंने भी आयुर्वेद चिकित्सा तंत्र की परंपरा को समृद्ध करने में अपना महत्वपूर्ण योगदान दिया था। उन्होंने आयुर्वेद चिकित्सा तंत्र पर महत्वपूर्ण शोध कार्य किया। अश्वघोष के अनुसार, आयुर्वेद-चिकित्सातंत्र का जो भाग अत्रि ऋषि पूरा नहीं कर सके थे उसे उनके पुत्र पुनर्वसु ने पूर्ण करके यह सिद्ध किया था कि वह पिता के अनुव्रती हैं और उनके संकल्पों के प्रति अपने आपको समर्पित करने में अपना सौभाग्य समझते हैं।

पिता के अनुव्रती बनकर, नाम बढ़ाया भारत का।
यश की सुगन्धि फैल गई थी जिसका वह महारत था।।

पिता का अनुव्रती होना भारत की वैदिक परंपरा है। पिता का सबसे बड़ा पुत्र उसके अपने गुणों के सर्वाधिक निकट होता है। इसलिए भारत में जयेष्ठ पुत्र को पिता का उत्तराधिकारी घोषित करने की परंपरा रही है। वास्तव में उत्तराधिकारी घोषित करने की यह परंपरा इस बात का प्रतीक है कि पिता का अनुसरण, अनुकरण और अनुव्रती होने की परंपरा यथावत जीवित बनी रहे।

'चरकसंहिता' के मूल ग्रंथ 'अग्निवेशतंत्र' के रचयिता अग्निवेश के गुरु ऋषि पुनर्वसु ही थे। ऋषि पुनर्वसु को भारद्वाज ऋषि का समकालीन माना जाता है। यदि ऐसा है तो फिर ऋषि पुनर्वसु का काल रामायण काल का है। इससे यह भी स्पष्ट होता है कि 'चरक संहिता' से पहले 'अग्निवेश तंत्र' भारत और संपूर्ण विश्व का चिकित्सा क्षेत्र में दीर्घकाल तक नेतृत्व करता रहा था। इनके पिता अत्रि ऋषि अपने आप ही आयुर्वेद के महान मर्मज्ञ थे। उन्होंने स्वयं ने अपने पुत्र पुनर्वसु को आयुर्वेद का आचार्य बनाने में महत्वपूर्ण योगदान दिया था अर्थात आयुर्वेद की शिक्षा इन्हें अपने पिता से ही प्राप्त हुई थी। ऋषि भारद्वाज से भी इन्होंने आयुर्वेद की शिक्षा ग्रहण की थी। इस प्रकार इनके व्यक्तित्व निर्माण में दो महान ऋषियों का पुरुषार्थ काम आया। यह दोनों ऋषि ही अपने समय के और अपने विषय के मूर्धन्य विद्वान थे। स्पष्ट है कि उनका दिव्य ज्ञान उनके लिए पथ प्रदर्शक सिद्ध हुआ।

ऋषियों का संसर्ग मिले, संबंध मिले, संपर्क मिले।
सौभाग्य तभी बढ़ पाता है जब ऋषियों का हर तर्क मिले।।

ऋषि पुनर्वसु के बारे में विद्वानों का यह भी मानना है कि उनका कोई निश्चित निवास स्थान नहीं था। वह अक्सर पर्यटन पर रहते थे। उन्होंने अपने आपको चलता फिरता औषधालय बना लिया था। लोक सेवा करना और लोक सेवा को ही लोक साधना मानना उनके जीवन का उच्चादर्श था। चिकित्सा क्षेत्र में काम करने वाले हमारे हर ऋषि, आचार्य या वैद्य का उद्देश्य धन कमाना न होकर धर्म कमाना होता था। आजकल चिकित्सा क्षेत्र में काम करने वाले चिकित्सकों के लिए हमारे प्राचीन ऋषियों की यह परंपरा अनुकरणीय हो सकती है। धरती को स्वर्ग बनाने के लिए हमारे ऋषियों की यह परंपरा बहुत ही उपयोगी है।

ऋषि पुनर्वसु जहां भी जाते थे, वहीं लोगों को आयुर्वेद का उपदेश करते थे। अपने उपदेशन के माध्यम से वह लोगों को आयुर्वेद के साथ जोड़कर स्वास्थ्य रक्षा के लिए प्रेरित और प्रोत्साहित करते थे। इस प्रकार पूरे जीवन को उन्होंने लोक कल्याण के लिए समर्पित किया। इसमें स्वार्थ की दूर-दूर तक कहीं गंध नहीं आती थी। ऋषि पुनर्वसु ने परमार्थ और लोक कल्याण को जीवन का उद्देश्य बनाकर जीवन को सेवा साधना का प्रतीक बना दिया। उनके इस प्रकार के जीवन व्यवहार से तत्कालीन समाज के अनेक लोगों को लाभ मिला। मानवता को सही दिशा मिली

और उनकी प्रेरणा शक्ति से प्रभावित होकर लोगों को भी सर्वहित में काम करने का उपदेश प्राप्त हुआ। इस प्रकार पुनर्वसु ने उच्चादर्शों की परंपरा को अपनाकर अपने जीवन को धन्य किया।

आत्रेय के नाम पर हमें लगभग तीस आयुर्वेदीय योग उपलब्ध होते हैं। इनमें बलतैल एवं अमृताद्य तैल का निर्देश चरकसंहिता में उपलब्ध है।

लोकहित है सीखना तो आओ भारत की शरण।
लोक हितकारी जनों के जहां पर पड़े हैं चरण।।
सभ्यता का झूलना है, हमारी दिव्य मां भारती,
शांति और मोक्ष के, मिलते जहां अंतःकरण।।

❐

अध्याय-32

आयुर्वेद के मर्मज्ञ ऋषि अग्निवेश

भारत के वैदिक ऋषियों में अग्निवेश का महत्वपूर्ण स्थान है। ये भी आयुर्वेद के मर्मज्ञ ऋषि के रूप में जाने जाते हैं। जब शेष संसार के लोग चिकित्सा क्षेत्र में कुछ भी नहीं जानते थे तब भारत चिकित्सा क्षेत्र में कीर्तिमान स्थापित कर रहा था। भारत के इन कीर्तिमानों को स्थापित कराने में जिन लोगों ने अपना परिश्रम, पुरुषार्थ और बौद्धिक संपदा का सदुपयोग कर अपना जीवन खपाया उनमें अग्निवेश का नाम अग्रगण्य है। यह वह काल था जब आयुर्वेद और चिकित्सा शास्त्र का लेखन प्रारंभ ही ही हो रहा था। आयुर्वेद के उषाकाल में जन्मे ऋषि अग्निवेश ने आयुर्वेद की अग्नि को प्रज्वलित किया। जिसने अपने तेज से सर्वत्र आयुर्वेद का उद्घोष किया। इस प्रकार भारत के जिन ऋषियों ने मानवता के रोग शोक के निवारण के लिए समय-समय पर अपने आपको प्रस्तुत किया, उन्हीं में से एक ऋषि अग्निवेश हैं।

ऋषि अग्निवेश ने आयुर्वेद के मर्मज्ञ अन्य ऋषियों की भांति अपने जीवन को मानवता की सेवा में लगाया। उनके बारे में ऐसा माना जाता है कि उन्होंने अपने गुरु आत्रेय के ज्ञान को संहिताबद्ध किया। जिसमें मानव स्वास्थ्य को सुरक्षित रखने के अनेक सूत्र दिए गए हैं। उन्होंने 'चरक संहिता' नामक ग्रंथ को व्यवस्थित किया। 'चरकसंहिता' की मूल रूप में रचना ऋषि अग्निवेश द्वारा ही की गई मानी जाती है। बहुत संभव है कि जिस समय इन्होंने इस ग्रंथ की रचना की थी उस समय इसका नाम अग्निवेश के नाम पर 'अग्निवेश तंत्र' रखा गया था। जैसे-जैसे समय बीतता गया और मानव स्वास्थ्य को खराब करने वाले रोगों की संख्या बढ़ती गई वैसे-वैसे ही इसमें नए-नए सूत्रों की व्यवस्था होती चली गई। तब इसके प्रतिसंस्कारक के रूप में आगे चलकर चरक आए। अग्निवेश के इस पवित्र ग्रंथ ने मानवता की सेवा करने में 11 वीं शताब्दी तक अपना महत्वपूर्ण योगदान दिया, ऐसा विद्वानों का मानना है।

आयुर्वेद के थे ऋषि, किया विश्व कल्याण।
जीवन भर करते रहे, दीन हीन परित्राण।।

प्रारंभ में 'चरक संहिता' का नाम अग्निवेश तंत्र के रूप में था। जब चरक ने इसे संहिताबद्ध किया तो उस समय इसका नाम 'चरक संहिता' के रूप में विख्यात हुआ। चरक संहिता के बारे में हम यह भी स्पष्ट करना चाहेंगे कि आज जो पुस्तक हमारे पास में है वह हमारे कई ऋषियों के चिकित्सा संबंधी ज्ञान विज्ञान और चिंतन का निचोड़ है। इस पुस्तक ने भारत का ही नहीं, संपूर्ण संसार का कल्याण किया है। भारत से बाहर के देशों में भी इसे बहुत सम्मान की दृष्टि से देखा जाता है।

'चरक संहिता' में पाठ का उल्लेख किया गया है: "अग्निवेश द्वारा लिखित तंत्र (अग्निवेश) को चरक द्वारा संकलित, संपादित और संशोधित किया गया है।" (अग्निवेशक्ते तंत्रे चरकप्रतिसांस्कृते)

अग्निवेश- परिवेश में, देश में-विदेश में,
नाम सब ओर था आकाश थल विशेष में।
दिव्यता-भव्यता जीवन में उनके सभ्यता,
नाम सम पवित्रता मिलती कर्म संदेश में।।

भारत में किसी भी विद्यार्थी की प्रतिभा को पहचानने की एक अनूठी परंपरा रही है। आजकल जिस ढंग से किसी भी बच्चे की प्रतिभा की जांच की जाती है, उससे अलग हटकर भारत की परंपरा थी। जब कोई विद्यार्थी चिकित्सा शास्त्र के अध्ययन के लिए अपनी इच्छा व्यक्त करता था तो उसे इसके लिए एक विशेष अनुष्ठान करना होता था। बिना उस अनुष्ठान को किए किसी भी विद्यार्थी को विद्याध्ययन का अवसर उपलब्ध नहीं होता था।

इस अनुष्ठान के अवसर पर चिकित्सा शास्त्र के विद्यार्थी को अपने गुरु को वचन देना पड़ता था कि वह सत्य निष्ठा से अपने विद्याध्ययन के प्रति गंभीर रहेगा। इस अनुष्ठान को सार्वजनिक रूप से संपन्न किया जाता था और ऐसे विद्यार्थी को सार्वजनिक रूप से अनेक लोगों के समक्ष यह सौगंध उठानी पड़ती थी कि "मैं जीवन भर ब्रह्मचारी रहूँगा। ऋषियों की तरह मेरी वेश-भूषा होगी। किसी से द्वेष नहीं करूँगा। सादा भोजन करूँगा। हिंसा नहीं करूँगा। रोगियों की उपेक्षा नहीं करूँगा। उनकी सेवा अपना धर्म समझूँगा। जिसके परिवार में चिकित्सा के लिये जाऊँगा उसके घर की बात बाहर नहीं कहूँगा। अपने ज्ञान पर घमण्ड नहीं करूँगा। गुरु को सदा गुरु मानूंगा।"

रहूंगा जीवन भर ब्रह्मचारी करूंगा मैं उपदेश।
ऋषियों की भांति, घूमूंगा, देश-विदेश।।
करूंगा भोजन सदा ही सादा, हिंसा से रहूं दूर।
किसी की बात करूं ना बाहर, ना ही रखूं गरूर।।

इस प्रकार की अग्नि परीक्षाओं से निकलकर हमारे यहां पर 'अग्निवेशों' का निर्माण होता था। इस सौगंध के एक-एक शब्द का मूल्य विद्यार्थी समझते थे। यही कारण था कि वह आजीवन उस सौगंध का पालन करते थे। अग्निवेश ने भी इसी प्रकार की सौगंध उठाकर अपने जीवन को अग्नि में तपाया था।

❐

अध्याय-33

आदर्श प्रेरणा के स्रोत महावीर स्वामी

वेदों के नाम पर यज्ञों का आयोजन करके उसमें पशु बलि देना किसी भी दृष्टिकोण से उचित नहीं था, परंतु एक काल ऐसा आया था जब इस प्रकार का अत्याचार पशुओं पर निरंतर बढ़ता जा रहा था। मानवता और वेदों की मूल अवधारणा के प्रतिकूल अपनाए जा रहे इस प्रकार के अत्याचार के विरुद्ध आवाज उठाने का काम उस समय महावीर स्वामी ने किया। वास्तव में उनकी यह क्रांति उस ब्राह्मणवादी सोच के विरुद्ध की गई क्रांति थी जो अपने आपको जातीय आधार पर श्रेष्ठ मानते थे और अन्य लोगों को हेय समझते थे। उनका ऐसा आचरण ईश्वरीय व्यवस्था के और वेदों में दी गई सामाजिक व्यवस्था के भी विरुद्ध था। इस प्रकार महावीर स्वामी ईश्वर की व्यवस्था को मानवतावादी दृष्टिकोण से विस्थापित करने वाले क्रांतिकारी थे।

सोच भली रखते सुजन, और अनोखा ज्ञान।
जब तक जग में घूमते, करते हैं कल्याण।।

महावीर स्वामी का जन्म अब से लगभग ढाई हजार वर्ष पहले चैत्रसुदी त्रयोदशी के दिन बिहार राज्य के वैशाली के कुंडग्राम में लिच्छवी वंश के क्षत्रिय राजा सिद्धार्थ के यहां पर हुआ था।

वह मूल रूप में क्षत्रिय थे। क्षत्रिय होने के नाते उन्हें अपने पिता का राज्य भी मिल जाना था, परंतु इसके उपरांत भी वह राज्य से अधिक मानवता की सेवा को प्राथमिकता देते थे। यही कारण था कि उन्होंने राज-पाट को त्यागकर वनों में जाकर साधना करने को प्राथमिकता दी। तत्कालीन सामाजिक परिस्थितियों के विरुद्ध विद्रोह की भावना उनके हृदय में बढ़ती चली गई। उन्होंने दीन-हीन लोगों की सेवा करते हुए उन्हें सन्मार्ग दर्शन कराने को अपने जीवन का लक्ष्य बनाया। उस समय लिच्छवी वंश की दूर-दूर तक ख्याति थी। ऐसे महान राजपरिवार में जन्म लेना बड़े सौभाग्य की बात थी, परंतु जिसके भीतर कुछ दूसरे प्रकार की आग लगी होती है, उसे

राजपाट बहुत छोटी चीज दिखाई देने लगती है और यही महावीर स्वामी के साथ हो रहा था। उन्होंने ऐश्वर्य के जीवन को त्यागकर सन्यासी भाव से जीवन जीते हुए सार्थक जीवन की साधना को अपने लिए उचित माना।

राजपाट को छोड़कर, करें आत्म कल्याण।
दुष्ट जनों से दूर हो करें सज्जन का परित्राण।।

बाल्यावस्था में महावीर स्वामी का नाम वर्धमान रखा गया था। माता-पिता को उनसे यह अपेक्षा थी कि वह राज्य की वृद्धि के कीर्तिमान स्थापित करेंगे और उनके यश को दूर-दूर तक फैलाएंगे। यद्यपि वर्धमान से महावीर बने उस महामानव ने ऐसा करके भी दिखाया। परंतु वह माता और पिता की अपेक्षाओं के कहीं विपरीत था। उनका वह सार्थक जीवन संसार के लिए बहुत उपयोगी हुआ।

किशोरावस्था में आते ही उन्होंने अपनी वीरता का प्रदर्शन करना भी आरंभ कर दिया। उनके जीवन में कई ऐसी घटनाएं घटित हुईं जिनको देखकर लगता है कि वह एक सच्चे क्षत्रिय भी थे। उनका पराक्रमी और शौर्य संपन्न व्यक्तित्व लोगों को प्रभावित करने लगा था। किशोरावस्था में एक बड़े सांप तथा मदमस्त हाथी को वश में कर लेने के कारण लोगों ने उनको महावीर का नाम दिया था। संसार की असारता और संसार के सुखों को दुखों का पर्याय मानकर उनका मन सांसारिक विषय भोग में नहीं लगता था। उनका चिंतन कहीं ना कहीं उस परमानंद की खोज में भटकता रहता था, जिसे मानव जीवन में प्राप्त कर लेना सबसे बड़ा उद्देश्य होता है।

परमानंद की खोज में अटके मन के तीर।
जो उसको खोजे सहज होता वही महावीर।।

माता पिता ने अपने पुत्र की मानसिकता को समझ लिया था। इसलिए उन्होंने उन्हें सांसारिक विषयों में बांधना उचित समझा। यही कारण था कि पिता ने उनके विवाह की तैयारी कर ली। उनका विवाह एक सुन्दरी राजकुमारी से किया गया। माता-पिता की इच्छा के समक्ष तो महावीर स्वामी ने कुछ नहीं कहा, परंतु वह अपनी परमसुंदरी पत्नी के सौंदर्य में भी भटके नहीं। वे निरंतर अपनी साधना की गति को ऊंचा करने में लगे रहे।

यह महापुरुषों की पहचान होती है कि वह संसार के आकर्षण से अपने आपको हटाने में सफल हो जाते हैं। महावीर स्वामी भी संसार के किसी आकर्षण में फंसना नहीं चाहते थे। उन्होंने प्रत्येक प्रकार के आकर्षण को पराजित करने का संकल्प लिया।

जब उनके पिताजी का निधन हुआ तो उनका मन और भी अधिक वैराग्य में डूब गया। फलस्वरूप उन्होंने संसार से वैराग्य के मार्ग को अपने लिए चुन लिया।

अपने ज्येष्ठ भाई नन्दिवर्धन के आग्रह पर महावीर स्वामी ने दो वर्ष और किसी प्रकार अपने गृहस्थ जीवन में व्यतीत कर दिए। यद्यपि अब उन्होंने अपने जीवन को दान दक्षिणा जैसे पुण्य कार्यों में व्यतीत करना आरंभ किया। इसमें उन्हें अति आनंद की अनुभूति होती थी। अपने इस आनंद की वृद्धि में वह निरंतर लगे रहे। जिसमें उनके परिवार वालों ने भी किसी प्रकार का अवरोध उत्पन्न नहीं किया। जब उनकी अवस्था लगभग 30 वर्ष की हुई तो उनके भीतर के वैराग्य-भाव ने उन्हें घर छोड़ने के लिए विवश कर दिया। इसलिए वे घर बार कुटुंब और संबंधियों को छोड़कर साधु बन गए।

वैराग्य बढ़ा तो चल दिए छोड़के घर और द्वार।
आनंद रस मिलने लगा, जिह्वा हुई निहाल।।

एकांत व शान्त स्थानों में जाकर उन्होंने तपस्या के मार्ग को अपना लिया। इसी को विद्वान लोग आत्मशुद्धि कहते हैं। आत्म शुद्धि के मार्ग पर बढ़े महावीर स्वामी अब संसार से पूर्णतः विरक्त हो चुके थे। ज्ञान प्राप्ति के पश्चात उन्होंने संसार के उद्धार के लिए लोगों को समझाना आरंभ किया। उन्होंने लोगों को धर्म के वास्तविक स्वरूप से परिचित कराना आरंभ किया। उनकी शिक्षाओं ने लोगों पर अपना प्रभाव दिखाना आरंभ कर दिया था। उसी का परिणाम था कि उनकी ख्याति दूर-दूर तक फैलने लगी थी। यही कारण था कि बड़ी संख्या में लोग उनके शिष्य बनने लगे।

महावीर स्वामी ने मानव के जीवन का अंतिम उद्देश्य मोक्ष की प्राप्ति को स्वीकार किया है। अपने ज्ञान किरणों के द्वारा महावीर स्वामी ने जैन धर्म का प्रवर्तन किया। इस धर्म के पांच मुख्य सिद्धान्त हैं-सत्य, अहिंसा, चोरी न करना, आवश्यकता से अधिक संग्रह न करना और जीवन में शुद्धिकरण। उनका कहना था कि इन पांचों सिद्धांतों पर चलकर ही मनुष्य मोक्ष या निर्वाण प्राप्त कर सकता है। उन्होंने सभी से इस पथ पर चलने का ज्ञानोपदेश दिया। उन्होंने छुआछूत व भेदभाव आदि को मानवता के विरुद्ध अपराध माना।भगवान महावीर स्वामी जैन धर्म के चौबीसवें तीर्थंकर के रूप में आज भी सश्रद्धा और ससम्मान पूज्य और आराध्य हैं।

जीवन का मकसद यही, पावे हर कोई मोक्ष।
आसन शासन एक हो और ऊंची बनती सोच।।

यद्यपि उनकी मृत्यु 72 वर्ष की आयु में कार्तिक मास की आमावस्या को पापापुर नामक स्थान पर बिहार राज्य में हुई।

आज हम सभी उनकी शिक्षाओं का आनंद लेकर संसार में शांति स्थापित कर सकते हैं मैं यहां पर यह भी कहना उचित मानूँगा कि हमें अपने महापुरुषों के जीवन से प्रेरणा ही ग्रहण करनी चाहिए। उनको लेकर किसी प्रकार के वाद विवाद में नहीं पड़ना चाहिए। यद्यपि तार्किक दृष्टिकोण से शिक्षाओं पर शास्त्रार्थ करना बहुत उचित है, परंतु वह भी किसी महापुरुष को अपमानित करने की सीमा तक नहीं जाना चाहिए।

❐

अध्याय-34

भारत के महान समाज वैज्ञानिक महात्मा बुद्ध

बौद्ध मत के प्रवर्तक महात्मा बुद्ध संसार के इतिहास के एक महान समाज सुधारक थे। उनके बारे में यह मिथ्या धारणा है कि उन्होंने कोई नया पंथ चलाकर आर्य वैदिक सिद्धांतों की आलोचना की। सच यह है कि उन्होंने समकालीन समाज में वैदिक सिद्धांतों के प्रति आई शिथिलता को फिर से गतिशील करने के लिए महत्वपूर्ण कार्य किया। वैदिक सिद्धांतों और ऋषियों के प्रति उनके हृदय में गहरी आस्था थी। ईश्वर और जीवात्मा के अस्तित्व में भी वह विश्वास रखते थे।

गतिशीलता बढ़ाई झकझोर कर वतन को,
लोगों को था जगाया गुलजार कर चमन को।
अज्ञानता बढ़ी थी, पाखंड भी था फैला,
बदल कर दिखा दिया था देश के चलन को।।

उच्च कोटि के विद्वान पं. धर्मदेव जी विद्यामार्तण्ड की पुस्तक "बौद्धमत और वैदिक धर्म" इस संबंध में हमारा बहुत कुछ मार्गदर्शन कर सकती हैं। हम सभी यह भली प्रकार जानते हैं कि महाभारत के पश्चात वैदिक मान्यताओं का तेजी से पतन हुआ। इस काल में वैदिक धर्म की पतानोन्मुख अवस्था को रोकने के लिए महात्मा बुद्ध ने कमर कसी। उनका भारत की वर्णाश्रम व्यवस्था के साथ-साथ चार आश्रमों की व्यवस्था में भी पूरा विश्वास था। यद्यपि वैदिक मान्यताओं की ठेकेदारी लेने वाले किसी वर्ग विशेष ने उस समय महिलाओं और शूद्रों को पठन-पाठन का अधिकार देने से इनकार कर दिया था। वेदों के नाम पर यज्ञ में हिंसा हो रही थी। इस प्रकार की वेद विरुद्ध आचरण शैली को देखकर महात्मा बुद्ध के हृदय में क्रांति भाव जागे। उन्होंने राजपाट को

लात मारकर समाज सुधार के क्षेत्र में जाने का संकल्प लिया। उस समय राजपाट को लात मारना बहुत बड़ी बात नहीं थी, क्योंकि राजपाट का भी अंतिम उद्देश्य (राजधर्म) जनकल्याण ही होता है और समाज सुधारक का काम भी जनकल्याण करना ही होता है। दोनों का उद्देश्य एक ही है। ऐसा नहीं है कि राजधर्म का निर्वाह करते समय व्यक्ति अध्यात्म की गहरी चर्चा नहीं कर सकता और ऐसा भी नहीं है कि संन्यासी होकर व्यक्ति राजधर्म पर चर्चा नहीं कर सकता।

उन्होंने रामचंद्र जी की भांति सीधा जनसंपर्क स्थापित कर अपने वनवास काल में लोगों के कल्याण के लिए कार्य करना आरंभ किया। प्रचलित सामाजिक मान्यताओं के विरुद्ध उन्होंने आवाज उठाई और लोगों ने उनकी आवाज को बड़े ध्यान से सुनना आरंभ किया।

जो भी लग गए थे, धब्बे धर्म पे म्हारे,
समाज को संवारा नेता थे ऐसे प्यारे।
गुलशन उजड़ रहा था पाखंड बढ़ रहा था,
वेदों को आगे रखकर कर गए थे उजारे।।

पं. धर्मदेव जी लिखते हैं कि पक्षपातरहित दृष्टि से विचार करने पर स्पष्ट ज्ञात होता है कि महात्मा बुद्ध के समय में अनेक सामाजिक और धार्मिक विकार उत्पन्न हो गये थे, लोग सदाचार, आन्तरिक शुद्धि, ब्रह्मचर्यादि की उपेक्षा करके केवल बाह्य कर्मकाण्ड व क्रिया-कलाप पर ही बल देते थे। अनेक देवी देवताओं की पूजा प्रचलित थी तथा उन देवी देवताओं को प्रसन्न करने के लिये लोग यज्ञों में भेड़ों और बकरियों, घोड़ों की ही नहीं, गौओं की भी बलि चढ़ाते थे। महात्मा बुद्ध ने वर्ण व्यवस्था के शुद्ध वैदिक और वैज्ञानिक स्वरूप को लेकर लोगों से सीधा संवाद किया और उन्हें बताया कि यह जन्मगत न होकर कर्मगत है।

महात्मा बुद्ध ने जातिगत आधार पर समाज में प्रचलित ऊंच-नीच की भावना का भी विरोध किया और वैज्ञानिक दृष्टिकोण देकर लोगों को यह समझाने का प्रयास किया कि परमपिता परमेश्वर की सृष्टि में कोई छोटा बड़ा नहीं है। इसलिए किसी के साथ जन्म के आधार पर भेदभाव करना परमपिता परमेश्वर की व्यवस्था के विरुद्ध विद्रोह करना है, जिससे उचित नहीं कहा जा सकता। जिन लोगों ने जन्म के आधार पर एक वर्ग विशेष को पतित, दलित और शोषित बना कर रख दिया था निश्चित रूप से महात्मा बुद्ध के प्रगतिशील विचारों का उन पर वज्रपात हुआ होगा, पर महात्मा बुद्ध ने उनके किसी भी संभावित विरोध की चिंता ना करके वैदिक व्यवस्था को पुनर्स्थापित करने का भागीरथ प्रयास किया।

अजित केशकम्बल नामक एक प्रसिद्ध दार्शनिक के विचारों से हमें पता चलता है कि उस समय का भारतीय समाज अपने मूल वैदिक समाज की मान्यताओं से कितना दूर जा चुका था? उसका मानना था कि दान-यज्ञ-हवन यह सब व्यर्थ हैं, सुकृत दुष्कृत कर्मों का फल नहीं मिलता। यह लोक-परलोक नहीं। दान करो यह मूर्खों का उपदेश है। जो कोई आस्तिकवाद की बात करते

हैं वह उनका तुच्छ (थोथा) झूठ है। मूर्ख हों चाहे पण्डित, शरीर छोड़ने पर सभी उच्छिन्न हो जाते हैं, विनष्ट हो जाते हैं मरने के बाद कुछ नहीं रहता।"

सब ओर थी गिरावट, कूड़ा कबाड़ फैला,
शुद्ध वेद में भी, मिलाया गया था मैला।
दान, यज्ञ आदि, भी खो रहे थे निज गरिमा
उल्टी चलन चली थी, गुरु को बनाया चेला।।

किसी भी प्रकार की ऊंच-नीच,भेदभाव और छुआछूत की वेद स्पष्ट शब्दों में निंदा करता है। ऋग्वेद में बड़ा स्पष्ट कहा गया है कि :-

"अज्येष्ठासो अकनिष्ठास एते सं भ्रातरो वावधुः सौभगाय।
युवा पिता स्वपा रुद्र एषां सुदुधा पृश्निः सुदिना मरुद्भ्यः।।"
(ऋग्वेद 5/60/5)

इस वेद-मन्त्र में यही उपदेश है किया गया है कि सब मुनष्य परस्पर भाई हैं। किसी भी मनुष्य को जन्म के आधार पर बड़ा व छोटा, ऊंचा या नीचा नहीं कहा जा सकता है। सृष्टि के सभी प्राणियों का परमपिता परमेश्वर ही एक पिता है और प्रकृति व भूमि सबकी एक माता है। संसार में जो लोग ऐसा मानकर जीवन व्यवहार करते हैं और अपने कर्मों पर नजर रखते हुए कार्य संपादन करते हैं उन सबको सौभाग्य की प्राप्ति और वृद्धि होती है।

बौद्ध साहित्य के ग्रन्थ 'सुत्त निपात वसिठ्ठ सुत्त' में वर्णन है कि कि मनुष्यों के शरीर में ऐसा कोई भी पृथक् चिन्ह (लिंग भेदक चिह्न) कहीं देखने में नहीं आता जिससे उनकी अलग अलग जातियों की पहचान की जा सके। प्रत्येक मनुष्य के केश, सिर, आंख, नाक, मुख, गर्दन, कंधा पेट, पीठ, हथेली, पैर, नाखून आदि एक जैसी ही होती हैं। किसी के भी किसी भी अंग में कोई विशिष्ट विभिन्नता नहीं होती। कहने का अभिप्राय है कि महात्मा बुद्ध एक ऐसे सामाजिक ऋषि वैज्ञानिक थे, जिन्होंने सामाजिक समरसता को पुनर्स्थापित करने में महत्वपूर्ण योगदान दिया। उन्होंने समाज विज्ञान पर वैदिक ऋषियों के अनुकूल चिंतन किया। उनकी स्पष्ट मान्यता थी कि जो मनुष्य गाय चराता है उसे हम चरवाहा कहेंगे, ब्राह्मण नहीं। जो व्यापार करता है वह व्यापारी ही कहलाएगा और शिल्प करनेवाले को हम शिल्पी ही कहेंगे, ब्राह्मण नहीं। दूसरों की परिचर्या करके जो अपनी जीविका चलाता है वह परिचर ही कहा जाएगा, ब्राह्मण नहीं। अस्त्रों-शस्त्रों से अपना निर्वाह करने वाला मनुष्य सैनिक ही कहा जाएगा, ब्राह्मण नहीं। अपने कर्म से कोई किसान है तो कोई शिल्पकार, कोई व्यापारी है तो कोई अनुचर। कर्म पर ही जगत् स्थित है।

आज आवश्यकता इस बात की है कि हम अपने ऋषियों, महापुरुषों, चिंतकों सामाजिक वैज्ञानिक व अध्यात्म प्रेमी पूर्वजों की बातों को लेकर परस्पर लड़ाई-झगड़े नहीं करें। उनके विचारों की पवित्रता को स्थापित करने का प्रयास करें और सामाजिक समरसता को बनाए रखने पर ध्यान दें। जो लोग आज महात्मा बुद्ध के नाम पर अपने आपको भारत के वैदिक हिंदू समाज से अलग दिखाने का प्रयास कर रहे हैं, उन्हें महात्मा बुद्ध के वास्तविक वैदिक चिंतन पर विचार करना चाहिए। इसी प्रकार जो लोग महात्मा बुद्ध को अलग स्थान देने का प्रयास कर रहे हैं उन्हें भी उनके वैदिक चिंतन को अपनाकर उनके प्रति श्रद्धा भाव प्रकट करना चाहिए।

❒

अध्याय-35

महर्षि दधीचि और वृत्रासुर

ऋग्वेद के एक मंत्र में इंद्र और वृत्रासुर का उल्लेख मिलता है, जिसका अर्थ का अनर्थ करते हुए लोगों ने इसे एक कहानी का रूप दे दिया है। जिसके अनुसार त्वष्टा के पुत्र वृत्रासुर ने देवों के राजा इन्द्र को युद्ध में निगल लिया। तब सब देवता भयभीत होकर कांपने लगे और वे अपनी प्राण रक्षा के लिए विष्णु के पास गए। उनकी व्यथा-कथा को सुनकर विष्णु ने उन्हें एक उपाय सुझाया कि मैं समुद्र के फेन में प्रविष्ट हो जाऊंगा। तुम लोग उस फेन को उठा कर वृत्रासुर को यदि मारोगे तो वह मर जायेगा।

स्वामी दयानंद इस मंत्र का तार्किक और बुद्धि संगत अर्थ करते हुए कहते हैं कि इन्द्र सूर्य का ही एक नाम है और वृत्रासुर मेघ को कहते हैं। आकाश में मेघ कभी सूर्य को निगल लेते हैं तो कभी सूर्य अपनी किरणों से मेघों को हटा देता है। दोनों के बीच लुका-छिपी का यह खेल तब तक चलता रहता है जब तक मेघवर्षा बनकर पृथ्वी पर बरस नहीं जाते हैं। फिर उस जल की नदियाँ बनकर सागर में जाकर मिल जाती हैं। स्वामी जी ने इंद्र तथा वृत्र, सूर्य तथा मेघ के दृष्टान्त से राजा के गुणों का उल्लेख किया हैं।

सूर्य का एक नाम इंद्र बताया वेदों ने,
वृत्रासुर का अर्थ लगा लो मेघों से।
सूरज को कभी मेघ निगलते कभी सूर्य मेघों को,
लुकाछिपी के खेल का वर्णन मिलता हमको वेदों में।।

स्वामी जी के द्वारा किए गए इस प्रकार के अर्थ से वेदों की वास्तविक मान्यता का बोध होता है और साथ ही वेद ज्ञान की गहराई और गंभीरता का भी पता चलता है कि उसने विज्ञान को भी किस प्रकार हमारे समक्ष प्रस्तुत कर दिया है?

ऋग्वेद के आधार पर एक कथा प्रसिद्द है कि एक बार वृत्र नामक राक्षस ने सारी त्रिलोकी

में उपद्रव मचा रखा था। देवता भी उससे तंग आ गए थे। तब सभी देवता विष्णु जी की शरण में गए। विष्णु जी ने उन्हें बताया कि दधीचि ऋषि की हड्डियों से बने वज्र से वृत्र को मारा जा सकता है। तब देवों की प्रार्थना पर दधीचि ने अपना शरीर त्याग दिया। इन्द्र ने उनकी हड्डियों से वज्र तैयार किया, जिससे वृत्र मारा गया।

स्वामी दयानंद द्वारा इस मंत्र का आधिदैविक अर्थ करते हुए स्पष्ट किया गया है कि दधीचि सूर्य का ही दूसरा नाम है, जबकि किरणें उसकी हड्डियां हैं और वृत्र का अर्थ है मेघ। ऋषि दयानंद जी कहते हैं कि जब सर्वत्र मेघ आच्छादित हो जाते हैं, तब सूर्य अपनी किरणों से मेघों को छिन्न-भिन्न कर वर्षा कर डालता है। इसी मंत्र का एक और अर्थ है, जो इसकी आध्यात्मिक गहराई का बोध कराता है। जिसके अनुसार इन्द्र का अर्थ है आत्मा, दधिची का अर्थ है मन, दधिची की हड्डियां हैं उच्च मनोवृत्तियां। वृत्र का अर्थ है पाप वासना रूपी विचार। आत्मा अपने मन के उच्च विचारों से पापवासना आदि कुविचारों का नाश कर देता है।

जब हम विज्ञान संगत इन अर्थों पर विचार करते हैं तो वेद की वास्तविकता का पता चलता है। साथ ही यह भी पता चलता है कि वेद विज्ञान कितना परिमार्जित शुद्ध और सनातन है?

हमारे देश में प्राचीन काल से विज्ञान की अनेक खोजें हुई हैं। जितने आविष्कार भारतवर्ष में हुए उतने संसार के किसी अन्य देश में आज तक नहीं हुए। यह तभी संभव हुआ जब हमने वेद के मंत्रों के वैज्ञानिक और बुद्धि संगत अर्थ समझे, निकाले और उनके अनुसार काम करने का या अनुसंधान आदि करने का संकल्प लिया।

भारत ने बौद्धिक नेतृत्व देते हुए संसार का मार्गदर्शन किया और अपने इसी महान संस्कार के कारण भारत विश्वगुरु के सम्मानपूर्ण स्थान पर विराजमान हुआ। इस प्रकार विज्ञानवाद में विश्वास रखना और वैज्ञानिक दृष्टिकोण अपनाकर वैज्ञानिक अनुसंधान और आविष्कारों में रत रहना भारत की मौलिक चेतना का एक विशेष गुण है।

विश्वास किया विज्ञान में मेरे भारत देश ने,
आविष्कार किए थे ढेरों मेरे भारत देश ने।
अनुसंधानों में रत रह सोच बदल दी दुनिया की,
नेतृत्व दिया था दुनिया को मेरे भारत देश ने।।

हमने सदैव प्रकाश की अर्थात ऊर्जा की साधना की। हमने तेज को अपना आदर्श माना और सत्य को अपने जीवन का आधार बनाया। वैज्ञानिक उन्नति के साथ-साथ हमने आध्यात्मिक उन्नति भी की। आध्यात्मिक उन्नति का परिणाम यह निकला कि हमारा विज्ञान हमारे लिए कभी भस्मासुर नहीं बना और वह सदा सकारात्मक ऊर्जा के साथ प्रवाहित होता रहा। कहने का तात्पर्य है कि हमने विनाशकारी भौतिक विज्ञान को नहीं अपनाया जैसा कि आज का यूरोप अपना रहा है।

इसका कारण यह है कि भारतीय मनीषा सदा सात्विक रही। उसने सात्विक आहार-विहार तथा आचार-विचार पर ध्यान दिया। अपने आहार-विहार व आचार-विचार को सात्विक बनाकर सात्विक विज्ञान के माध्यम से भौतिकवाद और अध्यात्मवाद का समन्वय कर जीवन जीने की कला विकसित की। विज्ञान को सात्विकता के साथ मानव हित और प्राणीमात्र के हित में प्रयोग करना और उस पर मनुष्य का नियंत्रण भी स्थापित रखना यह केवल भारतीय मनीषा का और भारतीय चेतना का ही विषय है। शेष संसार आज तक विज्ञान पर शासन नहीं कर पाया। विज्ञान ने ही संसार पर शासन किया और विनाश मचाया।

आज के संसार को भी हिंदुत्व की मौलिक चेतना के इस संस्कार स्वर को स्वीकार करना होगा कि विज्ञान को सात्विकता के साथ समन्वित कर प्राणीमात्र के हितानुकूल प्रयोग करना मनुष्य मात्र का उद्देश्य होना चाहिए। हमारे ऐसा कहने का अभिप्राय यह है कि भारत ने दुष्ट और पापाचारी का विनाश करने के लिए अस्त्र-शस्त्र की खोज की। उसने कभी शरीफ और गरीब को सताने के लिए तलवार का प्रयोग नहीं किया।

ये ही विज्ञान का सात्विक सदुपयोग करना है। जितना जिसका अपराध हो उसको उसके अपराध के अनुपात में उतना ही दण्ड हो। विज्ञान अपराध के अनुपात में दंड देने में सहभागी हो ना कि निर्बल और सज्जन शक्ति के विनाश के लिए आइंस्टीन के परमाणु बम की भांति विनाशकारी स्वरूप में लोगों के सामने आए। विज्ञान भय दूर करने वाला हो न कि भय फैलाने वाला हो। विज्ञान आतंकी के हृदय में भय पैदा करने वाला और सज्जन शक्ति के हृदय में से भय को भगाने वाला हो। जब इस प्रकार का विज्ञान हमारे सामने आता है तो वह सात्विक बौद्धिक शक्तियों के द्वारा दोहा गया विज्ञान होता है और यह तभी संभव है जब वेद जैसे पवित्र शास्त्रों की यौगिक व्याख्या हो और इस यौगिक व्याख्या के आधार पर विज्ञान को सहज रूप में प्रवाहित होने दिया जाए।

जिन्होंने दधीचि और वृत्रासुर के गुण, कर्म, स्वभाव को अंगीकार किया, लोगों ने उन देहधारी व्यक्तियों को किसी काल विशेष में इसी नाम से पुकार कर सम्मानित किया। यदि उनका कभी भौतिक अस्तित्व भी रहा है तो इतने ऊंचे चिंतन वाले अपने ऋषि दधीचि और वृत्रासुर का भी हम हृदय से स्मरण करते हैं।

❐

अध्याय-36

संसार के पहले कुलपति : शौनक ऋषि

नैमिषारण्य का भारतीय वांग्मय में विशिष्ट स्थान है। यहां पर अनेक ऋषियों ने तपस्या की और मोक्ष पद प्राप्त किया। जिन ऋषियों ने यहां पर दीर्घकाल तक तपस्या की है, उनमें ऋषि शौनक का भी नाम सम्मिलित है। ऋषि शौनक एक वैदिक आचार्य थे, जो भृगुवंशी शुनक ऋषि के पुत्र थे। इनका पूरा नाम इंद्रोतदैवाय शौनक था। इन्होंने एक विशाल गुरुकुल की स्थापना करके उसके माध्यम से प्राचीन काल में भारतीय धर्म, संस्कृति और वैदिक मान्यताओं के प्रचार-प्रसार में अपना अनुपम योगदान दिया। मान्यता है कि इनके गुरुकुल में दस हजार विद्यार्थी विद्या ग्रहण करते थे। इतनी बड़ी संख्या में विद्यार्थियों के जीवन निर्माण से राष्ट्र निर्माण और विश्व निर्माण के अपने पवित्र कार्य का संपादन ऋषि शौनक बड़ी शालीनता के साथ करते थे।

धर्म के प्रचार में, जुटे रहे दिन रात।
शिक्षा के प्रसार में, दिन देखा ना रात।।

विद्याध्ययन के केंद्र के रूप में विकसित हुए नैमिषारण्य ने ऋषि शौनक के इस प्रकार के पवित्र और महान कार्य से पर्याप्त प्रसिद्धि प्राप्त की थी। मान्यता यह भी है कि ऋषि शौनक से भी पहले से नैमिषारण्य में 88 हजार ऋषि अलग-अलग काल खंडों में तपस्या करते चले आए थे। इस प्रकार नैमिषारण्य ऋषियों की पवित्र भूमि होने के कारण पवित्रता, शांति और अध्यात्म का केंद्र बन गया था। इतनी बड़ी संख्या में ऋषि महात्माओं की तप:स्थली के रूप में मान्यता प्राप्त रही नैमिषारण्य की पवित्र भूमि ने राष्ट्र निर्माण में अपनी महत्वपूर्ण भूमिका का निर्वाह किया।

ऋषियों ने यहां तप किया, जीवन दिया खपाय।
मोक्ष पद को पायकर किया, जीवन का कल्याण।।

ऋषि शौनक को संसार का पहला कुलपति होने का सम्मान भी प्राप्त है। उससे पहले ऋषिगण जिस प्रकार विद्यादान किया करते थे उसका ढंग दूसरा होता था। ऋषि शौनक ने अपने

समय में विद्या दान की प्रक्रिया में क्रांतिकारी परिवर्तन किए। उन्होंने बड़ी संख्या में विद्यार्थियों को एक स्थान पर रखकर उनके लिए वे सारी सुविधाएं उपलब्ध कराईं जो आज के विद्याध्ययन केंद्रों के पास उपलब्ध होती हैं। यद्यपि आज के विद्याध्ययन केंद्रों और ऋषि शौनक या उनसे पूर्व के ऋषियों के विद्याध्ययन केंद्रों अर्थात गुरुकुलों के परिवेश में जमीन आसमान का अंतर है। जहां हमारे प्राचीन ऋषियों के गुरुकुल या विश्वविद्यालय या शिक्षा केंद्र पूर्णतया सात्विक और आध्यात्मिक परिवेश से परिपूर्ण होते थे, वहीं आज के तथाकथित शिक्षा केंद्रों में विलासिता सर चढ़कर बोलती है। नैमिषारण्य में स्थापित किए गए उस शिक्षा केंद्र को ऋषि शौनक ने जिस प्रकार आध्यात्मिकता के रंग से रंगा उससे पता चलता है कि वे भारत के प्राचीन वैदिक ऋषियों की चिंतनधारा को आगे बढ़ाने का ही कार्य कर रहे थे।

अध्यात्म के परिवेश में, सतोगुण का प्रभाव।
ढूंढे से भी ना मिले, विलासीपन का भाव।।

ऋषि शौनक यज्ञ याग के भी बहुत बड़े मर्मज्ञ थे। उन्होंने महाभारत काल में राजा जनमेजय का अश्वमेध और सर्पसत्र नामक यज्ञ संपन्न करवाया था। ऋष्यानुक्रमणी ग्रंथानुसार, असल में शौनक ऋषि अंगिरस् गोत्रीय शनुहोत्र ऋषि के पुत्र थे, परंतु बाद में भृगु-गोत्रीय शनुक ने इन्हें अपना पुत्र मान लिया था। जिस कारण इन्हें शौनक पैतृक नाम प्राप्त हुआ था।

उन्होंने ऋक्प्रातिशाख्य, ऋग्वेद छंदानुक्रमणी, ऋग्वेद ऋष्यानुक्रमणी, ऋग्वेद अनुवाकानुक्रमणी, ऋग्वेद सूक्तानुक्रमणी, ऋग्वेद कथानुक्रमणी, ऋग्वेद पादविधान, बृहदेवता, शौनक स्मृति, चरणव्यूह, ऋग्विधान आदि अनेक ग्रंथ लिखे हैं। इसके अतिरिक्त इन्होंने ही शौनक गृह्सूत्र, शौनक गृह्यपरिशिष्ट, वास्तुशास्त्र ग्रंथ की रचना भी की थी।

शिक्षा केंद्र के कुलपति के रूप में यदि ऋषि शौनक को विशेष सम्मान के दृष्टिकोण से देखते हुए उनके व्यक्तित्व और कृतित्व का परिशीलन किया जाए तो पता चलता है कि उनके पश्चात जब भारतवर्ष में तक्षशिला और नालंदा जैसे विश्वविद्यालयों की स्थापना हुई तो उनके मूल प्रेरणा स्रोत के रूप में ऋषि शौनक का ही नाम लिया जाना चाहिए। वर्तमान शिक्षा प्रणाली के दोषों को थोड़ी देर अलग कर और आधुनिक शिक्षा केंद्रों में व्याप्त विलासिता पूर्ण परिवेश को भी कुछ देर के लिए उपेक्षित करके देखा जाए तो पता चलता है कि ऋषि शौनक द्वारा स्थापित किए गए भव्य भवन की आधारशिला पर ही उसकी अनुकृति के रूप में ये शिक्षा केंद्र आज काम कर रहे हैं।

आज हमारे पास में, जो कुछ भी है दिव्य।
ऋषियों का पुरुषार्थ ही उसे बनाता भव्य।।

कहने का अभिप्राय है कि ऋषि शौनक जहां प्राचीन काल में शिक्षा महारथी के रूप में सम्मानित हुए वहीं वे आज की शिक्षा और शैक्षणिक क्षेत्र में कार्य कर रहे लोगों के लिए प्रेरणा स्रोत हो सकते हैं। उनके चिंतन दर्शन को यदि आज अपना लिया जाए तो जहां कुलपति अपनी पवित्र भूमिका का निर्वाह करने में सक्षम हो सकते हैं, वहीं शिक्षा राष्ट्र निर्माण का एक सशक्त और उपयोगी माध्यम भी हो सकती है। पुराणों में ऐसा भी उल्लेख है कि कलियुग के दोषों का दहन करने के लिए नैमिषारण्य में ऋषि शौनक ने 12 वर्ष तक निरंतर विशाल यज्ञ का आयोजन किया था। इस प्रकार ऋषि परमार्थ के लिए जीवन भर कार्य करते रहे। प्राचीन काल में शिक्षा का उद्देश्य परमार्थ के लिए ही युवाओं को तैयार करना होता था। ऋषि शौनक स्वयं परमार्थ का प्रतीक बन चुके थे। परमार्थ के लिए तपस्या करने वाले इस ऋषि ने अपने गुरुकुल से जिन हजारों युवाओं का निर्माण कर संसार के उपकार के लिए निकाला था उनका वह कार्य ही उनको मान्यता प्रदान करने के लिए पर्याप्त है।

भारतीय सांस्कृतिक राष्ट्रवाद को मजबूती देने और उसे सर्वग्राही बनाने में ऋषि शौनक के योगदान को कभी भुलाया नहीं जा सकता। उन्होंने गुरु शिष्य परंपरा का विस्तार किया। इसे संसार के लिए उपयोगी बनाकर यज्ञ परंपरा का भी विशेष विस्तार किया।

❐

अध्याय-37

महर्षि च्यवन

महर्षि च्यवन का नाम हमारे देश में बहुत प्रसिद्ध है। उनके द्वारा बनाया गया 'च्यवनप्राश' आज भी स्वास्थ्य वर्धक रसायनों में सम्मिलित है। वे महर्षि भृगु और पुलोमा के पुत्र थे। जब कुछ समय पहले सारे विश्व को कोरोना जैसी बीमारी ने अपनी चपेट में लिया था तो उस समय संसार भर के चिकित्साशास्त्री और वैज्ञानिक मानव शरीर में इम्यूनिटी बढ़ाने की दवाओं की खोज में लग गए। तब अनेक लोगों को भारत के इस महान चिकित्सा शास्त्री महर्षि च्यवन के च्यवनप्राश से आशातीत लाभ हुआ था। जिससे हमारे इस प्राचीन ऋषि की वैज्ञानिक बुद्धि का लाभ उठाकर संसार के लोगों ने अपने आप को स्वस्थ बनाए रखने में सफलता प्राप्त की थी।

ऋषि हमारे च्यवन धन्य थे, भारत भू को धन्य किया।
चवनप्राश देकर के विश्व को बहुत बड़ा था पुण्य किया।।

महर्षि च्यवन ने 'च्यवनप्राश' जैसी स्वास्थ्य वर्धक औषधि को बनाने में विटामिन सी से भरपूर आंवला को एक महत्वपूर्ण और मुख्य घटक के रूप में मान्यता प्रदान की है। इससे पता चलता है कि हमारे ऋषि पूर्वज विटामिन सी के बारे में पूरी जानकारी रखते थे और उन्हें पता था कि आंवला में यह विटामिन भरपूर मात्रा में मिलता है। आंखों की ज्योति के लिए और शरीर की अनावश्यक गर्मी को समाप्त करने में भी आंवला का महत्वपूर्ण उपयोग होता आया है। आंवला पेट की अनेक बीमारियों की औषधि भी है। इसीलिए त्रिफला चूर्ण को लेकर लोग स्वास्थ्य लाभ लेते हैं, जिसमें आंवला की भी मात्रा होती है। वास्तव में आंवला हमारे शरीर की रक्षा प्रणाली को शक्ति प्रदान करता है।

'च्यवनप्राश' बनाने में लगभग तीन दर्जन जड़ी-बूटियों का प्रयोग किया जाता है। इन जड़ी बूटियों में नागकेसर, सफेद मूसली, पिप्पली, शहद, तेजपत्ता, पाटला, अरणी, गंभारी, कमलगट्टा बिल और श्योनक की छाल, नागमोथा, पुष्करमूल केशर, दालचीनी आदि का नाम विशेष रूप से उल्लेखनीय है।

इस महान ऋषि ने स्वास्थ्य वर्धक औषधि च्यवनप्राश को एक बार बना दिया तो बना ही दिया। जिसका उपयोग संपूर्ण मानवता उनके संसार से जाने के हजारों वर्ष पश्चात आज तक यथावत कर रही है।

मानवता ले रही लाभ, यश की गाथा गा-गाकर।
शीश झुकाते ऋषि के आगे हृदय से अभिनंदन कर।।

महर्षि च्यवन ने च्यवनप्राश बनाने के लिए इसकी विधि लिखी है। उनकी बताई विधि के अनुसार सभी जड़ी बूटियों का पहले द्रव्य निकाला जाता है। ताजे आंवला को एक कपड़े की पोटली में बांधकर किसी बड़े बर्तन में कम से कम 12-14 लीटर पानी डालकर उबालने की प्रक्रिया बताई गई है। इस पानी को इतनी देर उबालना है कि कुल चढ़ाए गए पानी का केवल 1/8 भाग शेष रह जाना चाहिए। इसके पश्चात आंवले को निकाल कर उसके बीजों को अलग कर दें और आंवले का पेस्ट बना लें, बचे हुए पानी को भी छानकर रख लेना चाहिए। किसी कढ़ाई में तिल का तेल गर्म करें और आंवले को उसमें अच्छी प्रकार पकाएं। इसके पश्चात बचे हुए पानी में आवश्यकतानुसार चीनी मिलाकर चासनी तैयार कर लेनी चाहिए। फिर इसमें आंवला डालकर पकाएं। तैयार हो जाए तो उसमें 200 ग्राम तुगक्षिरी, 300 ग्राम शहद, 50 ग्राम छोटी इलायची, 100 ग्राम पिपली, 50 ग्राम तेजपत्र और 50 ग्राम नागकेसर आदि घटक द्रव्यों को मिलाएं। इस प्रकार 'च्यवनप्राश' बनकर तैयार हो जाता है।

उत्तम रसायन दिया ऋषि ने स्वास्थ्य की रक्षा करता।
जुड़ो अपने मूल से प्यारे! यही हमें शिक्षा करता।।

आंवला, वसाका, अश्वगंधा, तुलसी, नीम, केसर, पिपली, ब्राह्मी, घी, शहद, लौंग, इलायची, दालचीनी, बेल, अगुरु, तेजपत्ता, पुनर्नवा, हल्दी, नागकेसर, शतावरी, तिल का तेल आदि सभी वनस्पतियों के औषधीय तत्वों को खोजना और उन्हें मानव स्वास्थ्य के लिए उपयोगी बनाना सचमुच ऋषि च्यवन की बहुत बड़ी देन है। जिस पर प्रत्येक भारतीय को गर्व है। यह बात तब और भी अधिक महत्वपूर्ण हो जाती है जब वर्तमान में एलोपैथी के दुष्परिणाम हम आते हुए देख रहे हैं। च्यवनप्राश एक ऐसी महौषधि है, जिसके कोई दुष्प्रभाव स्वास्थ्य पर नहीं पड़ते।

❐

अध्याय-38

मनोविज्ञान के विशेषज्ञ ऋषि उद्दालक

जो दिल्ली के लाल किले के बारे में कुछ नहीं जानते, वह इसे देखकर भी देख नहीं पाते। ऐसे लोगों की दृष्टि में लालकिला पत्थर की ऊंची-ऊंची दीवारों और किसी अज्ञात काल में किसी राजा के निवास स्थान के अतिरिक्त कुछ भी नहीं है। पर जो लोग लाल किला के विषय में जानते हैं कि यह अमुक कालखंड में राजा अनंगपाल तंवर के द्वारा बनवाया गया था और उसके पश्चात यह किस-किस प्रकार सल्तनत काल के सुल्तानों और उसके पश्चात मुगल काल के बादशाहों के अधीन रहा या किस प्रकार यहां से अंग्रेज शासन करते रहे वह इसे देखकर इसके विषय में बहुत कुछ जान लेते हैं। लौकिक जगत में ऐसे लोगों को भी तत्वदर्शी ही कहा जाता है। यद्यपि तत्व दर्शन एक अलग ही विषय है जो हमारे ऋषियों पर विशेष रूप से लागू होता है। हमारे ऋषि पूर्वज अलौकिक जगत के रहस्यों को खोजने समझने में मग्न रहते थे। वे बरगद के एक बीज में बरगद के विशाल विशाल वृक्ष देखते थे। इन्हीं को उनका तत्व दर्शन कहा जाता था।

तत्वज्ञ थे, मर्मज्ञ थे, ऋषि धर्म दर्शन कार थे,
वे खोजते थे सृष्टि में, रहस्य सिरजनहार के।
ढाला था जीवन शोध में, रहते थे आत्मबोध में
रखते थे चाह मोक्ष की जिसके सही हकदार थे।।

ऋषि उद्दालक भारतवर्ष में उपनिषद काल के तत्वदर्शी चिंतनशील मूर्धन्य विद्वानों में गिने जाते हैं। गौतम गोत्रीय आरुणि ऋषि इनके पिता थे, इसीलिए इनको आरुणि के नाम से भी जाना जाता है। महाभारत में जिन धौम्य ऋषि के द्वारा युधिष्ठिर और द्रोपदी का विवाह संस्कार कराया गया था, वही धौम्य ऋषि इनके गुरु थे। आजकल विद्यालयों में विज्ञान के विद्यार्थियों से प्रयोग कराने के लिए जिन प्रयोगशालाओं का प्रयोग किया जाता है वास्तव में शिक्षा के क्षेत्र में इस प्रकार के प्रायोगिक संस्कार की स्थापना करने वाले सबसे पहले वैज्ञानिक ऋषि उद्दालक ही थे।

हमारे इस महान ऋषि की विज्ञान के क्षेत्र में इस विशेष देन को ग्रीक संत थेल्स के नाम कर दिया गया है, जो कि 76 ईसा पूर्व जन्मे थे। अपनी देव भाषा संस्कृत और अपनी देव संस्कृति वैदिक संस्कृति से दूर हो जाने के कारण हम अपने इस महान वैज्ञानिक ऋषि को पूर्णतया उपेक्षित कर चुके हैं। कुछ समय पूर्व बक्सर विद्वत परिषद द्वारा आयोजित की गई एक विचार गोष्ठी में अपने विचार व्यक्त करते हुए इस विषय में प्रसिद्ध इतिहासकार देवीप्रसाद चट्टोपाध्याय ने सिद्ध किया था कि वास्तव में थेल्स नहीं बल्कि उद्दालक प्रथम चिन्तक थे, जिन्होंने ज्ञान प्राप्ति के लिए प्रयोग की आवश्यकता का प्रतिपादन किया था।

थेल्स को हम व्यर्थ ही, उठाए सिरों पर घूमते,
अपने ऋषि से ज्ञान का, उपदेश नहीं पूछते।
मूल को हम खो चुके और मारती भटकन हमें,
क्या थे और क्या हो गए, नहीं बैठकर ये सोचते।।

कुछ लोगों का मानना है कि तत्वदर्शी महर्षि याज्ञवल्क्य इन्हीं महर्षि उद्दालक के शिष्य थे। हमारा मानना है कि ऋषि याज्ञवल्क्य रामायण काल में हुए हैं। जिन्होंने बृहदारण्यक उपनिषद में अपने गहन तत्व चिंतन और दर्शन की प्रस्तुति की है।

तब महाभारत काल में हुए ऋषि उद्दालक के साथ उनका जोड़ा जाना कितना उचित है?

महर्षि उद्दालक ने मन की चेतना पर बड़ी गहनता से अध्ययन किया था। विद्वानों की यह भी मान्यता है कि उन्होंने ही मन की गति को शांत करने के लिए चित्त की वृत्तियों के निरोध की बात सर्वप्रथम कही थी। जिसे ऋषि पतंजलि ने अपने योग दर्शन में स्थान दिया। ध्यान की अवस्था को प्राप्त करने के लिए अभ्यास बनाने पर हमारे ऋषियों ने बल दिया है। वास्तव में यह अभ्यास मन की चंचलता को शांत करने के लिए किया जाता है। जिस पर पहला अनुसंधान ऋषि उद्दालक द्वारा ही किया गया। पश्चिमी जगत में फ्रायड जैसे मनोवैज्ञानिक हुए, पर वे इतनी गहराई तक नहीं पहुंच पाए जितनी गहराई तक हमारे ऋषि उद्दालक और उनके पश्चात ऋषि पतंजलि पहुंचे। हमारे ऋषियों ने मन की चंचलता को शांत करने के लिए पूरा विज्ञान एक सिस्टम के रूप में हमें दे दिया। इसी सिस्टम का नाम आजकल योगा अर्थात योग दर्शन है।

ऐसे में मन को किसी एक भी में लगाने के लिए या स्थिर करने के लिए बारंबार चेष्टा करते रहने का नाम ही अभ्यास है।

उद्दालक वैरागी थे, और योग चिंतक थे घने,
थे दिव्यता की मूर्ति, और योग दर्शन से सने।
थे पवित्रता के देवता, चिंतन बड़ा उत्कृष्ट था,
था बड़ा अभ्यास गहरा, अभ्यास के लिए बने।।

ऋषि उद्दालक की गुरु भक्ति का भी एक आदर्श उदाहरण हमें प्राप्त होता है। एक दिन की बात है जब बड़ी तेज वर्षा हो रही थी।उनके गुरु ऋषि धौम्य ने अपने आज्ञाकारी शिष्य आरुणि से कहा कि:- 'हे वत्स! खेत की मेड़ टूट जाने से पानी बाहर निकला जा रहा है, सो तुम जाकर मेड़ बांध आओ।' गुरुजी की आज्ञा पाकर एक आज्ञाकारी शिष्य के रूप में आरुणि तुरंत मेड बांधने के लिए चल दिया। बच्चे ने खेत में जाकर देखा कि पानी का बहाव बहुत ही तेज था। पानी के बाहर निकलने के प्रवाह को रोकने के लिए वह जितनी मिट्टी डालता, वह तुरंत बह जाती थी।

उस बच्चे ने पानी के बहाव को रोकने के लिए एक नई युक्ति का सहारा लिया। वह जहां से पानी बह रहा था वहां स्वयं ही लेट गया। बच्चे की इस नई युक्ति से पानी का बहना तो रुक गया पर अधिक वर्षा और बहाव के तेज होने के कारण वह बच्चा स्वयं भी बेहोश हो गया।

जब शाम तक भी बच्चा गुरुकुल में नहीं पहुंचा तो उनके गुरु जी धौम्य ऋषि को उनके न आने की चिंता होने लगी। कुछ देर और प्रतीक्षा करने के पश्चात उन्होंने रात्रि के गहराने पर स्वयं उस स्थान पर पहुंचने का निर्णय लिया जहां आरुणि को उन्होंने भेजा था। खेत पर जाकर जब उन्होंने अपने शिष्य आरुणि को बेहोशी की अवस्था में देखा तो गुरुजी अत्यंत भावविभोर हो गए। उन्हें यह समझने में भी देर नहीं लगी कि उनके शिष्य ने उनकी आज्ञा का यथावत पालन करने के लिए क्या क्या प्रयास किए होंगे और किस प्रकार वह बहाव को रोकने के लिए स्वयं ही उस स्थान पर लेट गया होगा जहां से तेज पानी बह रहा था?

ये हैं भारतीय संस्कृति के मूल्य।

मृत्यु के विषय में बृहदारण्यक उपनिषद ने बताया है-

स यत्रायमात्माऽबल्यं न्येत्यसंमोहमिव न्येत्यथैनमेते प्राणा अभिसमायन्ति स एतास्तेजोमात्राः समभ्याददानो हृदयमेवान्ववक्रामति स यत्रैष चाक्षुषः पुरुषः पराङ् पर्यावर्ततेऽथारूपज्ञो भवति।।

(बृ.उ. 4.41)

उपनिषद के ऋषि का कहना है कि जब मनुष्य मृत्यु समय में निर्बलता से मूर्छित-सा हो जाता है और निढाल होकर बिस्तर पर पड़ जाता है तब आत्मा की चेतना शक्ति जो कुछ समय पहले तक (समस्त बाहर और भीतर की) इन्द्रियों में फैली हुई रहती है, उसे सिकोड़ती हुई हृदय में पहुंचती है, जहां उसकी वह समस्त शक्ति संचित हो जाती है। इन शक्तियों के सिकोड़ लेने का इन्द्रियों पर क्या प्रभाव पड़ता है, इसका वर्णन करते हुए ऋषि का कहना है कि जब आंख से वह चेतनामय शक्ति अर्थात चाक्षुष पुरुष, निकल जाती है तब आंखें ज्योतिरहित हो जाती हैं और मनुष्य उस मृत्यु समय किसी को देखने अथवा पहचानने में अयोग्य हो जाता है।

सब लोग कहते हैं कि अब इसकी आंखों ने देखना बंद कर दिया है। इसी प्रकार अन्य इंद्रियों की दशा होती चली जाती है।

मृत्यु समय की इस वास्तविकता को महर्षि उद्दालक ने इस प्रकार व्यक्त किया है कि जब मनुष्य मरता है, तब उसकी वाक् शक्ति मन में अंतर्लीन हो जाती है; अनंतर मन प्राण में, प्राण तेज में तथा अंत में तेज देवता में अंतर्लीन हो जाता है। (छां. 6.15)। इस सिद्धांत को याज्ञवल्क्य ने भी विस्तार से प्रतिपादित किया है।

ऋषि उद्दालक का कहना है कि 'आचार्यवान् पुरुषो वेद' गुरु के द्वारा उपदिष्ट पुरुष ही परम तत्व को जानता है। विद्वानों की मान्यता है कि आरुणि का यह उपदेश गुरुतत्व की आधारशिला है।

जिन लोगों ने याज्ञवल्क्य और ऋषि उद्दालक के समकालीन होने की भ्रांति फैलाई है, ये वही लोग हैं जो संसार को पिछले 5000 वर्ष में ही बनता हुआ देखते हैं। यही कारण है कि अपनी अतार्किक मान्यताओं को यह ईसा पूर्व 1000-2000 वर्ष में समेटने का प्रयास करते हैं। इसीलिए ऋषि उद्दालक और याज्ञवल्क्य को भी समकालीन माने जाने की भ्रांति फैलाई गई है।

अपनी इसी मिथ्या धारणा के कारण ऋषि उद्दालक और याज्ञवल्क्य को लोगों ने 1800 ईसा पूर्व से 700 ईसा पूर्व के काल में समाविष्ट करने का प्रयास किया है। जबकि ऋषि धौम्य और उद्दालक का महाभारत में उल्लेख आने से उनका कालखंड 5000 वर्ष से अधिक पहला सिद्ध होता है।

❑

अध्याय-39

गायत्री मंत्र द्रष्टा महर्षि विश्वामित्र

महर्षि विश्वामित्र प्राचीन काल में शस्त्र विद्या के ज्ञाता के रूप में जाने जाते थे। उनके बारे में अनेक प्रकार की किंवदंतियां प्रचलित हैं। हम उन किंवदंतियों के आधार पर बनी कहानियों का उल्लेख यहां पर नहीं करेंगे।

इतिहास की साक्षी है कि प्रजापति के पुत्र कुश, कुश के पुत्र कुशनाभ और कुशनाभ के पुत्र राजा गाधि हुए। विश्वामित्र जी गाधि के पुत्र थे। इन्होंने अपने विशिष्ट व्यक्तित्व के आधार पर अपने काल में विशिष्ट कार्य संपादित किए और इतिहास में अपना विशिष्ट स्थान बनाया। विश्वामित्र के पिता ने वयोवृद्ध होने के उपरांत वानप्रस्थ में जाने का निर्णय लिया। फलस्वरूप उन्होंने अपना राज्य सिंहासन अपने पुत्र विश्वामित्र को सौंप दिया। विश्वामित्र बहुत ही सुयोग्य युवक थे। उन्होंने अपने पिता के वन चले जाने के उपरांत बहुत ही कुशलतापूर्वक और प्रजाहितचिंतन करते हुए राज्य कार्य संभाला। कहते हैं कि एक बार वह अपनी पत्नी के साथ पासा अर्थात गोटी खेल रहे थे।

जिसमें उनकी पत्नी की विजय होने के उपरांत पत्नी को उन पर हंसी आ गई। क्रोधी स्वभाव के विश्वामित्र पत्नी को इस प्रकार अपने ऊपर हंसते देखकर अपने आप को अपमानित अनुभव करते हुए गोटी को क्रोध में फेंककर राज दरबार में पहुंच गए। वहां पर उपस्थित उनके राजदरबारी उनके इस प्रकार आगमन के उपरांत उनकी जय-जयकार करने लगे। इस पर उन्होंने कहा कि मैंने ऐसा कोई कार्य नहीं किया है, जिससे मेरी जय जयकार हो।

जय जयकार अच्छी लगे, जब हो काम महान।
आचरण जब तक है नहीं, फीका लगता ज्ञान।।

अब ऋषि विश्वामित्र ने भूमंडल के अन्य राजाओं को परास्त कर अपने अधीन करने के लिए प्रस्थान किया और अनेक राजाओं को अपनी अधीनता स्वीकार करने के लिए विवश

कर दिया। जब वह अपने इस विजय अभियान से लौट रहे थे तो वह ऋषि वशिष्ठ के आश्रम के निकट रुके हुए थे। ऋषि विश्वामित्र के पास अनेक प्रकार की शस्त्र विद्या का ज्ञान था। जिससे उनकी सेना के पास अपरिमित शक्ति थी। उस शक्ति का सामना करने का साहस कोई राजा नहीं कर पाया। फलस्वरूप वह अपने राज्य का विस्तार करने में सफल हो गए।

जब वह ऋषि वशिष्ठ के आश्रम के निकट रुके हुए थे तो ऋषि वशिष्ठ ने उनके बारे में जानकारी होने पर उन्हें अपने आश्रम में विनम्रता पूर्वक आमंत्रित किया। कहा जाता है कि विश्वामित्र ने ऋषि वशिष्ठ का आतिथ्य तो स्वीकार कर लिया पर वे उनकी नंदिनी नामक गाय को बलात छीनकर ले जाने लगे। ऋषि वशिष्ठ स्वयं भी शक्ति संपन्न थे, पर उन्होंने अपने अतिथि विश्वामित्र के साथ किसी भी प्रकार की शक्ति का प्रयोग करना उचित नहीं माना। इस संबंध में जो भी कहानी मिलती है उसके आधार पर यह निष्कर्ष निकलता है कि ऋषि वशिष्ठ के गौ रक्षक गोपालों से विश्वामित्र के सैनिकों का संघर्ष हुआ, जिसमें वे विजयी हुए। अपने पिता विश्वामित्र को इस प्रकार पराजित हुए देखकर उनके अनेक पुत्रों ने भी ऋषि वशिष्ठ के योद्धा सैनिकों को चुनौती दी। पर ऋषि विश्वामित्र के उन अनेक पुत्रों में से एक पुत्र को छोड़कर शेष सभी मृत्यु को ही प्राप्त हुए। कहा जाता है कि इसके उपरांत ऋषि विश्वामित्र ने अपना राज्य सिंहासन अपने बचे हुए एकमात्र पुत्र को सौंप दिया और वे स्वयं वनों में जाकर तपस्या करने लगे। उन्होंने अनेक अस्त्र शस्त्रों पर गहन अनुसंधान किया और उनकी प्राप्ति करने में सफल हुए।

क्रोध के कारण खो दिया, बना बनाया राज।
भयंकर विषधर क्रोध है, डस लेता है ताज।।

इसके पश्चात विश्वामित्र ने ऋषि वशिष्ठ के आश्रम में पहुंचकर उनके योद्धा सैनिकों को चुनौती दी। इस बार वशिष्ठ जी ने अपना धनुष संभाल लिया और स्वयं उनकी चुनौती को स्वीकार किया। क्रोधावेश में जल रहे विश्वामित्र ने एक के बाद एक आग्नेयास्त्र, वरुणास्त्र, रुद्रास्त्र, इन्द्रास्त्र तथा पाशुपतास्त्र आदि अस्त्र शस्त्रों को प्रयोग में लेना आरंभ कर दिया।

चिंतन दूषित हो गया, व्यर्थ गया उपदेश।
ऋषिगण को लड़ते हुए देख रहा था देश।।

विश्वामित्र जिन अस्त्र शस्त्रों का प्रयोग कर रहे थे उनको वशिष्ठ जी ने अपने मारक अस्त्रों से मार्ग में ही नष्ट कर दिया। ऋषि विश्वामित्र के लिए वशिष्ठ जी की धनुर्विद्या और तपोबल का सामना करना कठिन हो गया था। तब उन्होने और भी अधिक क्रोधित होकर मानवास्त्र, मोहनास्त्र, गान्धर्वास्त्र, जूंभणास्त्र, दारणास्त्र, वज्र, ब्रह्मपाश, कालपाश, वरुणपाश, पिनाक धनुष, दण्डास्त्र, पैशाचास्त्र, क्रौंचास्त्र, धर्मचक्र, कालचक्र, विष्णुचक्र, वायव्यास्त्र, मंथनास्त्र, कंकाल, मूसल, विद्याधर, कालास्त्र आदि बहुत ही विनाशकारी अस्त्रों का प्रयोग करना आरंभ कर दिया। वशिष्ठ जी भी युद्ध विद्या में पूर्णतया पारंगत थे।

अपने विरोधी और क्रोधी विश्वामित्र को इस प्रकार विनाशकारी अस्त्रों का उपयोग करते देखकर उन्होंने भी अपनी शस्त्र विद्या का प्रयोग करना आरंभ कर दिया। जिसका परिणाम यह निकला कि विश्वामित्र के उन सभी भयंकर विनाशकारी हथियारों का कोई प्रभाव ऋषि वशिष्ठ पर नहीं हुआ। इसके पश्चात ऋषि वशिष्ठ ने उन पर ब्रह्माण्ड अस्त्र छोड़ दिया। ब्रह्माण्ड अस्त्र के भयंकर गगनभेदी नाद से सारा संसार पीड़ा से तड़पने लगा। इसके पश्चात ऋषि मनीषियों की एक सभा हुई और उसमें निर्णय लिया गया कि इस युद्ध में वशिष्ठ ने विजय प्राप्त की है। फलस्वरूप उन सभी ऋषि महर्षियों ने ऋषि वशिष्ठ से अनुरोध किया कि वे अपने इस अस्त्र के प्रयोग से हुई विनाशलीला का उपचार करने का उपाय खोजें। तब ऋषि वशिष्ठ ने अपने योगबल से उस विनाशलीला के तांडव को समाप्त करने की प्रक्रिया आरंभ की। यहां पर यह समझने की आवश्यकता है कि हमारे ऋषि लोग यदि विनाशकारी हथियारों का प्रयोग करना जानते थे तो उसका प्रभाव सीमित या समाप्त करने का उपाय भी जानते थे।

लीला हुई विनाश की, कांप रहे त्रिलोक।
लोगों में भय छा गया फैल गया था शोक।।

इसके उपरांत ऋषि विश्वामित्र फिर अपने आप को अपमानित सा अनुभव कर वनों में जाकर तपस्या करने लगे। उनकी तपस्या से प्रसन्न होकर उन्हें ब्रह्मा जी ने राजर्षि का सम्मान प्रदान किया।

इस सम्मान से ऋषि विश्वामित्र अधिक प्रसन्न नहीं थे। वह चाहते थे कि उन्हें ब्रह्मर्षि का सम्मान प्रदान किया जाए। काल विशेष पर उन्होंने अपने भीतर बैठे क्रोध नाम के शत्रु पर विजय प्राप्त कर ऋषि वशिष्ठ से क्षमा याचना की। तब उन्हें ऋषि वशिष्ठ ने ब्रह्मर्षि का सम्मान प्रदान किया।

ऋषि विश्वामित्र को गायत्री का मंत्र दृष्टा ऋषि भी कहा जाता है। अपने जीवन में इतने उत्पातों के उपरांत भी उन्होंने अपनी बुद्धि को सन्मार्ग में ले चलने की कठोर साधना की। यही गायत्री का वह रहस्य था जो उन पर प्रकट हुआ। गायत्री के इस महान रहस्य को समझकर उनके जीवन में व्यापक परिवर्तन हुए। इसलिए उनको गायत्री का मंत्र दृष्टा ऋषि कहा जाता है। उन्होंने इस मंत्र के रहस्य को जाना और अपने जीवन में अंगीकार किया। इसके पश्चात उन्होंने गायत्री के फल को भोगकर अपने जीवन को सार्थक बनाया। ऋषि विश्वामित्र का प्रेरक व्यक्तित्व और कृतित्व आज भी हम सबके लिए प्रेरणादायी है। उनके जीवन से हम यही प्रेरणा ले सकते हैं कि प्रत्येक प्रकार के उत्पात को समाप्त करने के लिए गायत्री का जप अर्थ सहित करना चाहिए।

❐

अध्याय-40

अत्याचार के घोर विरोधी : महर्षि परशुराम

लोगों को बताया जाता है कि परशुराम जी ने पृथ्वी को 21 बार क्षत्रिय विहीन किया। ऐसा करके परशुराम जी के साथ न्याय नहीं किया जाता। इसके विपरीत भारत की हिंदू समाज की एकता को भंग करने का प्रयास किया जाता है। परशुराम जी कोई आतंकवादी या बुद्धि शून्य व्यक्ति नहीं थे।वह एक ऋषि थे, जो लोक कल्याण के लिए जीवन भर कार्य करते रहे। उन पर ऐसा आरोप लगाना उन्हें आतंकवादी सिद्ध करता है और नादिर शाह, अब्दाली, बाबर या गजनी और गौरी जैसे नरसंहार करने वाले राक्षस लोगों की श्रेणी में खड़ा कर देता है।

जबकि यह घटना इस प्रकार नहीं थी। परशुराम जी ने जो कुछ भी किया था वह वैदिक परम्परा के अनुकूल किया था। उसमें दोष कुछ भी नहीं था।

धरती को क्षत्रियविहीन करने का सच क्या है?

माना जाता है कि परशुराम ने 21 बार हैहयवंशी क्षत्रियों को समूल नष्ट किया था। क्षत्रियों का एक वर्ग है जिसे हैहयवंशी समाज कहा जाता है। इसी समाज में एक राजा हुआ था सहस्त्रार्जुन। जो कि धर्म विरोधी और अपने विरोधी आचरण के लिए उस समय प्रसिद्ध हो गया था। परशुराम ने इसी राजा और इसके पुत्र और पौत्रों का वध किया था और उन्हें इसके लिए इस राजा के परिवार या वंशजों से 21 बार युद्ध करना पड़ा था।

सहस्त्रार्जुन एक चन्द्रवंशी राजा था जिसके पूर्वज थे महिष्मन्त। महिष्मन्त ने ही नर्मदा के किनारे महिष्मती नामक नगर बसाया था। इन्हीं के कुल में आगे चलकर दुर्दुम के उपरान्त कनक के चार पुत्रों में सबसे बड़े कृतवीर्य ने महिष्मती के सिंहासन को सम्हाला।

भार्गव वंशी ब्राह्मण इनके राज पुरोहित थे। भार्गव प्रमुख जमदग्नि ऋषि (परशुराम के पिता) से कृतवीर्य के मधुर सम्बन्ध थे। कृतवीर्य के पुत्र का नाम भी अर्जुन था। कृतवीर्य का पुत्र होने

के कारण ही उन्हें कार्त्तवीर्यार्जुन भी कहा जाता है। कार्त्तवीर्यार्जुन ने अपनी आराधना से भगवान दत्तात्रेय को प्रसन्न किया था। भगवान दत्तात्रेय ने युद्ध के समय कार्त्तवीर्याजुन को हजार हाथों का बल प्राप्त करने का वरदान दिया था, जिसके कारण उन्हें सहस्त्रार्जुन या सहस्रबाहु कहा जाने लगा। सहस्त्रार्जुन के पराक्रम से रावण भी घबराता था। इस अतुलित बल को प्राप्त कर सहस्त्रबाहु को अहंकार हो गया।

ऋषि वशिष्ठ से शाप का भाजन बनने के कारण सहस्त्रार्जुन की मति मारी गई थी। सहस्त्रार्जुन ने परशुराम के पिता जमदग्नि के आश्रम में एक कपिला कामधेनु गाय को देखा और उसे पाने की लालसा से वह कामधेनु को बलपूर्वक आश्रम से ले गया। जब परशुराम को यह बात पता चली तो उन्होंने पिता के सम्मान के लिये कामधेनु वापस लाने की सोची और सहस्त्रार्जुन से उन्होंने युद्ध किया। युद्ध में सहस्त्रार्जुन की सभी भुजाएँ कट गईं अर्थात उसकी अनेक शक्तियों का विनाश हो गया और वह मारा गया।

तब सहस्त्रार्जुन के पुत्रों ने प्रतिशोधवश परशुराम की अनुपस्थिति में उनके पिता जमदग्नि को मार डाला। परशुराम की माँ रेणुका पति की हत्या से विचलित होकर उनकी चिताग्नि में प्रविष्ट हो सती हो गयीं। इस घोर घटना ने परशुराम को क्रोधित कर दिया और उन्होंने संकल्प लिया-"मैं हैहय वंश के सभी क्षत्रियों का नाश करके ही दम लूँगा"। उसके बाद उन्होंने अहंकारी और दुष्ट प्रकृति के हैहयवंशी क्षत्रियों से 21 बार युद्ध किया। क्रोधाग्नि में जलते हुए परशुराम ने सर्वप्रथम हैहयवंशियों की महिष्मती नगरी पर अधिकार किया, तदुपरान्त कार्त्तवीर्यार्जुन का वध। कार्त्तवीर्यार्जुन के दिवंगत होने के बाद उसके पाँच पुत्र जयध्वज, शूरसेन, शूर, वृष और कृष्ण अपने अस्तित्व की लड़ाई लड़ते रहे।

इस घटना से हमें पता चलता है कि परशुराम जी ने उन लोगों का विनाश करने का संकल्प लिया जो वेद विरुद्ध आचरण कर रहे थे, समाज विरोधी हो गए थे और न्यायशील, तपस्वी विद्वानों और ऋषियों को भी अपमानित करने का काम कर रहे थे। इस कार्य को करना वेद धर्म के अनुकूल नहीं है। कहा जाता है कि "वैदिकी हिंसा हिंसा न भवति" अर्थात वेद की हिंसा हिंसा नहीं होती, क्योंकि वह हिंसा करने वाले को समाप्त करने के लिए की जाती है। जिस पर समाज के सभी लोगों की सहज स्वीकृति प्राप्त होती है। प्राचीन काल में भारत की 'विधि' यही थी। जिसे सब लोग जानते वह मानते थे। यही कारण था कि वेद विरुद्ध आचरण करने वाले और क्षत्रिय धर्म से पतित हुए हैहयवंशी शासकों का साथ उस समय के किसी भी वेदधर्मी क्षत्रिय शासक ने नहीं दिया।

इस घटना को यदि इस प्रकार बताया व समझाया जाए कि परशुराम जी के द्वारा राक्षस वृत्ति के लोगों का जब संहार किया जा रहा था तो शेष क्षत्रिय जातियों ने भी उनका इसलिए साथ दिया था कि वे भी वेद धर्म के अनुकूल व्यवस्था को बनाए रखने में विश्वास रखते थे, वह नहीं चाहते

थे कि प्रजा उत्पीड़क जीवित रहे और धर्म प्रेमी, वेदप्रेमी, ब्राह्मण लोगों का या सज्जन प्रकृति के लोगों का संहार करने का काम करे- तो समाज को एक सही संदेश जाएगा कि भारतवर्ष में प्राचीन काल से ही ब्राह्मण और क्षत्रिय के संयुक्त बल से किस प्रकार पापाचारियों का संहार होता रहा है और किस प्रकार इन दोनों को मिलकर पापाचारियों का संहार करना भी होता है?

हमें परशुराम जी के बारे में भ्रांत धारणा को मिटाने का प्रयास करना चाहिए। इसके लिए आवश्यक है कि हम सब इस घटना के वास्तविक स्वरूप का प्रचार करें। जिन मक्कार इतिहासकारों ने घटना को तोड़ मरोड़कर प्रस्तुत किया है, उनके बारे में हमें याद रखना चाहिए कि ये वही लोग हैं जो हिंदू हितरक्षक, राष्ट्र रक्षक और संस्कृति रक्षक गुरु गोविंद सिंह आदि गुरुओं को सिक्ख के रूप में दिखाते हैं, मराठा शासकों को मराठा शक्ति के रूप में दिखाते हैं, गुर्जरों को गुर्जर के रूप में तथा राजपूतों को राजपूत के रूप में दिखाते हैं। इन सभी शक्तियों को कभी भी वह 'हिंदू शक्ति' नहीं कहते। इसके पीछे चाल यही है कि इन्हें अलग-अलग दिखाओगे तो हिंदू समाज एक नहीं हो पाएगा। अपनी एकता को पहचानने और मजबूत करने के लिए परशुराम जी के साथ न्याय करते हुए हम उन्हें इतिहास की अदालत से मुक्त करें और उन पर लगे हुए आरोप को मिटाने का सराहनीय प्रयास करें। अपने एक समाज संगठक, राष्ट्र रक्षक, धर्म रक्षक, संस्कृति रक्षक को आतंकवादी, क्षत्रिय कुलनाशक, जनसंहार करने वाला दिखाना बंद करें और उनका उचित स्थान होने प्रदान करें।

❐

अध्याय-41

विश्व के पहले पशु चिकित्सक शालिहोत्र

मानव चिकित्सा के लिए आयुर्वेद की खोज करके जहां भारत के ऋषियों ने महान कार्य किया, वहीं पशु चिकित्सा के क्षेत्र में भी सर्वप्रथम भारत ने ही पहल की थी। इस क्षेत्र में संपूर्ण संसार के चिकित्सा विज्ञानी आज तक भी पूर्णता का दावा नहीं कर पाए हैं। उनका कहना होता है कि मनुष्य से तो उसकी बीमारी पूछ कर मालूम की जा सकती है, परंतु पशु से कैसे पूछा जाए कि उसे बीमारी क्या है? इसका अभिप्राय हुआ कि नाड़ी विज्ञान से आधुनिक चिकित्सा विज्ञान बहुत दूर है। जिसमें बिना पूछे ही मनुष्य और पशु की बीमारी की जानकारी ली जा सकती थी।

भारत के एक महान पशु चिकित्सक शालिहोत्र नाम के ऋषि हुए हैं। इनका जन्म 800 ईसा पूर्व माना जाता है। उन्होंने पशु चिकित्सक के रूप में अपने समय में विशेष ख्याति अर्जित की थी। घोड़े और उनके अनेक प्रकार के रोगों के विषय में उनकी जानकारी बहुत ही विलक्षण थी। हम सबके लिए यह गर्व और गौरव का विषय है कि पशु चिकित्सा के क्षेत्र में और विशेष रूप से घोड़ों की चिकित्सा के क्षेत्र में उनके ग्रंथ को संसार के पशु चिकित्सक आज भी उल्लिखित करते हैं। जब हम अपने ऋषियों के ज्ञान विज्ञान के क्षेत्र में विशेष कार्य के बारे में जानते समझते हैं तो हमें यह जानना भी आवश्यक होता है कि उन्होंने आजकल की एकेडमिक डिग्री लेने के बजाय साधना में ऊंचाई प्राप्त करने को प्राथमिकता दी थी। उनकी साधना का उद्देश्य पूर्णत्व की प्राप्ति होता था।

पूर्णता की साधना से पूर्णता को प्राप्त हों,
पूर्णत्व में समाविष्ट हो पूर्णत्व से तृप्त हों।
हमारे पूर्वजों का ध्येय था पूर्णता को नापना,
पूर्णता में जीवन खपा पूर्णता से अनुरक्त हों।।

हमारे महान ऋषियों ने पशु जगत को मानव समाज के लिए उपयोगी मानकर उन्हें स्वस्थ रखना भी आवश्यक माना था। उन्होंने इस बात को गहराई से समझा था कि जब घोड़े, गाय, बैल, हाथी, ऊंट आदि मनुष्य के साथ कंधे से कंधा मिलाकर संसार की गति को आगे बढ़ाते हैं तो यह आवश्यक हो जाता है कि उनकी चिकित्सा का भी पूर्ण ध्यान रखा जाए। यज्ञ की पवित्र भावना भी यही होती है कि एक हाथ दूसरे हाथ को धोता रहे अर्थात मनुष्य सृष्टि के शेष प्राणियों के साथ समन्वय बनाकर चलता रहे। यज्ञ की पवित्र भावना को हृदयंगम करके चलने के कारण ही हमारे पूर्वज पशुओं के प्रति विशेष प्रेम रखते थे और वृद्धावस्था में गाय, बैल, हाथी आदि की सेवा करने को भी अपना धर्म मानते थे।

सेवा में धर्म खोजते, थे धर्म को ही पूजते,
पूर्वज हमारे स्वयं से, सदा बस ये पूछते।
धर्म का है मर्म क्या? और कहां मिलता यह?
धर्म के ही हित विचरते, धर्म पर ही सोचते।।

अपने पवित्र धर्म के निर्वाह को प्राथमिकता देते हुए ही ऋषि शालिहोत्र ने पशु चिकित्सा को अपने चिंतन का केंद्र बनाया।

शालिहोत्र के बारे में बताया जाता है कि वह एक ब्राह्मण मुनि हयघोष के पुत्र थे और श्रावस्ती में निवास करते थे। उन्होंने अपने जीवन को तपाया और भारतीय संस्कृति और सांस्कृतिक मूल्यों की सेवा करते हुए उन्हें विस्तार देने का सराहनीय प्रयास किया।

हमें ध्यान रखना चाहिए कि जिस समय शालिहोत्र नाम के हमारे इस महान ऋषि ने जन्म लिया था उस समय संपूर्ण संसार में आवागमन के लिए मनुष्य के पास सबसे अच्छा साधन घोड़ा ही होता था। इसके अतिरिक्त घोड़े के माध्यम से ही लोग युद्ध भी किया करते थे। ऐसी परिस्थितियों में घोड़ा मनुष्य के जीवन में एक महत्वपूर्ण भूमिका निभाता था। ऐसे में यह बात सहज ही समझ में आ सकती है कि उस समय घोड़ों की मनुष्य समाज के लिए कितनी आवश्यकता थी? और यदि उनके रोगों को समाप्त करने के क्षेत्र में किसी महान ऋषि ने बड़ा कार्य किया हो तो लोगों ने उसे कितना अधिक सम्मान दिया होगा? कहना नहीं होगा कि घोड़ों के लिए अपने जीवन को समर्पित करने वाले महान ऋषि शालिहोत्र का समकालीन संसार में दूर-दूर तक नाम था। घोड़ों को स्वस्थ रखने के सूत्रों को महर्षि शालिहोत्र ने अपनी पुस्तक 'हय आयुर्वेद' में संकलित किया है।

शालिहोत्र पवित्र नाम था और सुंदर काम था,
जीवन भी सुंदर श्रेष्ठ था निवास पवित्र धाम था।
फैल गया संसार में उनके यश पवित्र काम का,
धन्य हुई मां भारती, करती गर्व ऐसे नाम का।।

उनके इस ग्रंथ को 'तुरंगम शास्त्र' या 'शालिहोत्र संहिता' के नाम से भी जाना जाता है। इस ग्रंथ में 1200 श्लोक बताए जाते हैं। जिनमें घोड़ों की जाति प्रजातियां, नस्ल और उनकी आयु का भी बड़ा सटीक वर्णन किया गया है। इसमें स्पष्ट किया गया है कि घोड़े को स्वस्थ बनाए रखकर किस प्रकार उसे चिरंजीवी किया जा सकता है? बेलगाम घोड़े को साधने के सूत्रों को भी इसमें महत्वपूर्ण स्थान दिया गया है। इसके अतिरिक्त जब घोड़ा खरीदा जाए तो उस समय कौन कौन सी सावधानियां बरतनी चाहिए और किन किन बातों का विशेष रूप से ध्यान रखना चाहिए? यह सब भी इसमें स्पष्ट किया गया है। इस प्रकार चिकित्सा जगत में शालिहोत्र का यह ग्रंथ बहुत महत्वपूर्ण है और अपना विशिष्ट स्थान रखता है। इस महान ऋषि ने अपने समय में विशेष ख्याति अर्जित कर मानवता की अनुपम सेवा की।

उनके ग्रंथ का फारसी, अरबी और अंग्रेजी भाषा में भी अनुवाद किया गया है। इससे पता चलता है कि उनका यह ग्रंथ पशु चिकित्सा क्षेत्र में आज भी कितना महत्वपूर्ण स्थान रखता है?

❐

अध्याय-42

भारत के प्राचीन रसायनज्ञ वृंद

चिकित्सा रसायन के क्षेत्र में भारत के नाम को विश्व स्तर पर सम्मान दिलाने वाले भारत के महान वैज्ञानिक वृंद के बारे में मान्यता है कि उनका जन्म 1000 ईसवी के लगभग हुआ था।

यह वह काल था जब भारत पर महमूद गजनवी के आक्रमण हो रहे थे। इस काल में भारत के वैज्ञानिक नई-नई खोज करके किस प्रकार भारत की वैज्ञानिक परंपरा को आगे बढ़ा रहे थे?- इस पर भारत का वर्तमान प्रचलित इतिहास मौन है। इतिहास को एकांगी बनाते हुए इतिहासकारों ने केवल महमूद गजनवी के आक्रमण तक सीमित कर दिया है। भारत के विज्ञानवाद की ओर जानबूझकर हमारा ध्यान नहीं दिलाया जाता। इतिहासकारों की भारत के इतिहास के प्रति इसी प्रकार की अत्याचार पूर्ण लेखन शैली के कारण ही वैज्ञानिक वृंद के विषय में हमें बहुत कुछ अधिक जानकारी उपलब्ध नहीं होती।

हीरा धरती खोद के, दिया कहीं दबाय।
हृदयहीन लेखक बने, धर्म दियौ बिसराय।।

इसके उपरांत भी इतना तो माना ही जा सकता है कि वृंद भारत के एक असाधारण प्रतिभा के वैज्ञानिक थे। उन्होंने कीमियागरी के क्षेत्र में नागार्जुन की विचारधारा और परंपरा को आगे बढ़ाने का सराहनीय कार्य किया। उन्होंने भारत में रसायन विज्ञान के विकास को लेकर गंभीरता दिखाई और इस क्षेत्र में अपना महत्वपूर्ण योगदान दिया। जिस समय भारत के इस महान वैज्ञानिक ने अपने व्यक्तित्व और कृतित्व से संसार का ध्यान अपनी ओर आकृष्ट किया था, उस समय इस्लाम के बर्बर आक्रमणकारी महमूद गजनवी के नेतृत्व में दुनिया को भय और आतंक के साथ जीने के लिए बाध्य कर रहे थे। यही स्थिति ईसाइयत की भी थी। उसके शासक भी संसार में अपने मजहबी विस्तार के लिए इस्लाम या अन्य किसी भी मजहब वाले देश के साथ संघर्ष कर रहे थे।

उनका जन्म वैज्ञानिक माधवकर के बाद हुआ माना जाता है। जबकि चक्रपाणि दत्त से वे पहले जनमे थे। वृंद की प्रमुख कृति का नाम है 'सिद्धयोग'। अपनी इस कृति में इस महान वैज्ञानिक ने चिकित्सा रसायन से संबंधित बहुत ही उपयोगी सामग्री प्रस्तुत की है। इस ग्रंथ को पढ़ने से या भली प्रकार स्पष्ट हो जाता है कि चिकित्साशास्त्र के इतिहास में वृंद का नाम सदा अमर रहेगा।

मनुष्य रसायन चिकित्सा के माध्यम से किस प्रकार अपने आप को निरोग और स्वस्थ रख सकता है? इस संबंध में वृंद ने इस पुस्तक में बहुत ही महत्वपूर्ण जानकारी दी है। मानव स्वास्थ्य की रक्षा को लेकर भारत के ऋषि वैज्ञानिक प्राचीन काल से ही सक्रिय रहे हैं। भारत की इसी प्राचीन परंपरा को आगे बढ़ाते हुए ऋषि वृंद ने इस ग्रंथ की रचना की। मानव शरीर में मिलने वाले विभिन्न रोगों के लिए अनेक प्रकार की औषधियों को इस ग्रंथ में वृंद ने विस्तार से उल्लेखित किया है।

रोग शोक से मुक्त हो, मानव का संसार।
ग्रंथ रचा ऋषि वृंद ने, अद्भुत रचनाकार।।

कई प्रकार की भस्मों को बनाकर मानव स्वास्थ्य के लिए उन्हें उपयोगी बनाने की महत्वपूर्ण जानकारी भी इस ग्रंथ में दी गई है।

नित्य प्रति के जीवन व्यवहार में काम आने वाली विभिन्न औषधियों का उल्लेख कर देने से इस ग्रंथ में चार चांद लग गये हैं। यौगिक तैयार करने की विधि के साथ साथ वृंद ने लोहे की भस्म बनाने का ढंग भी बहुत ही सहजता और सरलता से बताया है। सिर की जूओं को मारने का योग भी इसमें दिया गया है। इस योग को बनाने में पारे का समुचित प्रयोग किया जाता है। इसके विषय में भी वृंद ने महत्वपूर्ण और उपयोगी जानकारी दी है। हम सभी यह भली प्रकार जानते हैं कि भारतवर्ष में प्राचीन काल से ही औषधियों में पारे और गंधक का प्रयोग होता रहा है। इस बात से वृंद भी परिचित थे। यही कारण था कि उन्होंने भी अपने औषधीय योगों में पारे और गंधक का उपयोग करने का वर्णन किया है। उनके ग्रंथ 'रसामृत चूर्ण' के अध्ययन से यह तथ्य और भी अधिक स्पष्ट हो जाता है।

लोक के उपकार को, बना लिया था ध्येय।
साधक बन जीवन जिया, यही था उनका ज्ञेय।।

वृंद ने अपने से पूर्व हुए मूर्धन्य वैज्ञानिकों चरक, सुश्रुत, नागार्जुन, वाग्भट्ट और माधवकर के विचारों को भी अपने ग्रंथों में उद्धृत किया है। अपने ग्रंथ को प्रमाणिक बनाने के लिए जहां इस प्रकार की सामग्री को लेने की आवश्यकता वृंद ने अनुभव की वहीं अपने से पूर्व के महान चिकित्सा शास्त्रियों के प्रति कृतज्ञता ज्ञापित करते हुए उनके विचार को आगे बढ़ाने का सराहनीय कार्य भी किया। ❒

अध्याय-43

भारत के महान चिकित्साविज्ञानी भाव मिश्र

जब भारत के राजनीतिक गगन मंडल पर अनेक विदेशी आक्रमणकारियों के द्वारा आक्रमण कर भारत की राजनीतिक स्थिति को अत्यंत दुर्बल किया जा रहा था और भारत की राजनीतिक शक्ति उन विदेशी आक्रमणकारियों से लोहा ले रही थी, तब भी भारत की मेधा शक्ति मानवता की सेवा में लगी हुई थी। वास्तव में विश्व इतिहास के इस उजले पक्ष पर ही भारत का विश्व के सभी देशों की अपेक्षा अधिक अधिकार है। भारत ने अपनी सकारात्मक ऊर्जा का रचनात्मक क्षेत्र में प्रयोग करने को प्राथमिकता दी है। यही कारण है कि जिस समय शेष संसार के देश एक दूसरे पर आक्रमण कर करके या एक दूसरे के देश में जाकर नरसंहार करने की बातों में उलझकर नकारात्मक क्षेत्र में ऊर्जा को व्यय कर रहे थे, उस समय भी भारत अपनी ऊर्जा का सदुपयोग करते हुए इतिहास बना रहा था।

भारत निरंतर करता रहा विश्व का कल्याण।
मेधा शक्ति महान थी, होता रहा गुणगान।।

जिस समय भारत पर अकबर का राज्य था, उस समय हमारे एक महान चिकित्सा वैज्ञानिक भाव मिश्र का जन्म हुआ था। उनके पिता का नाम लटक मिश्र बताया जाता है। जहां अकबर और उसके पश्चात उसका पुत्र जहांगीर अपने शासनकाल में हिन्दुओं की हत्या करने में आनंद की अनुभूति कर रहे थे, उसी समय इस वैज्ञानिक ने अपनी विशेष प्रतिभा से

अपनी सकारात्मक शक्ति और ऊर्जा को संसार के कल्याण के लिए खपा दिया। एक चिकित्सा वैज्ञानिक के रूप में भाव मिश्र ने भारत के चिकित्सा विज्ञान और उसके सिद्धांतों को अपने प्रसिद्ध ग्रंथ 'भाव-प्रकाश' में प्रकट किया है। इस ग्रंथ के अध्ययन से इस महान चिकित्सा

वैज्ञानिक के ज्ञान गांभीर्य का हमें बोध होता है। उनके सात्विक मानस, सात्विक चिन्तन और सात्विक अध्ययन से उपजी सात्विकता ने जिस सकारात्मक शक्ति का वायुमंडल में संचार किया उससे मानवता मुखरित हो उठी।

उनका संसार में आना उस समय और भी अधिक महत्वपूर्ण और सार्थक सिद्ध हो जाता है जब हम देखते हैं कि जिस काल में वह जन्मे थे, उस काल में भारत और भारतीयता पर रह-रहकर अत्याचार किए जा रहे थे। भारतीय धर्म, भारतीय संस्कृति, भारतीय चिंतनधारा और भारत के सर्वस्व को मिटाने का बहुत बड़ा खेल उस समय भारत की भूमि पर चल रहा था। यद्यपि अनेक राजनीतिक शक्तियां मिलकर ऐसे भारत विरोधी तत्वों के विनाश में लगी हुई थीं, परंतु यह भी सत्य है कि उस समय हमारी मेधा शक्ति पर भी बहुत बड़ा कुठाराघात हो रहा था। इसके उपरांत भी भाव मिश्र जी के भावपूर्ण प्रकाश से मां भारती प्रकाशित हो रही थी तो यह हमारे लिए सौभाग्य और कुत्ता का ही विषय है। आयुर्वेद का उन्होंने गहरा अध्ययन किया और अपनी उपलब्धियों के माध्यम से विश्व को भारत की ओर देखने के लिए प्रेरित किया।

बनारस नगरी देश की, जन्म लिया था आय।
अध्ययन मंथन किया, नाम दिया चमकाय।।

भारत की ज्ञान परंपरा की प्रतीक बनारस नगरी में जन्मे भावमिश्र ने चिकित्साशास्त्र के सभी प्राचीन ग्रंथों का गहन अध्ययन किया था। अपने काल में उनमें और अधिक सुधार करते हुए उन्हें संशोधित और परिष्कृत रूप में तत्कालीन समाज के लोगों के समक्ष प्रस्तुत किया। जिससे उनकी उपयोगिता और भी अधिक बढ़ गई। उस समय विदेशी आक्रमणकारी अपने आहार-व्यवहार और खानपान में भारत के लोगों से विपरीत मान्यताएं रखने के कारण अपने साथ अनेक प्रकार के रोगों को भी लेकर आए थे। जिससे हमारे देश के लोगों के स्वास्थ्य पर विपरीत प्रभाव पड़ रहा था। भाव मिश्र ने उस समय भारत में आयातित रूप में पहुंची बीमारियों का भी निदान खोजने का सफल प्रयास किया। इस प्रकार के प्रयास और पुरुषार्थ से उन्हें भरपूर लोकप्रियता प्राप्त हुई। संपूर्ण देश में उनकी ख्याति फैल गई थी। उस समय उनकी बराबरी का कोई चिकित्सक संपूर्ण देश में नहीं था। संपूर्ण देश का अभिप्राय उस समय के उस वृहत्तर भारत से है जिसमें आज का पाकिस्तान, अफ़गानिस्तान, ईरान का कुछ क्षेत्र, बांग्लादेश, श्रीलंका, भूटान, बर्मा, नेपाल, तिब्बत का बहुत बड़ा क्षेत्र सम्मिलित था।

अपने ग्रंथ 'भावप्रकाश' को उन्होंने जहां अपने अध्ययन अनुभव और ज्ञान से समृद्ध किया है वहीं इसकी भाषा शैली को भी बहुत सुंदर रखने का सफल प्रयास किया है। इस ग्रंथ में भावमिश्र ने मानव शरीर की बनावट, भारतीय चिकित्साविज्ञान अर्थात आयुर्वेद की उत्पत्ति और विकास पर प्रकाश डालने के साथ-साथ आहार विज्ञान का हमारे जीवन पर क्या प्रभाव

होता है?- इस विषय को भी बड़ी सरलता से स्पष्ट किया है। हमारे प्रत्येक चिकित्सा विज्ञानी ने आहार विज्ञान पर विशेष अनुसंधानात्मक चिंतन प्रस्तुत कर मानव को आहार विज्ञान के प्रति सचेत रहने का पग पग पर संकेत किया है। भाव मिश्र ने भी इस विषय में विशेष कार्य किया। उन्होंने बच्चों के रोगों को लेकर भी बहुत उपयोगी चिंतन प्रस्तुत किया है। उनकी भाषा बहुत ही प्रांजल है।

बाल रोग कैसे मिटे, दिया था अद्भुत ज्ञान।
आहार-विहार की शुद्धता, करती है कल्याण।।

भारत के चिकित्सा विज्ञान आयुर्वेद को उस समय तक भारत से बाहर विश्व के अन्य क्षेत्रों में भी मान्यता प्राप्त हो चुकी थी। स्थानीय भौगोलिक परिस्थितियों के कारण विश्व के अन्य क्षेत्रों में आयुर्वेद के मूल चिंतन के साथ कुछ नई औषधियां जोड़ने के सूत्र भी अन्य भाषाओं में सम्मिलित किए गए। उन पुस्तकों को लोगों ने अलग-अलग नाम भी दिए। यद्यपि मूल रूप में भारत का आयुर्वेद ही काम कर रहा था। विश्व के इन क्षेत्रों में जहां-जहां भी आयुर्वेद की विचारधारा को लेकर अनुसंधान के दृष्टिकोण से कुछ विशेष औषधियां उसमें सम्मिलित की गई थीं उनका उल्लेख भी भाव मिश्र ने अपने ग्रंथ में किया है।

भाव मिश्र के इस प्रकार के कार्य को दूसरों की बौद्धिक संपदा को चोरी करने या अपने हित के लिए उपयोग में लाने की प्रवृत्ति के साथ जोड़कर देखने की आवश्यकता नहीं है। हमें उनके इस कार्य को इस प्रकार देखना चाहिए कि बाहरी विश्व में जहां-जहां भी चिकित्सा क्षेत्र में कार्य हो रहा था, उसके मूल में आयुर्वेद विश्व की एकमात्र चिकित्सा पद्धति के रूप में कार्य कर रहा था। इस प्रकार हमारी ज्ञान संपदा के आधार पर विकसित वैश्विक चिकित्सा ग्रंथों में आए नए अनुसंधान और प्रयोगों को उन्होंने भारत की आवश्यकताओं के अनुरूप उस समय प्रस्तुत किया जब यहां भी बाहर के लोग आकर आक्रमणकारी के रूप में रहने लगे थे और भारतीय परिवेश को दूषित प्रदूषित कर रहे थे।

विदेशियों के यहां आकर बसने के बाद उस समय एक फिरंग नाम का रोग बहुत अधिक फैल गया था। वास्तव में फिरंग शब्द फ्रेंच से बना है। इसी फ्रेंच को लोगों ने फिरंगी कहा और फिरंगी का अभिप्राय विदेशी से लिया गया। यद्यपि मूल रूप में इसका अर्थ फ्रांसीसी लोगों से था। इस रोग को भी सफलतापूर्वक शांत करने में भाव मिश्र ने सफलता प्राप्त की थी।

❐

अध्याय-44

भारत के प्राचीन चिकित्सा शास्त्री : माधवकर

भारत में दक्षिण की ओर पड़ने वाले आज के हैदराबाद राज्य में गोलकुंडा हीरों के लिए विशेष रूप से विख्यात है। इसी क्षेत्र को रामायण काल में किष्किंधा के नाम से जाना जाता था। किष्किन्धा का शाब्दिक अर्थ बंदरों का राज्य है। यही वह क्षेत्र है जहां कभी राजा रामचंद्र जी ने वानरों की अर्थात वनों में रहने वाले लोगों की सेना का निर्माण कर श्रीलंका पर चढ़ाई की थी। यह आजकल हम्पी है, वाल्मीकि रामायण में बालि यहीं का राजा था, जिसे मारकर रामचंद्र जी ने सुग्रीव को यहां का राजा बना दिया था।

उस समय विंध्याचल पर्वत माला से लेकर पूरे भारतीय प्रायद्वीप में घना वन फैला हुआ था। इसी को रामायण काल में दण्डक वन कहा जाता था। यहां के निवासियों को उस समय वानर की संज्ञा दी जाती थी। 900 ई. में यहीं पर भारत के महान चिकित्साशास्त्री माधवकर का जन्म हुआ था। इन्हीं का नाम माधवाचार्य या विद्यारण्य भी था। माधवाचार्य ने अपने काल में भारत के चिकित्सा विज्ञान के क्षेत्र में विशेष योगदान दिया था।

अनमोल विरासत उनकी है जो नाम अमर कर जाते हैं,
कम ही लोग जगत में ऐसे, जो पुण्य कर्म कर पाते हैं।
देश-धर्म की रक्षा कर, वही इतिहास बनाते हैं जग में,
जो नेक कर्म करते जग में, और नेक कर्म का खाते हैं।।

उन्होंने अपनी अनुपम साधना से चिकित्सा क्षेत्र में कार्य करने वाले लोगों के लिए अपने प्रसिद्ध ग्रंथ 'रुग्विनिश्छाया' की रचना की थी। उनके इस ग्रंथ को 'माधव- निदान' या 'निदान' नाम से भी जाना जाता है। उस समय दक्षिण भारत में विजयनगर साम्राज्य शासन कर रहा था।

इसके प्रतापी शासन में भारत के सांस्कृतिक राष्ट्रवाद को उन्नति करने का विशेष अवसर उपलब्ध हुआ था। बात स्पष्ट है कि उस वंश के शासन काल में भारत ने चिकित्सा क्षेत्र में भी विशेष उन्नति की थी। माधवकर जैसे चिकित्सा शास्त्रियों का इस राजवंश के समय होना समझो सोने पर सुहागा वाली बात थी। उन्होंने खगोल विज्ञान के क्षेत्र में भी मां भारती की झोली को हीरों से भरा।

विजयनगर राज्य उस समय मां भारती की अनुपम सेवा कर रहा था। उस राज्य के मंत्री के रूप में माधवकर की नियुक्ति होना उनकी राष्ट्रभक्ति और धर्म व संस्कृति के प्रति विशेष अनुराग का पता चलता है। वृद्धावस्था में उन्होंने संन्यास ग्रहण कर लिया था। यद्यपि इसके उपरांत भी वे समाज सुधार के माध्यम से देश के लोगों को सांस्कृतिक राष्ट्रवाद के प्रति समर्पित रहने के लिए प्रेरित करते रहे थे।

विजयनगर के मंत्री बन, अनुपम इतिहास रचाया था,
माधवकर ने धर्म के हेतु, जीवन साज सजाया था।
संन्यास ग्रहण कर मानवता की सेवा का संकल्प लिया,
कर में ले धर्म ध्वजा को अंधकार को दूर भगाया था।।

चिकित्सा शास्त्र पर लिखे गए अपने ग्रंथ के माध्यम से उन्होंने लोगों को बहुत ही उत्तम जानकारी दी है। स्वास्थ्य विशेषज्ञ के रूप में ख्याति अर्जित करने वाले माधवकर ने बहुत सहज व सरल ढंग से लोगों को विभिन्न रोगों से मुक्त रहने के उपाय अपने चिकित्सा शास्त्र संबंधी के अंत में बताए हैं। हर भारतीय चिकित्सा शास्त्री की भांति उन्होंने रोगों के लक्षण और उनसे निदान के सूत्र देकर अपने ग्रंथ को अनमोल बना दिया है। उन्होंने चिकित्सक होने को अपने लिए गौरव का विषय माना। यही कारण था कि चिकित्सा के क्षेत्र में अनुपम कार्य करने के उपरांत भी उन्हें किसी प्रकार का अहंकार नहीं था।

व्यक्ति को मानसिक रूप से स्वस्थ रखना और अपने स्वास्थ्य के प्रति जागरूक बनाए रखना किसी भी चिकित्सा शास्त्री का प्राथमिक कर्तव्य होता है। जो चिकित्सा शास्त्री अपने प्राथमिक कर्तव्य को अपना धर्म मानकर निर्वाह करता है वह समाज में मानवता की सेवा करने के कारण विशेष सम्मान अर्जित करता है। माधवकर के भीतर ऐसा ही विशिष्ट गुण था। अपने व्यक्तित्व की इसी विशेषता के कारण माधवकर सबके लिए वंदनीय थे।

माधवकर ने अपने द्वारा लिखित ग्रंथ में भाषा की जटिलता के बंधन को शिथिल करने का सफल प्रयास किया है। भाषा की सरलता के कारण उनका ग्रंथ जनसाधारण के लिए उपयोगी बन पड़ा है। उनके जीवन के कालखंड के बारे में विद्वानों का मानना है कि वह वाग्भट के बाद हुए हैं और द्रधबल तथा वृंद से पहले जन्मे थे। माधवकर भारत की पवित्र भूमि पर उस समय

विचरण कर रहे थे, जिस समय उत्तरी भारत पर विदेशी आक्रमणकारी रह-रहकर आक्रमण कर रहे थे। उस समय भी उन्होंने भारत की महान सांस्कृतिक विरासत की रक्षा करने के लिए अपने आपको समर्पित किया और भारत के सांस्कृतिक राष्ट्रवाद व संस्कृति की विरासत को अक्षुण्ण बनाए रखने में अपना महत्वपूर्ण योगदान दिया, इसके लिए उनका जितना वंदन किया जाए-उतना कम है। माधवकर के ग्रंथ पर विजयरक्षित और श्रीकंठदत्त आदि विद्वानों ने टीकाएँ लिखीं। इन टीकाओं के अध्ययन से उनकी ऐतिहासिक महत्ता और उनके महान योगदान का अनुमान सहज ही लगाया जा सकता है।

❐

अध्याय-45

वैदिक हिंदू धर्म के रक्षक ऋषि देवल

सामान्यतया एक ऐसी धारणा हमारे देश में बनाई गई है कि ऋषि मनीषियों का धर्म और राजनीति से किसी प्रकार का मेल नहीं होता। जबकि सच यह है कि शस्त्र की धार जब कभी काल विशेष में हल्की पड़ी है तो शास्त्ररक्षकों ने उसे तेज करने में अपने दायित्व का निर्वाह किया है। समाज की राजनीतिक व्यवस्था को निश्चित रूप से क्षत्रिय वर्ग संभालता है, परंतु राजनीति को भी दिशा देने का कार्य हमारे यहां ऋषि महर्षि करते आए हैं। जब-जब धर्म की हानि होती है तब-तब धर्म की स्थिति को सुव्यवस्थित करने का कार्य हमारे आचार्यों ने समय-समय पर किया है।

भारत की भव्यता को ऋषियों ने दी ऊंचाई,
वेदों के गीत गाकर, जग की करी भलाई।
दुनिया ने सिर झुकाकर ऋषियों का कहना माना,
हर क्षेत्र में जगत को, राह हमने थी दिखाई।।

ऐसे ही एक महान आचार्य देवल थे। जिन्होंने सामाजिक व्यवस्था को सुदृढ़ करने के लिए अपने समय में समाज और धर्म पर विशेष व्यवस्थाएं देकर अपने नाम को अमर किया। यदि उनका इतिहास पढ़ा और समझा जाए तो पता चलेगा कि उनका हम सब पर कितना बड़ा ऋण है?

बात उस समय की है जब हमारे देश पर इस्लाम के पहले प्रमुख आक्रामक मोहम्मद बिन कासिम ने 712 ईसवी में आक्रमण किया था। इस घटना को इस्लाम के मानने वालों ने चाहे जिस प्रकार महिमामंडित किया हो, पर सच यह है कि इस घटना को भारत के समकालीन विद्वानों ने भी उतना हल्के में नहीं लिया था जितना माना व समझा जाता है। इस्लाम के आक्रमणकारियों की ओर से इससे पूर्व भी कई आक्रमण हो चुके थे। यही कारण था कि सनातन धर्म के रक्षकों ने इस घटना को बहुत गम्भीरता से लिया और उठाया। कई ऐसे विद्वान थे जिन्होंने यह समझ

लिया था कि 610 ईसवी में स्थापित हुए इस्लाम के द्वारा अब तक किस प्रकार अनेक देशों की संस्कृतियों को मिटाने का काम किया गया है? यदि इसे समय रहते रोका नहीं गया तो देर सवेर यह भारत की वैदिक संस्कृति को भी मिटा डालेगा। यही कारण था कि ऋषि देवल उस समय स्वयं की मोक्ष की कामना को छोड़कर सर्व समाज और सनातन के कल्याण के लिए अपने आपको होम करने के लिए तत्पर हुए।

कोई बिरला ही जानता, है कैसा सिरजनहार।
स्वार्थभाव को छोड़कर करे जग का बेड़ा पार।।

ऋषि देवल ने जब देखा कि इस्लाम के आक्रमणकारी अपनी क्रूरता, निर्दयता और अमानवीयता का प्रदर्शन करते हुए अनेक सनातनधर्मियों की क्रूरता पूर्वक हत्या कर चुके हैं, लाखों बहन बेटियों का शीलभंग कर चुके हैं और दिन प्रतिदिन अपने अत्याचारों में वृद्धि कर नए-नए कीर्तिमान स्थापित करते जा रहे हैं, तब उन्हें सनातन के भविष्य को लेकर चिंता हुई। 712 ई. में राजा दाहिर सेन और उनकी सेना के सैनिकों ने बड़ी संख्या में अपना बलिदान दिया था। राजा दाहिर सेन की रानी लाडो और उनकी बेटियां, बेटे और अन्य अनेक मित्र संबंधी उस युद्ध में वीरगति को प्राप्त हो चुके थे। उस समय अनेक वैदिक धर्मी लोगों का धर्मांतरण किया गया और उन्हें जबरन वैदिक धर्मी हिंदू से मुसलमान बनाया गया। विदेशियों की मान्यताओं में विश्वास रखने वाले ऋषि देवल के लिए यह सब कुछ असहनीय हो चुका था। आए दिन के अत्याचार, नरसंहार, बहन बेटियों के शीलभंग होने की घटनाएं उनके लिए ही नहीं संपूर्ण देशवासियों के लिए चिंता और चिंतन का विषय बन चुकी थीं। क्योंकि इससे पहले भारत के लोगों ने इस प्रकार के राक्षसी कार्यों को देखा नहीं था।

जो लोग भारत को अपने बाहुबल से वैदिक धर्मी हिंदू से मुसलमान बनाते जा रहे थे या बनाने का संकल्प ले रहे थे, उन लोगों के विनाश की योजना बनाया जाना उस समय आवश्यक हो गया था। ऋषि देवल के भीतर संस्कृति रक्षा, धर्म रक्षा और राष्ट्र रक्षा की त्रिवेणी बह रही थी। इन तीनों की रक्षा के लिए वह दिन रात परिश्रम कर रहे थे। उनके दिन का चैन और रातों की नींद लुप्त हो चुकी थी। वह क्रांति की आधारशिला रख रहे थे और ऐसे क्रांतिकारियों की खोज में लगे थे जो मां भारती को विदेशी राक्षसों या विदेशी गिद्धों के झुण्डों से मुक्त कर सकें। उस समय जिस प्रकार इस्लाम के गिद्ध मां भारती के आंचल पर आ आकर बैठ रहे थे और चोंचें मार-मारकर उसे लहूलुहान कर रहे थे, वह दृश्य ऋषि देवल के लिए अत्यंत पीड़ादायक था। यही कारण था कि वह उस काल में उन क्षत्रियों को एक मंच पर लाने का महान परिश्रम कर रहे थे जो मां भारती के आंचल पर बैठे गिद्धों का विनाश कर सकें।

भारत मां की पीड़ा समझी, ऋषि देव महामानव ने।
तोड़ दिया था वह शिकंजा कसा हुआ था दानव ने।।

ऋषि देवल द्वारा जिस प्रकार उस समय क्रांति की नई आधारशिला रखी जा रही थी उसी का परिणाम था कि कश्मीर में ललितादित्य मुक्तापीड़, राजस्थान में वीर शिरोमणि बप्पा रावल (कालभोज) कन्नौज में राजा यशोधर्मा जैसे अनेक वीर वीरांगनाऐं इस्लाम के आक्रमणकारियों को यथोचित उत्तर दे रहे थे और जितना संभव हो रहा था उसमें अपेक्षाओं से भी आगे जाकर उन्हें नष्ट करने का महत्वपूर्ण और देशभक्ति पूर्ण कार्य कर रहे थे। हमारे इन वीर देशभक्त राजाओं ने अनेक मुस्लिम आक्रमणकारियों और दुर्दांत राक्षसों को भारत भूमि से भगाने का वंदनीय कार्य किया था। परिणामस्वरूप उस समय इस्लाम के आक्रमणकारियों को अपने भारत विजय के अभियान पर विराम लगाना पड़ा था।

उस समय बप्पा रावल ने मुसलमानों को सबक सिखाते हुए और भारत की एकता और अखंडता की रक्षा करने के संकल्प के साथ ईरान और अरब तक मुसलमानों का पीछा किया था और बहुत बड़े भू-भाग से उन्हें खदेड़कर भारत की संस्कृति और धर्म की रक्षा की थी। इस प्रकार के प्रयासों से सिंध पर किए गए मुस्लिमों के अवैध अतिक्रमण से भारत के इस भूभाग को स्वतंत्र कराने में सहायता मिली।

उस समय अनेक ऐसे नवमुस्लिम थे जिनसे वैदिक हिंदू धर्म छुड़वाकर को जबरन मुसलमान बना लिए गए थे। उस समय के कई धर्माचार्य इस बात को लेकर बहुत ही अंतर्द्वंद में फंसे हुए थे कि इन नवमुस्लिमों को पुनः वैदिक धर्मी हिंदू किस प्रकार बनाया जाए? इस स्थिति को कई लोगों ने 'शुद्धिबंदी' के नाम से व्याख्यायित किया है। 'शुद्धिबंदी' की स्थिति उन नवमुस्लिमों के लिए बड़ी कष्टकर थी जो मुस्लिम से पुनः हिंदू बनने के लिए आतुर थे। कोई भी आचार्य या धर्माचार्य प्रमुख इन मुस्लिमों को फिर से हिंदू धर्म में लेने के लिए तैयार नहीं था।इन मुस्लिम आक्रमणकारियों की इस प्रकार की हिंदू विनाश की नीति का एक परिणाम यह हो रहा था कि हिंदुओं की जनसंख्या तेजी से घट रही थी और मुसलमान लोग बड़ी संख्या में हिंदू को मुस्लिम बनाते जा रहे थे।

दयनीय दशा थी भारत मां की, होती जाती थी लहूलुहान।
ऋषि देवल ने सही समय पर, भारत मां को लिया संभाल।।
उस समय देवल ऋषि का आश्रम सिंधु नदी के किनारे पर था।

समाज की तात्कालिक परिस्थिति को देखते हुए कई राजाओं ने जाकर वर्तमान में उपस्थित विकट परिस्थिति का निराकरण करने के लिए ऋषि देवल से आग्रह किया। तब देवल ऋषि ने आपद्धर्म की खोज करते हुए ऐसी अनेक व्यवस्थाएं देनी आरंभ की जिनसे नवमुस्लिमों की घर वापसी अथवा शुद्धि संभव हो सकती थी। उन्होंने 'देवल स्मृति' नाम का एक ग्रंथ लिखा। उसमें ऐसी अनेक व्यवस्थाएं दीं और लोगों को इस बात का मार्ग बताया कि यदि कोई भाई मुस्लिम

से पुनः हिंदू बनना चाहे तो उसके लिए क्या उपाय किया जा सकता है? इस प्रकार 'देवल स्मृति' हिंदू से मुसलमान बन गए लोगों को फिर से हिंदू बनाने या उनकी 'घर वापसी' सुनिश्चित करने या उनकी शुद्धि करने का विधान है। देवल ऋषि ने इस स्मृति में व्यवस्था दी कि कोई व्यक्ति यदि 'घर वापसी' करते हुए फिर से हिंदू बनना चाहता है तो वह एक दिन का उपवास करे और दूसरे दिन दूध से स्नान करे। इसके पश्चात उसे घर वापसी के योग्य समझ लिया जाएगा।

जहां तक किसी महिला के मुसलमान से फिर हिंदू बनने की प्रक्रिया की बात है तो इसके लिए तो उन्होंने और भी सरल प्रक्रिया का विधान किया। उन्होंने यह स्पष्ट किया कि यदि कोई ऐसी महिला जो बलात्कार का शिकार हुई है या अपने मूल वैदिक धर्म से किसी भी कारण से इस्लाम में जाने के पश्चात पुनः वैदिक धर्म में आना चाहती है तो उसके लिए इतना ही पर्याप्त है कि वह एक बार के मासिक धर्म के पश्चात ही अपने मूल धर्म में लौट सकती है।

इस प्रकार उन्होंने हिंदू जाति की रक्षा के लिए अपने समय में ऐसा विधान बनाकर महान कार्य किया। इससे समकालीन इतिहास के राजा और शासकों को एक धर्मसंगत, सुसंगत और युग धर्म के अनुरूप समाधान प्राप्त हो गया। इसी को आधार बनाकर अनेक शासकों ने युद्ध के मैदान में अनेक मुस्लिम आक्रांताओं को हराकर नवमुस्लिम बने अपने हिंदू भाइयों की घर वापसी या शुद्धि का कार्य संपन्न किया।

देवल ऋषि के अनुसार शुद्धि का वार्षिक उपाय –

एक वर्ष तक चांद्रायण कर पराक व्रत करने वाला ब्राह्मण पुनःहिन्दू विप्र हो जाएगा। अन्य जाति का व्यक्ति इससे कम प्रायश्चित करेगा। यदि क्षत्रिय है तो वह एक पराक और एक कृच्छ्र व्रत करके ही शुद्ध हो जाएगा। वैश्य व्यक्ति आधा पराक व्रत से पुनः हिन्दू हो जाएगा। शूद्र व्यक्ति पांच दिन के उपवास से शुद्ध हो जाएगा। शुद्धि के अंतिम दिन बाल और नाखून अवश्य कटवाना चाहिए। **(देवलस्मृति 7-10)**

ब्राह्मण प्रायश्चित्त करके गो दान, स्वर्ण दान भी करे। (श्लोक13) इतना कर लेने के बाद उसे सपरिवार भोजन में पंक्ति देनी चाहिए — **पंक्तिम् प्राप्नोति नान्यथा। (श्लोक14)**

कोई समूह यदि एक वर्ष या इससे अधिक दिनों तक धर्मान्तरित रह गया हो तो उसे शुद्धि, वपन, दान के अलावा गंगा स्नान भी करना चाहिए-गंगास्नानेन शुध्यति।(15)।

विप्रों को सिंधु, सौबीर, बंग, कलिंग, महाराष्ट्र, कोंकण तथा सीमा पर जा कर शुद्धि करनी चाहिए। (श्लोक 16)।

बड़े जतन से देश बचाया, देश लूटने वालों से,
मुक्त किया भारत माता को उन दुष्टों की चालों से।

देवल ऋषि के इस प्रकार के महान कार्य के संपादन से उस समय के मुस्लिम आक्रमणकारियों और धर्माचार्यों को बहुत गहरी ठेस पहुंची थी। मुसलमानों की दुर्दशा का वर्णन करते हुए एक मुस्लिम इतिहासकार लिखता है- "काफिर सैनिकों के डर से हमारे लोगों का सिंध में जीना हराम हो गया है, हमसे जीता हुआ सारा मुल्क ये काफिर वापस खा गए है। केवल "अल्याह फुजाह" नाम का एकलौता गढ़ हमारे पास है। जिसकी पनाह में हमें अल्लाह ने महफूज रखा है! जिन काफ़िरों को हमने मुसलमान बनाया था वो वापस अलह को न मानने वाले (हिन्दू) बन गए हैं।"

आज हममें से कई ऐसे लोग हैं जो हमारे ऋषि मनीषियों या धर्माचार्य या महापुरुषों पर यह आरोप लगा देते हैं कि उन्होंने समय रहते मुसलमानों के विरुद्ध ऐसा कोई उपाय नहीं खोजा जिससे धर्मांतरण की प्रक्रिया को रोका जाता या जो हिंदू मुसलमान बन गए थे उन्हें फिर से हिंदू धर्म में वापस लिया जाता? ऐसे लोगों के लिए 'देवल स्मृति' पढ़ना नितांत आवश्यक है। देवल ऋषि के जीवन चरित्र से हमें पता चलता है कि उन्होंने उस समय अपना सारा चिंतन हिंदुत्व की रक्षा के लिए समर्पित कर दिया था। ऋषि देवल की आज भी प्रासंगिकता है।

❒

अध्याय – 46

सनातन संस्कृति के रक्षक महर्षि दयानंद

सनातन के रक्षक के रूप में महर्षि दयानंद जी का नाम बहुत ही सम्मान के साथ लिया जाता है। उन्होंने सनातन धर्म और वैदिक सत्य सनातन संस्कृति की रक्षा के लिए अनेक प्रकार के यत्न किए। जीवन को ज्ञान की भट्टी में तपाया और अपनी तपश्चर्या से जीवन और जगत का कल्याण करते हुए वैदिक संस्कृति का डंका सारे विश्व में बजाया।

स्वामी दयानंद जी ने देश की सोई हुई युवा पीढ़ी को जगाकर युवाओं को आजादी के लिए प्रेरित किया। 'वेदों की ओर लौटो' का उद्घोष कर मां भारती के सपूतों को फिर से उनका वास्तविक स्वरूप दिखाने का प्रशंसनीय कार्य किया। उन्होंने वेदानुकूल मान्यताओं को आचरण में लाने और उनका ही अनुकरण करने पर बल दिया। महर्षि ने लोगों को बताया कि आपके जीवन का उद्देश्य मोक्ष की प्राप्ति करना है। सांसारिक विषय और वासनाओं में फंसाकर जीवन को नष्ट करने से आवागमन का चक्र नहीं छूटता। इससे हमको बार-बार दु:ख भोगना पड़ता है।

स्वामी दयानंद जी ने शस्त्र और शास्त्र दोनों का अद्भुत संगम बनाकर अपने विचारों को लोगों के समक्ष प्रस्तुत किया। यही कारण रहा कि उनके जीवनकाल में बड़ी संख्या में लोगों ने उनकी बात को मानकर देश-धर्म की रक्षा के लिए अपना सर्वस्व समर्पित करने का संकल्प लिया। देश की स्वाधीनता के क्रांतिकारी आंदोलन के अधिकांश नेता उनके विचारों से प्रभावित थे। 1857 की क्रांति में स्वामी जी महाराज बहुत अधिक सक्रिय रहे थे। इसके पश्चात भी वह देश की राजनीतिक घटनाओं के प्रति निरपेक्ष नहीं रहे। उन्होंने आर्य समाज की स्थापना 1875 में की थी। इस पवित्र संस्था ने अनेक क्रांतिकारियों को जन्म दिया।

ऋषि दयानंद आए जगत में बेड़ा पार लगाने को,
भटकी हुई थी मानवता, राह सही दिखलाने को।

अंधकार में भटक रहे थे आशा नजर ना आती थी,
तब नभ में चमका सूरज, जग अंधकार मिटाने को।।

महर्षि दयानंद की पुण्य प्रेरणा का ही प्रताप था कि देश और आर्यसमाज को स्वामी श्रद्धानन्द, पं. लेखराम, पं. गुरुदत्त विद्यार्थी, महात्मा हंसराज, महाशय राजपाल, रानी लक्ष्मीबाई, कोतवाल धन सिंह, तात्या टोपे, लाला लाजपतराय, भाई परमानन्द, रामप्रसाद बिस्मिल, सरदार भगत सिंह,चंद्रशेखर आजाद, अशफाक उल्ला खान, राजेंद्र प्रसाद लाहिड़ी, मदनलाल धींगरा सुभाष चंद्र बोस, पं. गणपति शर्मा, अमर स्वामी जी महाराज, पं. गंगा प्रसाद उपाध्याय, महात्मा आनन्द स्वामी, स्वामी विद्यानन्द सरस्वती, पं. ब्रह्मदत्त जिज्ञासु, पं. भगवद्दत्त जी, पं. युधिष्ठिर मीमांसक, आचार्य डॉ. रामनाथ वेदालंकार जैसे उच्च कोटि के विद्वान और देशभक्त क्रांतिकारी नेता मिले। जिन्होंने देश में राजनीतिक और वैचारिक क्रांति का सूत्रपात किया। राष्ट्रबोध और आत्मबोध कराने की इस पवित्र परंपरा ने लोगों पर चमत्कारी प्रभाव दिखाए। इन्हीं चमत्कारी प्रभावों के कारण लोगों ने अंग्रेजी शिक्षा प्रणाली का बहिष्कार किया इसके साथ-साथ अंग्रेजी न्यायालयों को भी लोगों ने मान्यता प्रदान नहीं की। लोगों ने अंग्रेजी शासन के विरुद्ध क्रांतिकारी उपायों से लड़ने को प्राथमिकता दी।

देश धर्म की पगडंडी को पकड़ लिया दीवानों ने,
गीत मां के गाते-गाते, निज शीश चढ़ाए सारों ने।
कोतवाल धन सिंह से लेकर रानी लक्ष्मीबाई तक,
नाम लिखा दिया वीरों ने, देशहित बलिदानों में।।

स्वामी दयानंद जी महाराज ने चुपचाप घुन की तरह देश के वैदिक धर्मी हिंदुओं को क्षति पहुंचाने वाले विदेशी मतों की पोल खोली और 'सत्यार्थ प्रकाश' में उनके मजहबी सिद्धांतों और मान्यताओं को भी लोगों के समक्ष उजागर किया। स्वामी जी के इस प्रकार के महान कार्य से अनेक लोग इस्लाम या ईसाई मत को स्वीकार करने से बच गए। यदि स्वामी जी इन विदेशी मजहबों की सच्चाई को लोगों के समक्ष प्रकट न करते तो आज भारतवर्ष में हिंदुओं की संख्या और भी कम होती।

उन्होंने शुद्धि अभियान पर भी बल दिया और जो लोग स्वेच्छा से वैदिक धर्म को अपनाने के लिए आ रहे थे, उनके लिए वैदिक मत अर्थात सनातन धर्म को स्वीकार करने की प्रक्रिया को बहुत सरल किया।

स्वामी दयानंद जी महाराज ने जन्मना जाति की व्यवस्था का विरोध किया और भारतवर्ष की प्राचीन वर्ण व्यवस्था का समर्थन किया। उन्होंने महर्षि मनु द्वारा प्रतिपादित सभी आश्रमों के कर्तव्य धर्म को स्थापित करने के लिए लोगों को प्रेरित किया।

स्वामी जी महाराज ने गुण-कर्म-स्वभाव के आधार पर लोगों को अंतर्जातीय विवाह करने के लिए प्रेरित किया। हिंदू समाज में जिस प्रकार छुआछूत की भावना बलवती हो चुकी थी, उसे रोकने की दिशा में भी उन्होंने सराहनीय कार्य किया। उन्होंने विधवाओं के पुनर्विवाह पर बल दिया। बाल-विवाह को रोकने के लिए भी लोगों में जागृति पैदा की। उन्होंने गुरुकुलों के माध्यम से संस्कार आधारित शिक्षा देने पर बल दिया। जिससे लोगों में परस्पर प्रेम पूर्ण व्यवहार में वृद्धि हो और सब मिलकर समाज व राष्ट्र के प्रति समर्पित हों।

प्रत्येक प्रकार के पाखंडवाद, छल-छद्म और दुराचरण से लोगों को दूर करने की दिशा में भी स्वामी दयानंद जी महाराज ने अनुकरणीय कार्य किए। इनको लेकर उन्होंने अपने अमर ग्रंथ 'सत्यार्थ प्रकाश' सहित कई ग्रंथ लिखे। समाज में नई जागृति लाने के लिए उनके द्वारा लिखे गए ग्रंथों में संस्कृत वाक्य प्रबोध (1879), गोकरुणानिधि (1880), आर्योद्देश्यरत्न माला (1877) ऋग्वेदादि भाष्य भूमिका (1878), व्यवहार भानु (1879) चतुर्वेद विषय सूची (1871), व्यवहार भानु, (1879) ऋग्वेद भाष्य, यजुर्वेद अध्याय (1877), यजुर्वेद भाष्य (1878) अष्टाध्यायी भाष्य (1879), इसके अतिरिक्त उन्होंने भागवत खंडन, पाखंड खंडन, वैष्णव मत खंडन, पंच महायज्ञ विधि जैसी पुस्तकों की रचना की।

अनेक ग्रंथ लिखे ऋषिवर ने आर्य राष्ट्र बनाने को,
आवाहन किया लोगों का, आर्य मत अपनाने को।
कदम कदम आगे बढ़ना, अरे!धर्म बताया वीरों का,
कायर बन जो बैठ गए थे, उनको आगे लाने को।।

स्वामी दयानंद जी महाराज भारतीय समाज और राष्ट्र के साथ-साथ यहां के लोगों को आर्य बनाकर सबल और सशक्त बनाने के पक्षधर थे। वह भारत को विश्व गुरु के उस सम्मानित पद पर विराजमान होते देखना चाहते थे जो कभी संपूर्ण विश्व को ज्ञान प्रदान किया करता था। उनकी इच्छा थी जिस प्रकार प्राचीन काल में ज्ञान-विज्ञान की खोज में लोग संसार के कोने-कोने से चलकर भारतवर्ष आते थे, वैसी ही स्थिति फिर से बने।

स्वामी दयानंद जी महाराज ने शिक्षा के क्षेत्र में सबके लिए शिक्षा की व्यवस्था करने पर बल दिया। उनकी मान्यता थी कि विद्यार्थियों को वास्तविक अर्थों में मनुष्य बनाने वाली शिक्षा प्रदान की जानी चाहिए। वह शिक्षा के साथ-साथ संस्कारों पर विशेष ध्यान देते थे। एक संस्कारित और सुशिक्षित व्यक्ति ही देश का सुसंस्कृत नागरिक बनकर समाज, राष्ट्र और विश्व का कल्याण कर सकता है। इसके लिए स्वामी जी महाराज ने शिक्षक की भूमिका को अत्यंत महत्वपूर्ण माना। शिक्षक यदि स्वयं दुराचारी है तो वह सदाचारी शिष्यों का निर्माण नहीं कर सकता। अतः शिक्षक स्वयं आदर्श व्यक्तित्व का स्वामी होना चाहिए। शिक्षक और शिष्य के मध्य संबंध भी अत्यंत मर्यादित होने चाहिए। दयानंद जी महाराज समग्र व्यक्तित्व विकास के समर्थक थे।

उन्होंने शिक्षा के केंद्रों में वेद और उपनिषदों की नैतिक शिक्षाओं को लागू कराने पर बल दिया। उन्होंने समझ लिया था कि भारत में भारतीयता का प्रचार-प्रसार केवल भारतीय संस्कृति और सांस्कृतिक मूल्यों से ओतप्रोत पाठ्यक्रम को लागू कराने से ही हो सकता है। इसके लिए स्वामी दयानंद जी ने अंग्रेजी शिक्षा का पूर्ण बहिष्कार करने का देशवासियों से आवाहन किया था। यह स्वामी दयानंद जी के व्यक्तित्व का ही प्रताप था कि लोगों पर उनके इस प्रकार के आवाहन का गहरा प्रभाव पड़ा। लोगों ने अंग्रेजी शिक्षा पद्धति का तो बहिष्कार किया ही साथ ही अंग्रेजी न्यायालयों का भी बहिष्कार किया। ये अंग्रेजी न्यायालय हमारे देशभक्तों को फांसी पर चढ़ा रहे थे और जो लोग देश धर्म की चिंता छोड़कर अंग्रेजों का गुणगान कर रहे थे उन्हें उस समय की अंग्रेजी सरकार 'सर' और 'रायबहादुर' जैसी उपाधि देकर सम्मानित कर रहे थे।

आर्यवर्त्त आर्यों का है- ऐसा था उद्घोष किया,
ऋषि के विचारों ने ही देश को चंद्र बोस दिया।
आर्य धर्म की चिंता करते जीवन का संग्राम किया,
देश धर्म से विमुख हुए, भर उनमें था जोश दिया।।

स्वामी जी महाराज ने 'भारत भारतीयों के लिए' का उद्घोष किया। वह भारत के लोगों को आर्यजन की संज्ञा से संबोधित करते थे। भारत के लिए उनकी दृष्टि में सबसे पवित्र नाम आर्यावर्त था और यहां की भाषा को वह आर्य भाषा के रूप में सम्मान देते थे। उनकी अपनी भाषा गुजराती होने के उपरांत भी उन्होंने अमर ग्रंथ 'सत्यार्थ प्रकाश' की रचना हिंदी में की। इससे पता चलता है कि वह राष्ट्रभाषा हिंदी के प्रति कितना समर्पित भाव रखते थे? उनके विरोधियों ने चाहे उन पर किसी संप्रदाय विशेष का विरोधी होने का आरोप लगाया, पर सच यह था कि वह प्राणीमात्र से प्रेम रखते थे। सांप्रदायिक मान्यताओं का विरोध करना उनके लिए किसी व्यक्ति विशेष का या किसी समुदाय विशेष के व्यक्तियों का विरोध करना नहीं था। वह मुल्ला- मौलवियों का या पादरियों व मठाधीशों की उन मान्यताओं का विरोध करते थे जो उन्होंने निहित स्वार्थों में बना ली थीं और उनके आधार पर वे मानवता का दोहन करते थे।

महर्षि स्वामी दयानन्द सरस्वती जी का जन्म-12 फरवरी, 1824 को गुजरात के मोरबी राज्य के शंकर नामक गांव में हुआ था। उनके पिता का नाम करशनजी लालजी तिवारी और माँ का नाम अमृता बाई (अम्बा बाई) था। स्वामी जी की मृत्यु- 30 अक्टूबर, 1883 को अजमेर (राजस्थान) में हुई थी।

❒

अध्याय-47

सिक्ख धर्म के संस्थापक गुरु नानक देव

जब भारत को विदेशी मुस्लिम शासक अपने अत्याचारों से उत्पीड़ित और त्रस्त कर रहे थे, तब भारत के वैदिक धर्म की पताका को लेकर जन्मे गुरु नानक देव जी ने सामाजिक क्रांति करते हुए भारतीयता को नवजीवन देने का महनीय कार्य किया था। विश्वबंधुत्व और मानवता के पुजारी सिखों के प्रथम गुरु नानक देव जी का जन्म कार्तिक शुक्ल पूर्णिमा के दिन 15 अप्रैल, 1469 को रावी नदी के किनारे स्थित तलवंडी राय भोई गाँव में श्रीमति तृप्ता देवी की पवित्र कोख से और पिता कालूराम पटवारी के घर में हुआ था। इस स्थान को आजकल हम ननकाना साहब के नाम से जानते हैं। जिस समय गुरु नानक देव इस पवित्र भूमि पर विचरण कर रहे थे उस समय यहां लोदी वंश का शासन था। बाबर, हुमायूं और शेरशाह सूरी के साथ-साथ मेवाड़ के महाराणा संग्राम सिंह भी इनके ही समकालीन थे। स्पष्ट है कि वह इस्लामिक आक्रमणकारियों के आतंक पूर्ण काल में हुए थे जब सर्वत्र भारत और भारतीयता के लिए अनेक प्रकार के संकट मुंह बाए खड़े थे। गुरु जी के प्रकटोत्सव को भारत के लोग गुरु पर्व के रूप में मनाते हैं। इस पर्व को प्रकाश पर्व के नाम से भी जाना जाता है।

गुरु नानक परगट भए, काटे शक्ल क्लेश।
मानवता मुखरित हुई, शीश झुकाता देश।।

कम पढ़े लिखे हो कर भी गुरु नानक देव जी का आंतरिक ज्ञान बड़ा प्रबल था। इनका विवाह सोलह वर्ष की अवस्था में सुलखनी देवी के साथ हुआ। इनके श्रीचन्द और श्री लक्ष्मीचन्द नाम के दो पुत्र थे। लोगों को सदज्ञान की ओर ले जाने के लिए नानक जी ने ही गुरु ग्रंथ साहिब की आधारशिला रखी। गुरु नानक देव ने इस सांसारिक जीवन से वर्ष 1539 में करतारपुर, पंजाब में प्राण त्यागे थे।

नानक जी के जीवन काल की परिस्थितियों पर यदि विचार किया जाए तो उस समय इस्लाम भारत में अपना तांडव मचा रहा था। हिंदुओं पर चुन-चुन कर हमले किए जा रहे थे। सरकारी सेवाओं में मुसलमानों का वर्चस्व था। हिंदू देश में बहुसंख्यक होने के उपरांत भी उत्पीड़न और अत्याचारों का शिकार था।

भारत के ही लोग अपने वैदिक अतीत से वंचित हो चुके थे। बहुत कम लोग शुद्ध वैदिक और वैज्ञानिक ज्ञान रखते थे। उन परिस्थितियों में वेद धर्म के परिष्कर्त्ता के रूप में नानक जी का पदार्पण हुआ। उन्होंने अपनी भाषा में वैदिक सिद्धांतों को एकत्र करना आरंभ किया। गुरु ग्रंथ साहिब के अंदर उन्होंने अधिक से अधिक ऐसे सिद्धांतों को रखने का कार्य आरंभ किया जो हमारी पुरातन सनातन संस्कृति के प्रतीक थे और उसकी रक्षा करने में सहायक हो सकते थे। नानक जी ने जिस अकाल पुरख की बात की वह वही परमपिता परमेश्वर है जिसे हम ओमकार के नाम से जानते हैं। इसी का अर्थ करते हुए उन्होंने 'सर्वमहान, सत्य सत्ता' का सिद्धांत प्रतिपादित किया। हमारे पुरातन सनातन धर्म ग्रंथ सर्वमान्य सत्य सत्ता के ही उपासक रहे हैं।

सत्य सनातन धर्म की रक्षा का लिया भार।
ऋषि मुनियों की वाणी से कीन्हौ बेड़ा पार।।

सिक्ख का शाब्दिक अर्थ– 'शिष्य' अर्थात् सिख ईश्वर के शिष्य होता है। शिष्य पवित्र ज्ञान का पिपासु और जिज्ञासु होता है। वह आर्यत्व की साधना में लगा होता है और श्रेष्ठता को प्राप्त कर अपने पूर्वजों के अर्थात गुरुओं के दिए हुए ज्ञान का प्रचारक प्रसारक बनता है। गुरु जी इस बात को भली प्रकार जानते थे कि इस समय जब इस्लाम के मानने वाले लोग मिशनरी भावना से काम कर अपने धर्म का प्रचार प्रसार कर रहे हैं, तब भारतीय धर्म सत्ता के मौलिक तत्वों का चिंतन और प्रसारण करना समय की आवश्यकता है। इसके लिए ही उन्होंने ऐसे समर्पित शिष्यों की परंपरा चलाई जो श्रीराम जी और श्रीकृष्ण जी की संस्कृति को आगे लेकर चलने में सफल हों। गुरु नानक जी भारतीय सांस्कृतिक राष्ट्रवाद के पुरोधा संत थे। उन्होंने भारतीय सांस्कृतिक राष्ट्रवाद की रक्षा के लिए ही अपने शिष्यों को समर्पित होकर काम करने की शिक्षा दी।

सिखों के इतिहास पर यदि हम विचार करें तो पता चलता है कि गुरु नानक जी की इसी सिख परंपरा का उनके बाद के 9 गुरुओं ने अपने अपने समय में पालन करने का हर संभव प्रयास किया। इसके लिए उन्होंने मुग़ल सत्ता से टकराने का साहसिक कार्य भी किया और देश में वैदिक हिंदू संस्कृति की रक्षा के लिए अनेक ऐतिहासिक बलिदान दिए। गुरुओं के बलिदानों से पता चलता है कि उन्होंने अपने जीवन को प्रकाश स्तंभ के रूप में ढाल दिया था। उनके इस प्रकाश स्तंभ से उस समय के हिंदू समाज ने असीम ऊर्जा प्राप्त की और उस ऊर्जा का राष्ट्रहित में उपयोग करते हुए विदेशी सत्ताधारियों को अनेक बार धूल चटाने में सफलता प्राप्त की। सिक्खों के अन्य

9 गुरुओं के नाम इस प्रकार हैं:- गुरु अंगद (1504-1552), गुरु अमर दास (1479-1574), गुरु राम दास (1534-1581), गुरु अर्जुन देव (1563-1606), गुरु हरगोबिंद (1594-1644), गुरु हर राय (1630-1661), गुरु हरकिशन (1656-1664), गुरु तेग बहादुर (1621-1675), गुरु गोबिंद सिंह (1666-1708)।

नवग्रहों के रूप में, नौ गुरुओं की शान।
भारत भक्त सारे रहे, कर दिया जीवनदान।।

गुरु नानक देव जी के जन्म काल अर्थात 1469 ईसवी से लेकर 1947 तक अर्थात जब तक देश आजाद हुआ तब तक, सिख समाज ने देश की आजादी के लिए और धर्म की रक्षा के लिए अथक प्रयास और संघर्ष किया। इस दीर्घकालिक संघर्ष गाथा में गुरु नानक देव जी का राष्ट्र चिंतन उनके शिष्यों के लिए प्रेरणा स्रोत बना रहा। गुरु नानक देव जी के द्वारा स्थापित की गई गुरु परंपरा में आगे चलकर गुरु गोविंद सिंह जी हुए उन्होंने ही खालसा पंथ की स्थापना 1699 को बैसाखी वाले दिन आनंदपुर साहिब में की थी। इस दिन उन्होंने सर्वप्रथम पाँच प्यारों को अमृत छकाकर खालसा बनाया तथा तत्पश्चात् उन पाँच प्यारों के हाथों से स्वयं भी अमृत छका।

सिख धर्म के तीन कर्त्तव्य बताए गए हैं:- नाम जपना, कीरत करना, वंड छकना। इसके साथ पाँच दोष भी बताए गए हैं- काम, क्रोध, मोह, लोभ और अहंकार। यदि इन दोषों पर मानव विजय प्राप्त कर ले तो उसका जीवन सोने से कुंदन बन सकता है। यह कुंदन बना जीवन ही व्यक्ति को मोक्ष की ओर ले जाता है। इस प्रकार गुरु नानक जी मानव जीवन को उन्नत करने के लिए उसी कठोर साधना के समर्थक थे जो कभी वैदिक ऋषि अपने लिए और समाज के लिए निर्धारित किया करते थे। जैसे स्वामी दयानंद जी महाराज ने आर्य समाज को देश के वैदिक हिंदू समाज की प्रत्येक जाति के लिए सर्व सुलभ बनाया था वैसे ही गुरु नानक जी ने भी सिख पंथ को सभी वैदिक धर्मी हिंदुओं के लिए सर्व सुलभ बनाने का प्रशंसनीय कार्य किया। सिक्ख पंथ की सदस्यता लेने से व्यक्ति जाति बंधन से मुक्त होता है। इस प्रकार यह वैदिक ऋषियों के चिंतनादर्श अर्थात वर्ण व्यवस्था में विश्वास रखने वाला पंथ है।

जाति बंधन छोड़ दो, यही मनुज का धर्म।
देश हित जीवन धरो, यही है उत्तम कर्म।।

गुरु नानक जी ने अपने समय में समाज में व्याप्त अनेक प्रकार की कुरीतियों, पाखंडों और आडंबरों का विरोध किया। उन्होंने सती प्रथा, बलि प्रथा, मूर्ति पूजा, पर्दा प्रथा जैसी कुरीतियों पर कड़ा प्रहार किया। इसके साथ ही साथ जो लोग उस समय हिंदू धर्म को क्षतिग्रस्त करने के लिए बड़ी संख्या में हिंदुओं का धर्मांतरण कर रहे थे, उसका भी उन्होंने कड़ा विरोध किया। धर्मांतरण का विरोध करने की उनकी प्रवृत्ति से पता चलता है कि वह हिंदू धर्म रक्षक और

समाज सुधारक संत थे। उन्होंने समाज में व्याप्त छुआछूत, अस्पृश्यता अथवा ऊंच-नीच की अमानवीय मानसिक वृत्तियों का भी विरोध किया। वह जानते थे कि यदि हिंदू समाज इस प्रकार की मानसिक वृत्तियों का दास होकर बिखर गया तो वह अपना अस्तित्व नहीं बचा पाएगा और विदेशी सत्ताधारी उसे बड़ी सहजता से अपना शिकार बना लेंगे। यही कारण था कि देश की सामाजिक समरसता और हिंदू समाज की एकता को बनाए रखने के लिए उन्होंने हिंदुओं की एकता पर बल देते हुए इन कुरीतियों का विरोध किया। उन्होंने लंगर जैसी पवित्र परंपरा का शुभारंभ किया। जिसमें ऊंच-नीच, भेदभाव, छुआछूत के असामाजिक और अमानवीय दृष्टिकोण को छोड़कर लोग एक साथ बैठकर भोजन करते हैं।

पंगत ला संगत सजे, यही लंगर कौ मूल।
एक पिता के पुत्र हैं, संशय ना कोई शूल।।

गुरु नानक जी ने नारी के महत्व को समझाते हुए कहा है कि– "सौ किऊँ मंदा आखीऐ जिसे जम्मे राजन।" उस नारी को बुरा किस लिये कहा जा सकता है जिसने बड़े-बड़े राजाओं, महापुरुषों और महान संतों को जन्म दिया है।

इस प्रकार गुरु जी ने नारी को राष्ट्र निर्मात्री के रूप में देखा। वास्तव में उनका यह चिंतन भी वैदिक ऋषियों के चिंतन को पुनर्स्थापित करने वाला चिंतन था।

गुरुजी के 10 उपदेशों में प्रमुख हैं:- ईश्वर एक है। अनेक देवी देवताओं के चक्र में न फंसकर सदैव एक ही ईश्वर की उपासना करो। जगत का कर्ता परमपिता परमेश्वर निराकार रूप में सब जगत और सब प्राणी मात्र में वर्तमान रहता है। सर्वशक्तिमान ईश्वर की भक्ति करने वालों के भीतर निर्भीकता आ जाती है और वह किसी से भय नहीं मानते। ईमानदारी से परिश्रम और उद्यम करके उदरपूर्ति करना चाहिये। धार्मिक व्यक्तियों के लिए आवश्यक है कि वे बुरा कार्य करने के बारे में न सोचें और न किसी को सताएँ। मनुष्य को अच्छा स्वास्थ्य और दीर्घायुष्य प्राप्त करने के लिए सदा प्रसन्न रहना चाहिए, ईश्वर से सदा अपने को क्षमाशीलता मांगना चाहिये। मेहनत और ईमानदारी से कमाई करके उसमें से ज़रूरतमंद को भी कुछ अंश देना चाहिये। संसार के सभी स्त्री और पुरूष बराबर हैं। भोजन शरीर को जीवित बनाए रखने हेतु आवश्यक है, पर लोभ -लालच व संग्रहवृत्ति बुरी है, अर्थात मनुष्य को अपरिग्रहवादी होना चाहिए।

गुरु जी का परलोक गमन 22 सितंबर, 1539 को हुआ।

❐

अध्याय-48

मृत्युंजय ऋषि शरभंग

हमारे देश में प्राचीन काल में ऐसे अनेक ऋषि-मुनि, योगी, महात्मा थे जो मृत्युंजय कहे जाते थे। जब वह देखते थे कि अब उनका यह शरीर काम करने के योग्य नहीं रहा, तब वह इसे स्वेच्छा से त्याग दिया करते थे। जब भारत के चक्रवर्ती राजाओं की परंपरा समाप्त होने लगी और बाहरी देशों में नए-नए संप्रदाय नई-नई संस्कृतियों को लेकर खड़े होने लगे तो इससे मानवतावादी वैदिक संस्कृति के वैज्ञानिक स्वरूप को भारी हानि हुई। उस समय दूर देशों के लोग हमारे ऋषि मुनियों के इच्छा मृत्यु के कार्यों को देखकर आश्चर्यचकित होकर दांतो तले उंगली दबा लेते थे।

दिव्यता की चेतना में विश्वास करते थे सभी,
राष्ट्र के साधक हमारे पूर्वज होते थे सभी।
दिव्य उनके कर्म थे, चरित्र उनका पूज्य था,
पूज्य के पूजन में, न प्रमाद करते थे कभी।।

भारत में रामायण काल में एक ऐसे ही महान तपस्वी ऋषि थे जिनका नाम शरभंग था। शरभंग उस समय तपोबल में बहुत अधिक ऊंचाई को प्राप्त कर चुके थे। वे संपूर्ण भारतवर्ष में वैदिक संस्कृति के प्रचार-प्रसार के कार्य में लगे हुए थे। यद्यपि राक्षस प्रवृत्ति के लोग उनके इस प्रकार के परोपकारी कार्य में अनेक प्रकार के विघ्न डालते थे, परंतु इसके उपरांत भी वह शांत-भाव से अपने कार्य में लगे रहते थे। उस समय मर्यादा पुरुषोत्तम श्री राम दंडकारण्य में पधार चुके थे और शरभंग ऋषि ने उनके विषय में बहुत कुछ सुन लिया था। वह श्री रामचंद्र जी के दर्शन कर उन्हें राक्षसों के संहार के लिए प्रेरित करके संसार से जाने का मन बना चुके थे।

जिस समय मर्यादा पुरुषोत्तम श्रीराम शरभंग ऋषि के आश्रम में पहुंचे उस समय ऋषि अग्निहोत्र कर रहे थे। श्री राम ने उनके चरण छूकर प्रणाम किया और आशीर्वाद प्राप्त किया।

श्रीराम ने उनसे कहा कि मैं इस वन में रहना चाहता हूं। आप मुझे यहां रहने के लिए कोई स्थान बताइए।

श्रीराम के ऐसा कहने पर शरभंग बोले– हे राम! इस वन में महातेजस्वी और धर्मात्मा सुतीक्ष्ण नामक एक ऋषि रहते हैं। वे आपके कल्याण और आपके स्थान आदि का सब प्रबंध कर देंगे। आप इस मंदाकिनी नदी के किनारे-किनारे ऊपर की ओर जाइए। इस नदी में अनेक बड़े-बड़े फूल छोटी-छोटी नौकाओं की भांति दिखाई देते हैं। उन्हें देखते हुए तुम सुतीक्ष्ण के आश्रम में पहुंच जाओगे।

राम के अनुरोध पर, बोले ऋषि शरभंग।
पास सुतीक्ष्ण जायकै, कर लीजौ सत्संग।।

यह मार्ग वहां जाने का है परंतु थोड़ी देर ठहर जाओ और मुझे देखिए। जब तक मैं इस जीर्ण शरीर को सांप की केंचुली की भांति छोड़ न दूं। ऐसा कहकर महातेजस्वी शरभंग ने अग्नि प्रज्वलित करके मंत्रपूर्वक घृत के द्वारा विशाल यज्ञ किया। फिर वे उस जलती हुई अग्नि में कूद पड़े। उस समय अग्नि ने उन महात्मा शरभंग के रोम, केश, जीर्ण-त्वचा, हड्डियां और रुधिर सहित मांस को भस्म कर डाला। भाई लक्ष्मण और सीता सहित श्री राम इसे देखकर बहुत विस्मित हुए।

हमारे महान ऋषि इस शरीर को बदलने के लिए जब स्वयं यह देखते थे कि अब यह जीर्ण-शीर्ण हो गया है तो स्वेच्छा से इसे अग्नि के समर्पित कर देते थे। यह आत्महत्या नहीं थी। आत्मोत्सर्ग भी नहीं था, अपितु इन सबसे बढ़कर था। आत्महत्या एक ऐसा कार्य है जिसमें मनुष्य के हृदय में तामसिक वृत्तियां प्रबल हो जाती हैं, तब अज्ञान के अंधकार में ऐसा कार्य संपन्न होता है। जिसे बहुत ही निम्न स्तर का कार्य माना जाता है। जबकि आत्मोत्सर्ग देश भक्ति के वशीभूत होकर भी किया जा सकता है। पर जब आत्मोत्सर्ग की भावना होती है तो वह राजसिक भावना के साथ भी परिलक्षित हो सकती है। ऋषियों के द्वारा अग्नि में अपने आपको भस्म कर लेने की यह क्रिया सात्विक भाव से की जाती थी। अतः यह आत्मोत्सर्ग की और भी उत्कृष्ट भावना थी। यहां उत्सर्ग उत्सव में बदल गया। जिसमें हमारे ऋषि पूर्वजों की मानसिक व्रतियों उनके अधीन होती थीं और वह बहुत शांतभाव से परमपिता परमेश्वर की गोद में बैठकर इस शरीर को छोड़कर दूसरे शरीर की यात्रा के लिए निकल पड़ते थे।

ऋषियों की इस परंपरा का प्रभाव भारतवर्ष के जनसाधारण पर भी पड़ा। ऋषियों के देश भारत में ऋषियों की इस प्रणाली को हमारे अनेक क्रांतिकारियों ने भी अपनाया और कितनी ही वीरांगनाओं ने इसी भाव को अपनाकर बड़े शांतमन से जौहर का मार्ग अपनाया।

ऋषियों के इस देश में उत्सव के कई रूप।
देश धर्म पर मर मिटे, भारत के कई भूप।।

यदि ऋषि का शरीर त्यागने का यह कार्य किसी क्रोधावेश में आकर किया जा रहा होता या किसी कष्ट के कारण किया जा रहा होता तो मर्यादा पुरुषोत्तम श्रीराम उन्हें कदापि ऐसा नहीं करने देते। वह अनुनय- विनय करते और उनके कष्ट के निवारण के लिए अपने आपको समर्पित करते। परंतु वे ऋषि के इस कार्य को शांतभाव से देखते रहे तो इसका कारण केवल एक ही था कि उस समय हमारे देश में यह परंपरा प्रचलन में थी, अर्थात जब शरीर जीर्ण – शीर्ण हो जाए तो ऋषि लोग इस मार्ग से अपने शरीर का अंत कर लिया करते थे। यही कारण था कि श्री राम अपने भाई लक्ष्मण और धर्मपत्नी सीता जी के साथ इस घटना को विस्मित भाव से दूर खड़े होकर देखते रहे।

वाल्मीकि कृत रामायण का भाष्य करते हुए स्वामी जगदीश्वरानंद सरस्वती जी महाराज इस घटना के संदर्भ में लिखते हैं कि 'ऋषि लोग अपने तप के द्वारा मृत्युंजय बन जाया करते थे। जब यह समझते थे कि अब हमारे शरीर जीर्ण हो गए हैं तब वे इच्छानुसार अपना शरीर त्याग दिया करते थे। यह परंपरा पर्याप्त समय तक चलती रही।

जब सिकंदर भारत पर आक्रमण करने के लिए चला तो उसके गुरु ने कहा था कि भारत वर्ष से कोई योगी लाना। बहुत यत्न के पश्चात एक भारतीय योगी उसके साथ जाने के लिए तैयार हुआ। एक दिन प्रातः काल उस योगी ने सिकंदर को आदेश दिया कि चिता तैयार कराओ। मैं अभी अपने शरीर को समाप्त करना चाहता हूं। सिकंदर ने ऐसा न करने के लिए बहुत अनुनय विनय की, परंतु योगी ने कहा कि मेरी अवस्था 80 वर्ष की है। मुझे आज तक कभी ज्वर नहीं आया। आज मुझे ज्वर हो गया है। अतः मेरा शरीर अपवित्र हो गया है। मैं इसे समाप्त करना चाहता हूं और उसने अग्नि में प्रवेश होकर अपने शरीर को भस्म कर दिया।

महर्षि दयानंद भी मृत्युंजय थे। मौत उनके पास आती थी परंतु वे उसे ठोकर मार कर भगा देते थे। दीपावली के दिन उन्होंने अपनी इच्छा से ही देह त्याग किया था।

मृत्युंजय दयानंद ने, किया था जब प्रयाण।
दिन मर्जी से चुन लिया, त्याग दिए थे प्राण।।

हमारे देश को ऋषि और कृषि का देश कहा जाता है। इसका कारण केवल एक है कि हमारे ऋषियों की सात्विक वृत्ति ने इस देश के जनसाधारण को गहराई से प्रभावित किया है। जब देश के लिए बलिदान देने का समय आया तो ऋषियों की स्वीकृति के को अपनाकर हमारे अनेक देशभक्तों ने अपना बलिदान देने में तनिक भी संकोच नहीं किया था।

❒

अध्याय-49

देशभक्त राजर्षि चाणक्य

संसार के एक बहुत बड़े भूभाग के लोगों पर विभिन्न प्रकार के अत्याचार कर करके सिकंदर एक विशाल साम्राज्य का स्वामी बना। जिस समय वह संसार से विदा ले रहा था उस समय उसके साम्राज्य में इतिहासकारों की मान्यताओं के अनुसार मैसीडोनिया, सीरिया, बैक्ट्रिया, पार्थिया, आज का अफ़ग़ानिस्तान एवं उत्तर पश्चिमी भारत के कुछ भाग सम्मिलित थे। सिकन्दर के देहान्त के पश्चात सेल्युकस ने इस विशाल साम्राज्य की देखभाल करने का प्रयास किया, परंतु वह अपने इस प्रयास में सफल नहीं हो सका। क्योंकि उसके साम्राज्य की चूलों को हिलाने के लिए उस समय मां भारती की कोख से जन्मे एक ऐसे वीर सपूत, रणनीतिकार,देशभक्त क्रांतिकारी राजर्षि चाणक्य का आविर्भाव हो चुका था जिसने चंद्रगुप्त मौर्य के साथ मिलकर सिकंदर के पापों से जन्मे साम्राज्य को छिन्नभिन्न करने के लिए अपनी रणनीति पर सफलतापूर्वक काम करना आरंभ कर दिया था।

सिकंदर जैसे हमलावर का असर नहीं रहने पाया।
महामती चाणक्य ने आकर, उल्टा चक्र चलाया।।
देश-धर्म की रक्षा हेतु, सीमाओं को ठीक किया।
देश के लोगों ने चाणक से राष्ट्रधर्म को सीख लिया।।

राजनीति में रहकर भी राजनीति से दूर एक संत की भांति जीवन जीने वाले चाणक्य उस समय भारतीय राष्ट्रीय एकता और अखंडता के सच्चे दूत बनकर प्रकट हुए थे। यही कारण था कि उन्होंने अपने जीवन को राजनीति के माध्यम से लोकहित के लिए समर्पित कर दिया था। उन्हें अपने लिए किसी भी प्रकार के राजसिक वैभव की आवश्यकता नहीं थी। उनके चिंतन में केवल राष्ट्र बसता था और उसी के लिए वे जीते थे।

राजनीति के महान विद्वान चाणक्य ने अपने मनोरथ को पूर्ण करने के लिए उस समय चंद्रगुप्त मौर्य को चुना। चंद्रगुप्त मौर्य ने भी अपने आपको चाणक्य के बताए नियमों के अनुसार

समर्पित कर दिया। दोनों ने समर्पण भाव से और एक-दूसरे पर अटूट विश्वास रखते हुए देश-धर्म व संस्कृति की रक्षा के लिए आगे बढ़ना आरंभ किया। उनके पूर्ण समर्पण भाव से काम करने का ही परिणाम था कि सिकंदर ने जिस विशाल साम्राज्य की स्थापना की थी और भारत के थोड़े से भू-भाग को लेकर इसे काटने या बांटने का अपराध किया था उसके घाव को इन दोनों महान देशभक्तों के परिश्रम और प्रयास से भर दिया गया।

चंद्रगुप्त मौर्य के साथ खड़े चाणक्य ने राष्ट्रवाद, राष्ट्रीयता और राष्ट्रधर्म पर न केवल अपनी चाणक्य नीति में भरपूर प्रकाश डाला है अपितु उसने अपने शासन के लिए भी इन सबकी बहुत अधिक आवश्यकता मानी है और चंद्रगुप्त मौर्य ने इन्हीं सबको दृष्टिगत रखकर शासन किया था।

राजनीति का कुशल खिलाड़ी कूटनीति का जादूगर।
माना जाता अपने फन में वीर, चतुर और कद्दावर।।
चाणक्य जैसा बुद्धिशाली मिलना कठिन अन्यत्र कहीं।
लिया साथ में चंद्रगुप्त को, जोड़ी मिलती सर्वत्र नहीं।।

भारत से ईर्ष्या भाव रखने वाले इतिहासकारों ने इस घटना को बहुत हल्के से लिखा है। उनकी दृष्टि में यह बड़ी बात थी कि सिकंदर ने भारत का कुछ भूभाग जीता। आज हमें इतिहास के भंवर जाल से बाहर निकलकर चाणक्य और चंद्रगुप्त की जोड़ी के द्वारा राष्ट्रीय एकता और अखंडता के लिए अपने काल में किए गए महान कार्य को सम्मानित करने की आवश्यकता है।

सत्यकेतु विद्यालंकार जी अपनी पुस्तक 'मध्य एशिया तथा चीन में भारतीय संस्कृति' के पृष्ठ 10 पर लिखते हैं कि– चंद्रगुप्त मौर्य ने 305 ईसा पूर्व में सेल्यूकस को हराकर हिरात, कंधार, काबुल और मकरान उससे ले लिए थे। राजनीति व कूटनीति के महान पंडित चाणक्य की नीति आज तक भी भारत सहित सभी देशों के शासकों को यह प्रेरणा देती है कि किस प्रकार अपने पड़ोसी शासक को दुर्बल रखकर अपने राष्ट्रीय हितों की साधना शासकों को करनी चाहिए?

वास्तव में चंद्रगुप्त मौर्य का यह कार्य राष्ट्रीय एकता के दृष्टिकोण से ही किया गया कार्य था। वह आर्यावर्त की उन सीमाओं के प्रति सचेत और सावधान थे जो कभी भारत के विशाल साम्राज्य को टर्की तक फैलाए हुए थीं। उनकी दृष्टि में यदि आज के अफगानिस्तान और ईरान में भी कोई व्यक्ति उथल-पुथल करता था तो वह भी आर्यावर्त या भारत की सीमाओं में की गई उथल-पुथल ही मानी जाती थी। इसलिए चंद्रगुप्त मौर्य के इस प्रयास को विदेशी धरती पर किया गया कार्य न समझ कर तत्कालीन आर्यावर्त की सीमाओं में किए गए कार्य के रूप में देखा जाना चाहिए। जिससे पता चलता है कि वह अपनी राष्ट्रीय एकता को बनाए रखने के लिए कितने क्रियाशील थे?

जिस समय महामति चाणक्य स्वयं जीवित थे, उस समय उन्होंने ऐसी साधना न की हो यह कैसे संभव है? निश्चित ही उन्होंने ऐसे सारे उपाय किए होंगे जिससे सिकंदर के द्वारा स्थापित किया गया 'पड़ोस का साम्राज्य' छिन्न-भिन्न होकर रह जाए और भारत अपने पुराने वैभव

को फिर से प्राप्त करने में सफल हो। इस प्रकार चाणक्य की देशभक्ति और सफल कूटनीति के कारण ही सिकंदर के द्वारा स्थापित किया गया वर्तमान अफगानिस्तान और उससे लगता हुआ उसका सारा साम्राज्य बहुत शीघ्र बिखर कर समाप्त हो गया। सचमुच प्राचीन भारत के इस महान प्रधानमंत्री की इस महान योजना को इतिहास में समुचित स्थान मिलना अपेक्षित है।

बिखेर दिया शत्रु को क्षण में, रच डाला ऐसा चक्रव्यूह।
देश की सीमा करी सुरक्षित, भागा शत्रु छुपाकर मूंह।।
जितने भर भी घुसे राक्षस चुन चुनकर उनको भगा दिया।
सोए पड़े निज बंधु को भी, बांह पकड़कर जगा दिया।।

इतिहासकारों ने सिकंदर के आक्रमण को धूमकेतु की भान्ति उठने वाला एक तूफान कहकर संबोधित किया है,जो शीघ्र ही कहीं अनंत में विलीन हो गया। जबकि सच यह है कि यह तूफान स्वयं विलीन नहीं हुआ था, अपितु उसे विलीन किया गया था और उसके पीछे चाणक्य और चंद्रगुप्त मौर्य की जोड़ी काम कर रही थी।

लगभग ई. पू. 250 में बैक्ट्रिया के प्रशासक डियोडोटस एवं पार्थिया के गवर्नर औरेक्सस ने अपने आपको स्वतंत्र शासक घोषित कर दिया। बैक्ट्रिया के दूसरे राजा डियोडोटस द्वितीय ने अपने देश को सेल्युकस के साम्राज्य से पूर्णतः अलग कर लिया। सिकंदर के साम्राज्य के इस प्रकार से दुर्बल पड़ जाने के पीछे चाणक्य की कूटनीति ने काम किया और जो लोग भारत को नीचा दिखाने के लिए चले थे, वह स्वयं ही कुछ देर पश्चात मिटकर समाप्त हो गए। यद्यपि उनके पतन के काल में चंद्रगुप्त मौर्य और चाणक्य तो नहीं थे, परंतु उनकी कूटनीति और उनके द्वारा स्थापित किया गया मजबूत साम्राज्य तो अभी काम कर ही रहा था।

अपनी महान देश भक्ति और कूटनीतिक क्षमताओं के कारण ही चाणक्य आज भी भारत के जनमानस में विशेष सम्मान और श्रद्धा के पात्र हैं। उनके नाम और काम को मिटाने का चाहे जितना प्रयास किया गया हो परंतु इस सबके उपरांत भी वह भारतीय राजनीति में आज भी चर्चा का विषय बने ही रहते हैं। जो व्यक्ति अपनी महान कूटनीतिक क्षमताओं का प्रदर्शन करते हुए राजनीति के क्षेत्र में अपनी महान देशभक्ति का प्रदर्शन करता है, उसी को लोग आजकल भी चाणक्य कहने लगते हैं। चाणक्य की महानता भारत की संस्कृति की रक्षा के उनके संकल्प में निहित है, उनकी महानता अपने धर्म को संसार का सबसे पवित्र धर्म मानने में अंतर्निहित है, उनकी महानता भारत की ओर आंख उठाकर देखने वाले व्यक्ति का विनाश करने की उनकी संकल्प शक्ति में अंतर्निहित है, और उनकी महानता भारत की वैदिक मान्यताओं और परंपराओं को माध्यम बनाकर भारत को विश्वगुरु बनाने के उनके पुरुषार्थी स्वभाव में अंतर्निहित है। उनके रहते किसी भी शत्रु का भारत की ओर देखने का साहस नहीं हुआ। उन्होंने भारत को इतनी मजबूती प्रदान की कि वह सैकड़ों वर्ष तक विदेशियों के आक्रमण से सुरक्षित बना रहा। कालांतर में भारत के प्रतिहारवंशीय सम्राट मिहिर भोज, पृथ्वीराज चौहान,महाराणा संग्राम सिंह, महाराणा प्रताप, छत्रपति शिवाजी महाराज, हेमचंद्र विक्रमादित्य आदि जितने भी भारतीय

शासक हुए उन सबने चाणक्य को अपना आदर्श बना कर काम किया।

हमें अपने ऐसे चाणक्य का सम्मान करते हुए उसे राजर्षि चाणक्य के रूप में स्वीकृति प्रदान कर देश के आदर्श चरित्र नायकों में उनकी गिनती करनी चाहिए।

यह एक सर्वमान्य सिद्धांत है कि व्यक्ति तो चला जाता है, परंतु उसकी नीतियां, उसके विचार और उसकी विचारधारा बहुत देर बाद तक लोगों का मार्गदर्शन करती रहती है। जितनी ही अधिक शुद्ध और पवित्र नीतियां, विचार और विचारधारा उसकी होती है, उतनी ही दूर तक वह देश, समाज और राष्ट्र का मार्गदर्शन करने में सक्षम होती हैं। इसी प्रकार प्रधानमंत्री चाणक्य और सम्राट चंद्रगुप्त की नीतियों ने उनके उत्तराधिकारियों का दूर तक मार्गदर्शन किया।

प्रधान का विधान था, निशान चंद्रगुप्त का।
शत्रु भागा दुम दबाकर माल खाता मुफ्त का।।
की नकेल मर्यादा की पड़ी ना कोई उन्मुक्त था।
देश का परिवेश सारा, दुर्गुणों से मुक्त था।।

यही कारण था कि चाहे सिकंदर के संसार से चले जाने के पश्चात बहुत देर तक उसके वंशज या उत्तराधिकारी भारत के पश्चिमी भू-भाग पर अपना नियंत्रण स्थापित कर राज्य स्थापित करने के सपने संजोते रहे, परंतु उनमें से कोई भी फिर से न तो सिकंदर बन पाया और न ही अपना राज्य स्थायी रूप से किसी भारतीय भू-भाग पर स्थापित करने में सफल हो पाया। इसका कारण यही था कि भारत का पराक्रम जाग चुका था और वह अब किसी दूसरे सिकंदर को अपने देश की सीमाओं में प्रवेश करने देने को तैयार नहीं था। यद्यपि सिकंदर के उत्तराधिकारियों की ओर से भारत की सीमाओं के साथ छेड़छाड़ दीर्घकाल तक होती रही, परंतु वह इतनी महत्वपूर्ण नहीं थी, जितना कि सिकंदर के द्वारा किया गया स्वयं का आक्रमण महत्वपूर्ण था।

डियाडोटस एवं उसके उत्तराधिकारी मध्य एशिया में अपना साम्राज्य सुगठित करने में व्यस्त रहे, किन्तु उनके उत्तरवर्ती एक शासक डेमेट्रियस प्रथम (ई. पू. 220–175) ने भारत पर आक्रमण किया। ई. पू. 183 के लगभग उसने कुछ भाग अफगानिस्तान का तो कुछ भाग भारत के तत्कालीन पंजाब का जीतने में सफलता प्राप्त की। इतना ही नहीं उसने साकल को अपनी राजधानी बना कर वहां से शासन करना भी आरंभ कर दिया। डेमेट्रियस ने भारतीयों के साथ अपना तारतम्य स्थापित करने और उन पर अपना राजकीय वर्चस्व स्थापित करने के दृष्टिकोण से भारतीयों के राजा की उपाधि धारण की। इस विदेशी शासक ने यूनानी तथा खरोष्ठी दोनों लिपियों वाले सिक्के चलाए। यहां पर यह तथ्य भी उल्लेखनीय है कि जब डेमेट्रियस भारत में व्यस्त था, तभी उसके बैक्ट्रिया में एक युक्रेटीदस की अध्यक्षता में विद्रोह हो गया और डेमेट्रियस को बैक्ट्रिया से हाथ धोना पड़ा।

❒

अध्याय-50

राष्ट्र धर्म के संस्थापक आदि शंकराचार्य

सत्यकेतु विद्यालंकार अपनी पुस्तक 'राजनीति शास्त्र' के पृष्ठ 492 पर लिखते हैं- 'भारत में कभी सैकड़ों हजारों छोटे-छोटे राज्य थे। मालव, शिवि, क्षुद्रक, अरहट, आग्नेय आदि राज्य पंजाब में तथा शाक्य, वज्जि, मल्ल, मोरिय, बुलि आदि राज्य उत्तरी बिहार में थे। मगध के सम्राटों ने इन सबको जीतकर अपने अधीन किया। यदि इन सब राज्यों में निवास करने वाले 'जनों' को स्वभाग्य (कश्मीर के विषय में वहां की जनता के 'आत्म निर्णय' लेने की वकालत करने वाले ध्यान दें) निर्णय करने का अधिकार रहता तो एक शक्तिशाली भारतीय राष्ट्र का विकास कभी संभव न होता।' विद्यालंकर जी के उक्त उद्धरण से यही सिद्ध होता है कि भारतवर्ष में प्राचीन काल से ही सुदृढ़ केन्द्रीय सत्ता की स्थापना करने के लिए राजनीतिक प्रयास किये गये और इन्हीं प्रयासों ने इस विशाल भूखण्ड को सदा ही एक राष्ट्र बनाये रखा।

विद्यालंकर जी उसी पुस्तक में आगे लिखते हैं- 'राष्ट्र उस राज्य को कहते हैं जिसके निवासियों में राष्ट्रीयता की भावना विद्यमान हो, और परस्पर एक होने की अनुभूति हो। इस भावना के प्रादुर्भाव में निम्न लिखित तत्व सहायक होते हैं- नस्ल की एकता, भाषा की एकता, धर्म की एकता, भौगोलिक एकता, संस्कृति और ऐतिहासिक परंपरा की एकता और राजनीतिक आकांक्षाओं की एकता।'

हमारी दृष्टि में भी उक्त राष्ट्रीयता संबंधी तत्व भारत के संबंध में अपर्याप्त हैं। हमारा मानना है कि इनके साथ कुछ और भी जोड़ा जाना अपेक्षित है। इनमें सर्व प्रथम है- स्व-संस्कृति-गौरव भावना, दूसरा है-आध्यात्मिक रूप से समृद्ध अपने साहित्य के प्रति असीम अनुराग, तीसरा है-दार्शनिक क्षेत्र में कभी किसी की वैचारिक स्वतंत्रता को प्रतिबंधित न करने की भारत की वैज्ञानिक सोच, चौथा है-विभिन्न संप्रदायों के मध्य अनुकरणीय सामंजस्य स्थापित करने का अनूठा भाव और पांचवा है जो विश्व में केवल और केवल भारत के पास है-स्वराज्य का आत्मप्रेरक और उद्बोधक तत्व।

वेद धर्म की बांसुरी,आकर दई बजाय।
दुम दबा दुश्मन भागे, गीत सुनौ ना जाए।।

राष्ट्र और सांस्कृतिक वैभव के प्रति ऐसे ही विचारों से ओतप्रोत थे आदि शंकराचार्य। शंकराचार्य अनूठे तत्वदर्शी एवं राष्ट्र निर्माता थे। उन्होंने सारे भारत का पैदल भ्रमण किया और मात्र 32 वर्ष के अपने जीवन काल में ही राष्ट्र के लिए बहुत कुछ कर गये। उन्होंने ही पहली बार यह चिंतन किया था कि देश में राष्ट्रीय भावना को मुखरित और जाग्रत रखने के लिए चार आध्यात्मिक धामों की स्थापना की जाए। इन धामों ने देश में सांस्कृतिक जागरण के अपने दायित्व को तो निभाया ही साथ ही राष्ट्रवाद की भावना को भी बलवती बनाया। जिस काल में आदि शंकराचार्य जन्मे थे उसमें डाक तार की व्यवस्था तो नहीं थी पर इन चारों धामों ने राष्ट्रीय एकता और अखंडता को बनाए रखने के साथ-साथ सामाजिक समरसता को बनाए रखने में भी महत्वपूर्ण योगदान दिया। उन्होंने तत्समय अहिंसा को ही सब कुछ मनाने वाले वाले लोगों की मानसिकता को समझा और उसका बहुत शांत भाव से प्रतिकार करते हुए देश की प्राचीन वैदिक संस्कृति का पुनरुद्धार करने का संकल्प लिया। वैदिक धर्म की रक्षा के लिए आदि शंकराचार्य जी ने अपने विरोधियों के अनेक प्रकार के कुचक्रों को निष्फल किया।

उन्होंने मंदिर संस्कृति को राष्ट्र मंदिर के लघु रूप में परिवर्तित किया। उन्होंने मंदिरों को राष्ट्र चंदन का केंद्र बनाया। राष्ट्र चिंतन के केंद्र बने इन मंदिरों में बैठकर उस समय संस्कृति की रक्षा का संकल्प लिया जाता था और धर्मचिन्तन के माध्यम से मनुष्य को मनुष्यत्व से देवत्व की ओर ले चलने की प्रक्रिया पर गहन चिंतन मंथन होता था।

तीर्थ धाम मंदिर बने, ओज – तेज भरपूर।
विषय व्यसन की गंध से सारे कोसों दूर।।

वेद के संगठन सूक्त के मर्मज्ञ इस ऋषि के पुण्य प्रताप का ही परिणाम था कि चारों धामों ने देश में सांस्कृतिक और राष्ट्रीय एकता को स्थापित करने में अपना महत्वपूर्ण योगदान दिया। निश्चित रूप से तब भी जबकि इस देश की राष्ट्रीयता को (रियासतों के रूप में) सैकड़ों खण्डों में तोड़ तोड़कर देखने का या स्थापित करने का विदेशी षडयंत्र भी जमकर रचा गया। यदि उन खण्ड-खण्ड राष्ट्रीयताओं के बीच रहकर भी हमारी एक राष्ट्रीयता होने पर किसी को आश्चर्य होता हो तो वह भारत के चारधामों के स्थापित करने के रहस्य को समझ ले, उसे अपने आश्चर्य का उत्तर मिल जाएगा। यदि ऐसा हो तो चारधामों के सृष्टा आदि शंकराचार्य के उच्च वैदिक चिंतन को नमन कर लिया जाए। सचमुच एक पारसमणि से संपर्क स्थापित हो जाएगा।

शंकराचार्य ने जगन्नाथपुरी, उज्जियिनी, द्वारका, कश्मीर, नेपाल, बल्ख, काम्बोज तक की यात्रा की और भारतीय वैदिक धर्म का डिण्डिम् घोष किया। उनके इस स्वरूप की आराधना आगे चलकर नरेन्द्र देव ने की तो वह नरेन्द्र से विवेकानंद हो गया और वैदिक धर्म को पुन:

सत्य रूप में स्थापित करने का बीड़ा युवा मूल शंकर (जिसका मूल ही शंकर था) ने उठाया तो वह मूलशंकर से महर्षि दयानंद हो गया। उनके देश भ्रमण के काल में जहां-जहां उसके कदम पड़े वहां-वहां देशभक्ति के रस से सराबोर ऐसी 'वनस्पतियां' उगीं कि उनके रस को पी-पीकर अनेकों के जीवन में भारी परिवर्तन आ गया और देश उस अमृत के अमृतत्व के कारण स्वराज्य के लिए सदा संघर्षरत रहा। जब उनके शिष्यों ने पापाचार में फंसकर अवैदिक मार्ग का अनुकरण किया और 'स्वराज्य' के दीपक की लौ मद्धम पड़ने लगी तो महर्षि दयानंद ने उस दीपक में वेद के स्वराज्य-चिंतन का ऐसा तेल डाला कि एक दीपक के हजारों लाखों दीपक बनकर जगमगा उठे और ब्रिटिश साम्राज्य को यहां से उखड़ना पड़ा।

जब तेज हो नेता देश का, ओज संभाले भार।
समक्ष शत्रु टिकता नहीं, सुन वीरों की हुंकार।।

आचार्य शंकर ने बौद्ध धर्म के आचार्य मण्डन मिश्र के साथ इतिहास प्रसिद्ध शास्त्रार्थ किया था। शास्त्रार्थ की कठोर शर्तों में से एक शर्त ये भी थी कि इस शास्त्रार्थ में जो भी पराजित होगा वह विजयी के मत को स्वीकारेगा। यदि मण्डन मिश्र हारते हैं तो उन्हें संन्यासी का जीवन ग्रहण करना होगा और यदि शंकर हारे तो गेरूवा वस्त्र छोड़कर गृहस्थ जीवन अपना लेंगे। शर्त स्वीकार कर ली गयी, तो शास्त्रार्थ में निर्णायक की भूमिका मंडन मिश्रा की विदुषी पत्नी उभय भारती को प्रदान की गयी। उन्होंने शास्त्रार्थ की समाप्ति पर निर्णय शंकराचार्य के पक्ष में दिया। फलस्वरूप उनके पति को गेरूवा वस्त्र धारण कर संन्यास में दीक्षित होना पड़ा। इतिहास की ये बड़ी प्यारी घटना है। आध्यात्म के प्रति आस्थावान भारत में ही ये घटना घटित हो सकती थी। इसलिए मर्यादा और आदर्शों की स्थापना करने वाले महापुरूषों का सम्मान इतिहास को करना पड़ेगा।

कृष्ण वल्लभ द्विवेदी आचार्य शंकर के चारधाम संकल्प को यथार्थ में स्थापित करने के पुरूषार्थ पर विचार करते हुए अपनी पुस्तक 'भारत निर्माता' में लिखते हैं:- 'उनके इस विराट आयोजन का मुख्य उद्देश्य हमारे छिन्न-भिन्न राष्ट्रीय कलेवर को एक ही सांस्कृतिक सूत्र में गठित करके पुन: इस महादेश को लौकिक स्तर पर भी ऊंचा उठाने का गूढ़ संकल्प मात्र था। इसका स्थूल प्रमाण तो इस ऐतिहासिक तथ्य द्वारा हमें मिल रहा है कि अपने बाद भी देश की जाग्रति के अनुष्ठान को जारी बनाये रखने हेतु जो चार प्रधान धर्म केन्द्र अथवा संन्यासी मठ इस महापुरूष ने स्थापित किये थे, उनके लिए उत्तर, दक्षिण, पूर्व और पश्चिमी अंचलों के धुर सीमान्तवर्ती चार महत्वपूर्ण धामों को ही उसने चुना था। कैसा दूरदर्शी था वह?

भारत में मंदिर संस्कृति चाहे जैसे आयी पर इसके विषय में एक सत्य ये भी है कि ये हमारे लिए उस समय एक आपात धर्म भी था। राजनीति जब खण्ड-खण्ड हो रही थी और एक सार्वभौम केन्द्रीय सत्ता को प्रदान करने में सर्वथा असफल होती जा रही थी, उस समय देश के धर्मशील, नीतिनिपुण लोगों ने मंदिरों को राष्ट्र चर्चा और धर्म चर्चा का अच्छा साधन समझा। मंदिर संस्कृति

कालांतर में चाहे किसी भी अवस्था में विकृति को प्राप्त हुई परंतु उसका उद्देश्य पवित्र था। जो लोग राजनीतिक खेमों में न जाना उचित मानते थे वो मंदिरों के माध्यम से राष्ट्र चर्चा में सम्मिलित होते थे। अधिकांश मंदिरों को राजकीय संरक्षण प्राप्त होता था। अत: स्पष्ट है कि राजकीय लोगों को भी राष्ट्र चर्चा में सम्मिलित होने का अवसर मिलता था। यही कारण था कि छोटे छोटे राज्यों के स्वामी होकर भी कभी किसी ने स्वतंत्र देश की स्थापना नही की, और ना ही ऐसी मांग की।

राजनीति खंडित हुई, धर्म से हो गई दूर।
कायरता की जंग ने, सीना उसका नूर।।

जैसे लोगों ने मुस्लिम आक्रांताओं से बचकर जंगलों में अपना निवास कर लिया था वैसे ही देश के धार्मिक लोगों ने अपने धर्म के निर्वाह के लिए मंदिरों की संस्कृति का प्रचार प्रसार किया।

जब देश पर विदेशी आक्रमण कर रहे थे तो उसी समय देश में मंदिर संस्कृति का बड़ा ही उच्च स्तरीय प्रसार हो रहा था। इस प्रकार की गौरवमयी झलक की प्रस्तुति करते हुए कृष्णवल्लभ द्विवेदी अपनी उसी पुस्तक में लिखते हैं- 'सर्जन की देशव्यापी लहर के उफान में एक ओर खजुराहो, भुवनेश्वर, उदयपुर (मध्य प्रदेश), ओसिया, मोढ़ेरा, सिद्धपुर, सोमनाथ और देलवाड़ा (आबू) आदि के 'नागरशैली' के महान उत्तरक्षेत्रीय देवालयों की और दूसरी ओर कांचीपुरम, ऐहोल, पट्टदकल, तंजावूर, सोमनाथपुर, हालेविद, बेलूर आदि स्थलों की 'द्राविड़' एवं 'वेसूरशैली' के दक्षिण भारतीय मंदिरों की भव्य कला सृष्टि हुई थी।भारत के वैदिक धर्म ने प्राचीन काल से ही मानव को भगवदभक्ति और राष्ट्रभक्ति का पाठ पढ़ाया है। प्राचीन काल में ऋषियों के आश्रमों से ऐसी ही गूंज निकला करती थी। कालांतर में आश्रमों के स्थान पर गुरूकुल आए और उनके पश्चात मंदिर संस्कृति आयी। मंदिर संस्कृति यद्यपि आश्रम संस्कृति की अपेक्षा दुर्बल थी, परंतु वह उसी संस्कृति की उत्तराधिकारिणी थी जिसका उद्देश्य मानव को भगवद्भक्ति और राष्ट्रभक्ति का पाठ पढ़ाना था।

भारतीय इतिहास लेखकों ने भारत में उस भौतिक राष्ट्रवाद के बीज ढूंढ़ने का प्रयास किया है जैसे उन्हें पश्चिमी जगत के चिंतन में दिखायी देते हैं, जिनमें संकीर्णता और तुच्छता रूपी उग्रता समाविष्ट है। जबकि भारतीय ऋषियों की राष्ट्रभक्ति इससे भिन्न थी। उसमें आध्यात्मिक राष्ट्रवाद था। जिसका उद्देश्य मानवतावाद था और पूरी वसुधा को ही एक परिवार और एक सरकार के नीचे विकास करने की उत्कृष्ट दैवीय संकल्पना थी। इस दैवीय संकल्पना का पवित्र उद्देश्य था कि सब 'एक' से जुड़ो और अपने सारे मतभेद भुलाकर एक हो जाओ। पूरी वाटिका में सर्वत्र विचरण करो और आनंद का अनुभव करो।

इस संकल्पना से निर्मित होने वाले भव्य और दिव्य परिवेश के लिए भव्य और दिव्य स्थल की निर्मिती आवश्यक थी और यह भव्य और दिव्य स्थल ही मंदिर कहलाए।

❑❑❑

इस पुस्तक के प्रकाशन हेतु समाजसेवी श्री राकेश कुमार शर्मा जी निवासी भंगेल नोएडा जनपद गौतम बुद्ध नगर द्वारा अपनी धर्मपत्नी स्वर्गीय श्रीमती पूनम देवी जी की स्मृति में 11000 की सहयोग राशि प्रदान की गई। श्री शर्मा जी का परिवार वेदों के बड़े-बड़े यज्ञों का आयोजन करता आ रहा है और पिछले 35 वर्ष से निरंतर प्रतिदिन यज्ञ का पवित्र कार्य संपन्न करता है। श्रीमती पूनम देवी जी एक धार्मिक महिला थीं। जिन्होंने परिवार को दिव्य संस्कार देने में अपना महत्वपूर्ण योगदान दिया। उनकी पुण्य स्मृति में 20 मई से 19 जून, 2023 तक श्री शर्मा जी और उनके परिवार ने एक माह तक चतुर्वेद पारायण यज्ञ सम्पन्न कराया।

इसी प्रकार आर्य समाज के विद्वान कर्मठ कार्यकर्ता एवम समाजसेवी श्री गिरीश मुनि जी महाराज द्वारा भी आर्य साहित्य के सृजन और वृद्धि हेतु 11 हजार रुपए का आर्थिक सहयोग प्रदान हमें प्रदान किया गया। दोनों महानुभावों का हृदय से धन्यवाद।

- डॉ. राकेश कुमार आर्य